U0930660

文化记忆与仪式叙事

《仪礼》的文化阐释

叶舒宪 / 主编　　荆云波◎著

图书在版编目（CIP）数据

文化记忆与仪式叙事 ：《仪礼》的文化阐释 / 荆云波著. -- 广州 ：南方日报出版社，2010.8
（神话历史丛书 / 叶舒宪主编）
ISBN 978-7-5491-0034-7

Ⅰ. ①文… Ⅱ. ①荆… Ⅲ. ①礼仪－中国－古代②仪礼－研究 Ⅳ. ①K892.9

中国版本图书馆 CIP 数据核字(2010)第 152523 号

文化记忆与仪式叙事——《仪礼》的文化阐释 荆云波 著

出版发行：南方日报出版社
地　　址：广州市广州大道中 289 号
电　　话：（020）87373998-8502
经　　销：全国新华书店
印　　刷：广州市岭美彩印有限公司
开　　本：889mm×1194mm 1/16
印　　张：16
字　　数：250 千字
版　　次：2010 年 8 月第 1 版
印　　次：2010 年 8 月第 1 次印刷
定　　价：32.00 元

投稿热线：（020）87373998-8503 读者热线：（020）87373998-8502

网址：http://nf.nfdaily.cn/press/

发现印装质量问题，影响阅读，请与承印厂联系调换。

神话：中国文化的原型编码

叶舒宪

“神话”这个概念是20世纪初由留日学者梁启超、蒋观云等人引入现代汉语中的。在此之前，中国学术话语中没有这个词，当然也没有神话学这门学问。100多年来，中国神话学从无到有，取得了重大成就，也留下明显的局限。最初热衷于介绍和研究神话的学者以文学家为主体，如鲁迅、周作人、茅盾、郑振铎、谢六逸等，所以至今我国的神话学教学仍然只限于在大学中文系的民间文学课程范围里进行。凡是没有讲授民间文学课程的学校，当然也不会讲授神话学的专业知识。对照20世纪以来国际神话学研究大发展的情况，国内在学科划分上的这种自我封闭之局限性非常明显。以国际神话学理论权威学者罗伯特·西格尔（Robert A.Segal）在1996年主编出版的六大卷《神话理论》（*Theories of Myth*）来看，文学方面的神话学研究只占六卷书中的一卷而已，即不到神话学研究全貌的百分之二十，占据百分之八十以上的内容是哲学、历史学、考古学、宗教学、心理学、人类学等学科视角的神话研究。与中国神话学的现状相比，文学本位的神话观成为制约我国人文学术发展的一个瓶颈。

如何有效地总结一个世纪以来中国神话学的成就与研究经验，反思我国学者在这一领域中的思维工具之局限性及其遮蔽、阻碍作用，相应地提出学术对策，对限制性的瓶颈加以突破，实现对神话观念和神话学知识格局的更新，与时俱进地回应国际学术发展趋势，适当地吸收学术创新成果，对于推进我国神话学研究乃至整个人文研究的水平，都是十分必要的基础理论工作。

以往的经验表明，突破中国神话学研究的文学本位之局限，神话概念将充分发挥其贯通文学、历史、哲学、宗教学、心理学的跨学科知识整合优势，引领人文学者打开思路，主动尝试交叉学科的思考，发现、提出和解决新问题，特别是关系到文史哲研究视野如何打通和重新整合的关键问题。

一个世纪以来的中国神话研究，将主要精力用于从古籍中寻找类似古希腊神话故事的工作，却完全忽略了一个根本性的问题：中国古人为什么不能研究神话？换另一种问法：中国古汉语中为什么就没有“神话”这个词呢？由于这样具有根本性的文化特质问题没有得到较早的提示，在学者中也得不到深入的思考和讨论。中国文化传统的最大特征就在于其完全的和弥漫性的神话特质。不仅遍布城乡各地的无数孔庙和财神庙，无言地见证了这个多民族国家的巨大造神能量，就连被西学东渐以来的现代学者视为“中国哲学”、“中国历史”和“中国科学”的许多根本内容，也离不开神话的观照。

参观北京故宫的游客，很少能够明白所谓“紫禁城”，原来就是纯粹的神话式命名！人们确信地上的皇宫对应着神话想象中的天上紫微宫，那是天帝位居天庭中央的统治标志，于是才会有人间的紫禁城这样的神圣化名号。大家都知道“天人合一”是中国文化的特质，但是大家往往都忽略了“天人合一”信念本来就是神话的观念，或者说是直接来自神话思维的信仰观念，它对于整个中国传统来说，具有文化基因的作用。就连自我标榜“不语怪力乱神”的孔圣人，其实也坚信“天命”，特别关注超自然的生物麒麟与凤凰之类的神话象征意义。当年一位楚国狂人甚至直接用“凤”来比喻孔子本人。今人只看到神话表现的一种形式是文字叙事，所以它就被归入现代意义上的文学。但是文化传统中还有大量以图像叙事和物的叙事来表现的神话，紫禁城、天坛、地坛、日坛、月坛等明清两代皇家建筑莫不如此，更不用说自古以来的“天子坐明堂”制度了。从古代的高频语词“真龙天子”、“龙凤呈祥”等，到今天的高频语词“龙的传人”、“巨龙腾飞”之类，离开了神话式的思考和观念，还谈什么中国文化？

再举一个工具书的例子，我们从中可以看出，神话对于中华文明的深刻渗透和全面覆盖，如何达到至深至广的程度。《说文解字》这部书，大家公认是古汉语的第一部字典。但是只要仔细阅读第一卷开篇的几个最重要的部首下面的字，就不难看出，这不是随意编排的工具书，其9000多字的编排顺序始于“一”而终于“亥”，分明体现着神话宇宙观的时间和空间秩序。至于为什么要将一、二、示、三、王、玉这六个部首的字排在字典的首要位置，其间的奥秘只能从华夏大传统的信仰基础和神话根脉上才能看得清楚，绝不是按照笔画顺序排列就能够解释的。许慎对许多汉字的解说方式，其间充满着神话观念与神话叙事，尽管他那个时代还没有“神话”这个词语。从认知人类学角度看，《说文解字》不用神话词汇而表达出的神话和信仰内容，对中国文化传统的神话性给出了生动的示范。“不识庐山真面目，只缘身在此山中”，中国古人不用讲“神话”这个词，因为他原来就生活在神话所支配的观念和行为之中！从这一意义上看，象形文字作为文化的符号编码方式，本身就体现着神话观念的原型编码规则，这正是当代学者能够通过神话学的整合视角而重新进入中国传统的窍门所在。这也是《神话历史丛书》的编撰初衷：如何将局限于文学课堂的神话真正释放出来，使之成为重新贯通文史哲、反思中国文化研究的有效概念工具，引领学者超越传统的成见和现代的学科偏见，重新进入中国思想传统和历史传统。

《神话历史丛书》计划出20卷，分为中国神话历史和世界神话历史两个系列。世界神话历史系列，包括苏美尔神话历史、希腊神话历史、日本神话历史、韩国神话历史等，为审视中国神话历史提供世界文明及东亚文明的大背景参照。中国神话历史系列，包括一卷总论和各卷分论。分论以先秦两汉的重要经典为个案，如《尚书》、《论语》、《春秋》、《礼记》、《仪礼》、《穆天子传》和《淮南子》等，分别透视其所承载的神话历史与神话哲学之内涵，展示与以往不同的解读门径。我们希望各卷合起来能够构成一个相互关联和相互照应的学术整体，有

助于加深对中国文化的发生及其特质的认识。

本丛书秉承了笔者一贯的研究风格（参见20世纪90年代叶舒宪与萧兵、王建辉合作主编的“中国文化的人类学破译”系列丛书），集中呈现笔者近年来的跨学科思考，并汇聚了一批具有新锐探索精神的青年学者（本丛书的作者都是有志于进行跨学科研究的人文学者，围绕着目前活跃于学界的几个学会——中国文学人类学研究会、中国神话学会等进行研究），力图从神话历史新视域解读中国文化的原型编码，从而呈现出具有规模性的人文研究和国学研究的创新成果。本项目的缘起，原本依托于中国社会科学院重大项目“中华文明探源的神话学研究”，又于2009年单独列为广东省文化强省项目，得到了广东省委宣传部和南方日报出版社的大力支持和资助。本丛书还得到了2010年新成立的上海交通大学文学人类学研究中心在人力、物力等方面的鼎力支持。谨在此向广东省委宣传部、南方日报出版社和上海交通大学、中国社会科学院文学研究所表示诚挚的谢意。

2010年6月6日于北京太阳宫

本书阅读图谱

文化记忆
习俗
遗址
器物
文字
仪式叙事
口传
精信
神仰
观层
念面
神话\原
型巫术观
天人合一
报本反始
社行
会为
运层
作面
等级
秩序
权力操控
文象
化征
表层
演面
器物叙事
样板范型
沟通交流
安身立命的礼仪文化：反映周代贵族重要仪式的
《礼仪》分为宗教礼仪、人生礼仪、社会仪礼
礼仪对当今的借鉴与价值
重整道德行为规范
以礼安邦
重视礼教
礼仪的符号价值
仪式的现代开发与运用

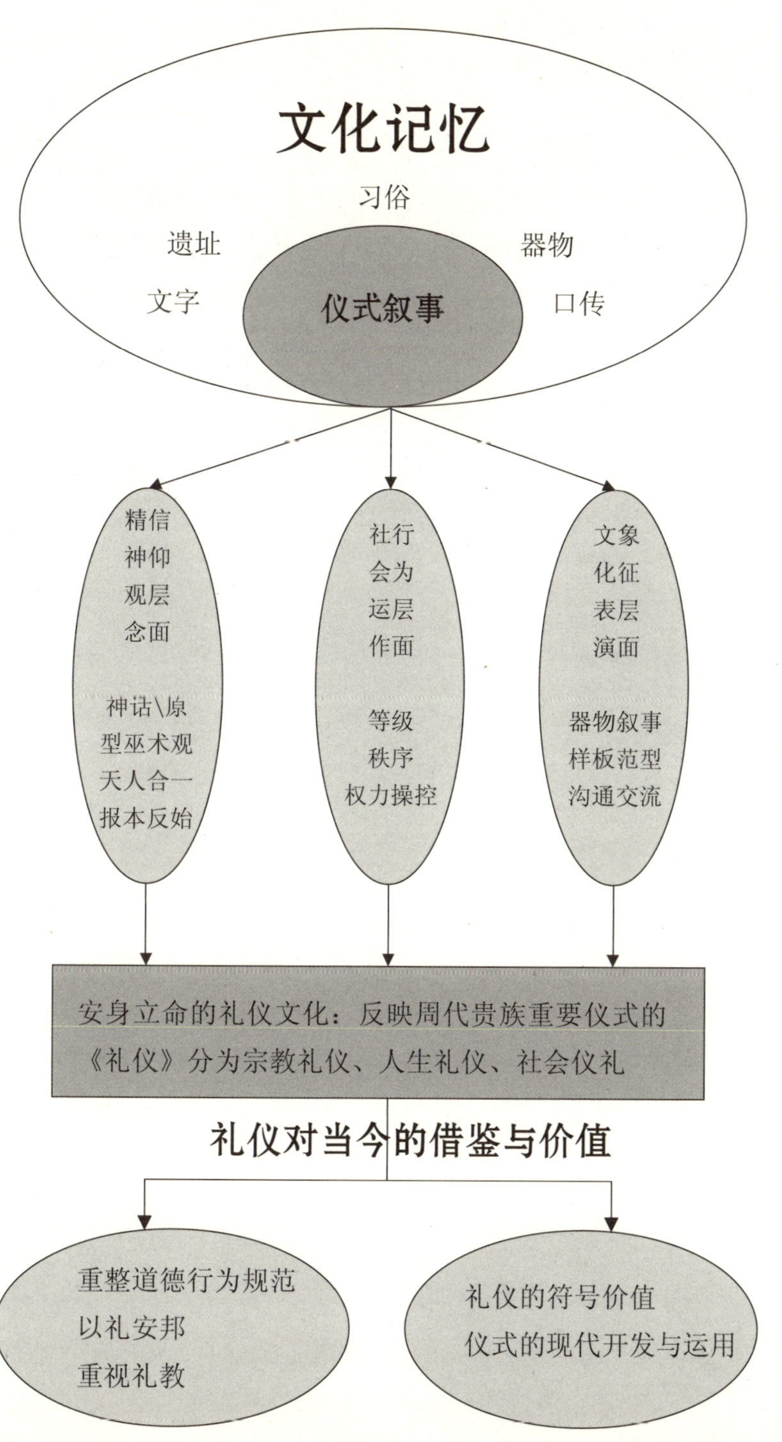

目録

前言

中华民族自古以来以礼仪之邦而著称于世，礼仪文化作为中华文明的核心内容充分体现了中华民族的生存智慧。本书通过对《仪礼》的文化人类学研究，诠释了『仪式叙事』的全新概念，打开潜力巨大的研究发展空间，从无声的礼经仪式文本中开掘保留至今的远古文化信息、神话原型和神话、巫术思维传统以及古代仪式的功能作用，阐发华夏远古礼文化的精神根脉。

中国古代礼仪及由此产生的礼文化，不仅是儒家学派构建儒家学说精神内核的文化资源，而且历来被王权利用作为礼教和礼制的内容融入社会的道德、政治、习俗的范畴，使中国封建帝制坚固地延续了长达两千余年的时间，创造了中华文明在世界其他早期文明中断的情况下一枝独秀得以延续的奇迹。中国古代社会之所以长期呈现为一种"超稳定结构"，一个很重要的原因是中国古代社会及与其相适应的传统文化长期处于"礼"的范式之中，[①]礼仪文化从而成为中华文明的核心内容。那么，"礼"究竟包含了怎样的奥秘与智慧？它是怎样渗透到中国文化最深处发挥着不是宗教却胜似宗教的功能的？答案的寻找需要回到礼仪产生的神话历史语境当中，回到最初对礼仪礼制进行记录的典籍当中，用新的眼光、新的方法做出新的阐释。

一、历史记忆与仪式叙事、器物叙事

作为周代贵族重要仪式活动记录，《仪礼》在"三礼"中是最早被奉为经典的。随着时代的变迁，这样的仪式由于失去了依存的文化语境和社会背景，对于后人而言变成了繁文缛节，甚至越来越难以理解，汉代司马谈在《论六家要旨》中就曾经有过这样的感慨："累世不能通其学，当年不能究其礼"。然而，对于《仪礼》及其指涉的礼文化的研究，历代没有中断，总体看来，大致沿两条路径展开：一是对经典本身的研究，包括经学的考据注疏、名物训释；二是近现代以来对《仪礼》所涉及的礼制、礼义、历史、文化、思想的研究，为《仪礼》的研究注入了活力，对于认识中国古代礼仪文化有很大的帮助，但离穷尽或还原礼仪文化的真相和本质还有很长的路要走。这些研究有一个共同的特点，就是大多依据传世文献或出土文献，局限在书写历史的传统进行研究，难以跳出语言文本叙事当中存在的权力建构、历史选择和话语遮蔽。

其实，除了书写的方式，历史的记忆还可以以其他方式留存下来，研究历史有了新的转机。在后现代文化相对主义的语境中，进化论和科技理性共同作用下强调书写传统与客观真实的传统史学观开始出现动摇，人类学民族志的"写文化"以及文化阐释学派，给文史研究带来新

①丁鼎：《"礼"与中国传统文化模式》，《齐鲁学刊》，2007年第4期。

的启示。史学界出现新史学、文化史和历史人类学研究热潮；文学界出现了以文学多样性、中国文论话语为诉求的“重写文学史”和“经典重估”研究热潮。史学家、文学人类学家不约而同把关注的目光更多地投向帝王将相大传统以外的民间小传统，投向书写文本以外的口头传承以及客观事件之外的主观心态，民间草根、神话历史、经验认知、经典重释不仅为文史研究开辟了新领域，而且也为之注入了生机。相应地，研究方法也从印证式的科学求真转向厚描式的文化阐释与活态多样的多重证据法，人类学引领人们用新的方法重新进入历史、进入经典。在这种理论背景下，对于礼仪文化的研究，理所当然可以期待文本书写之外多样化的叙事，比如，行为习俗展演层面的仪式叙事，场所器具遗留层面的器物叙事（也包括视觉图像），另外就是在仪式行为和器物背后的宗教信仰、神话思维、思想观念等经验层面的文化记忆，它们共同的特点是不拘泥于引证书写资料，而是综合利用活态的民间、民俗、田野调查材料或视觉图像资料[①]进行论证。本书就是基于力图在这些方面进行全新探索所做出的研究。作为仪礼文化的记忆，我们对它的认识虽然尽可能地回溯到历史的语境当中去，但是它毕竟不能完全等同于原初的状态，而是结合仪式行为、器物图像、神话历史对原初状态的一个再理解、再解释的结果，所以存在着叙事。

罗兰·巴特认为，人是总在进行讲述的动物。叙事在叙述学中本是指故事的讲述。乔纳森·卡勒等人认为我们认知和理解事物时并不总是以科学的方式进行的，而主要是以故事的方式进行的，即某事为什么会发生、一件事怎样导致另一件事[②]，叙事也可以被理解为一种特定的看待事物的方式，因此叙事又是制造意义的活动。叙事被引入文化研究领域，指对事项的记录、理解、讲述、说明，它为人们提供了一种感知世界的途径。具体到仪式叙事，指仪式具有记忆、储存历史文化信息的功能，它在时间中展开，有一套规定好了的程序设置，仪式过程的关键阶段必须“通过”某程序以保证仪式的有效性、权威性和社会化。在这个意义上，它与文学叙事有着一

①即叶舒宪先生提出的三重证据法和四重证据法。第一重证据是指传世书写文献，第二重证据是王国维先生提出的在传世文献之外根据考古发现的地下文献资料进行对比的方法。

②乔纳森·卡勒：《当代学术入门：文学理论》，李平译，沈阳：辽宁教育出版社、牛津大学出版社，1998年版，第86页。

种暗合，是另一种形式的叙事，又因为仪式是一个传统的储藏器和符号的聚合体，因而具有特殊的社会记忆功能，使得仪式具有历史叙事的能力。对仪式叙事的理解、说明与解释，可以看作是叙事的叙事，与人类学所倡导的文化阐释方法是一致的。

《仪礼》是由一系列仪式组成的，对中国古代礼仪的仪式叙事，必然运用到西方文化人类学的仪式理论。仪式理论是自人类学产生一百多年来发展相对比较完备的领域，但是，目前国内学界对其知之甚少，能够自觉应用的也还处在相对薄弱的状态。西方早期人类学家关于神话与仪式关系、仪式原型的研究，20世纪中期注重仪式过程和社会作用的英国结构功能学派，以及近些年来强调仪式象征、文化展演意义的阐释人类学派，都对本书的研究产生了诸多有益的启示。正如菲奥纳·鲍伊所言，仪式绝非宗教行为的附带现象，而是人类文化必不可少的内容。他们可以用来控制、推翻、稳定、增强、恐吓个人和群体。对仪式的研究的确为理解和解释文化提供了一把钥匙。[①]对士昏礼进行的神话阐释，就是从文学人类学神话仪式原型的角度，解析了婚礼的发生实乃源于对天地神婚仪式原型的模仿，其原初的目的在于繁衍创生。考据跨文化的圣婚仪式、中国上古的高禖祭祀以及流传久远的古代社会的藉田礼、民间的野合、奔婚等礼仪习俗，分析这些仪式都是天地神婚仪式模型在不同领域、不同地域的体现，它们分别从不同侧面为婚礼源于对天地神婚原型的模仿提供了旁证。“《仪礼》的权力话语叙事”一章从仪式控制

●朝鲜王朝时期宗庙礼仪图（首尔的古代宗庙，叶舒宪　摄）

①菲奥纳·鲍伊：《宗教人类学导论》，金泽、何其敏译，北京：中国人民大学出版社，2003年版，第209页。

功能的角度分析论证了礼仪的等级分层特征，结合至今依然盛行的祖先祭祀仪式研究探寻中国古代的政治权威、主流话语是如何利用仪式的信仰系统、符号象征系统、仪式展演过程对仪式进行控制，从而通过仪式的举行控制社会群体和个人的。家族范围的祖先祭祀是国家政治的缩小隐喻，祖先祭祀作为一种“国家宗教”，证明了权力控制的广度和深度。“作为表演的礼仪”一章则运用仪式表演理论，考察论述了戏剧的起源与礼仪的表演特性，在深入分析仪式情境戏剧化的基础上，论述了仪式的表演功能和意义。作为一种文化现象，仪式的表演就是文化的表演。总之，通过仪式叙事机制，可以在行为、符号和意义之间建立起一座桥梁，可以看到仪式中体现的文化习俗、社会价值、权力关系，看到仪式当中隐含的丰富的象征意义。虽然仪式当中也存在着权力的操控，但相对而言，仪式是一种集体程式化的行为，具有一定的稳定性，因此仪式叙事比语言叙事更加客观地保留着历史的信息。

与仪式叙事密切相关的是保障仪式顺利进行的物质依托——器物服饰、仪式场所等，它们以图像、遗存或出土的方式直观地呈现，通过研究它们的形制图案、数量规格、流传演变，从而发现其背后隐藏的特定时代信仰观念、社会秩序、文化内涵，从这个意义上讲，这些物质也在传达着被时间遗失的信息，不妨把它称为“器物叙事”。《左传·成公二年》有“器以藏礼”的说法，就是对器物传递宗教礼仪文化信息的高度概括。相对于直接表白、常常带有胜者为王有色眼镜的文本叙事而言，它更为形象真实、更为鲜活地以物证史，能弥补被文字历史忽略的内容，还原相对较为本真的历史记忆，纠正文本叙事的历史局限性。

需要保持清醒的是，在将历史当作科学的传统考古学那里，器物、遗址仅仅只是作为考古报告中科学定论的证据和注脚，后现代的人文史观和神话史观语境中的器物叙事克服了纯粹科学报告式的只见器物、缺乏对文化内涵进行厚描的缺陷，“探寻出土‘神圣物’所代表的神话和信仰背景，从而围绕物的演变描出文明起源的过程，寻找其中支配性的神话和仪式观念所特有的动力作用”[1]，因此重新认识器物的叙事就是“二度发掘”器物的过程。可见器物是

[1]叶舒宪：《比较神话学与中华文明探源》，《江西社会科学》，2009年第6期。

特定社会、特定时代生活的一面镜子，是传递观念习俗、承载文化心理、反映社会信息的媒介。例如，“玉器的象征与中国礼文化”一章谈到了在神玉时代，仪式中玉器的形制、颜色、质地等与礼仪的类别、等级的高低、道德的象征、丧葬理念之间的对应关系，玉器是最能体现礼仪精神实质的器物。书中更多的器物叙事往往和仪式叙事混合在一起，如鼎的使用规格、数量标志着使用者的身份地位，挚见礼的不同代表相见对象的分别，丧服的样式质料、服期长短的分别说明服丧者与死者亲疏远近关系的不同。

二、中国古代礼仪与神话历史

中国古代礼仪是发生在世俗世界的神圣叙事，在仪式和器物的背后，隐匿着潜在的神话信仰和神话思维。神话之于礼仪中国的历史不只是早期的文学想象，也不只是民族主义在历史中找寻民族自尊和认同的证据，神话作为一种信仰和思维，已经融入历史。“从整合性视野看，神话是作为文化根基而存在的，它必然对特定文化的宇宙观、价值观和行为礼仪等发挥建构和编码作用。”[①]“神话历史”概念的提出，消解了历史与神话的截然对立，将神话从狭小的学科概念中解放出来，使它发挥出文化编码和神圣叙事的方法论作用，成为进入中华文明本源的一把钥匙。正如约瑟夫·马里所言，“神话历史是构成现代史学的要义，就像所有的现代艺术和人文科学一样，都存在于对神话的认知中。”[②]

仪式的终极关怀落脚点着眼于此岸的现实层面，但是它并不缺乏宗教般的神圣信仰，这些神圣信仰在早期主要是由神话、神话思维完成的，这也是礼被广泛接受的精神支柱、价值核心所在。仪式往往假定在现实世界之外存在着一个超越性的神圣世界，仪式则是由现实世界通往神圣世界的桥梁，通过仪式活动的开展，古人时时实现着和神话力量、宗教信仰的对话。神话思想和宗教是相互渗透的，神话本身即反映着人们的信仰。德国哲学家卡西尔认为神话是一种无意识的虚构，在神话的想象中，总是暗含着一种相信的活动，没有对它的对象的实在性的相

①叶舒宪：《比较神话学与中华文明探源》，载《江西社会科学》2009年第6期。

②Joseph Mali, Mythistory: *The Making of a Modern Historiography,* The University of Chicago press, Chicago and London, 2003. p7.

信，神话就会失去它的根基。[1]政治权威也正是将此作为维护自己统治的最有力的形式。让我们具体来看一下神话是如何贯穿在仪式中的。

首先，仪式背后神灵观的存在是祭祀仪式举行的动力。

中国古代的许多礼仪，都包含着神灵崇拜，礼书多有记载古人对天地山川的祭拜。神灵崇拜源于远古先民对自然威力的震慑，他们感到自身力量的渺小，无法操纵自身及其以外的世界，于是就设想各种超自然的神灵在控制着人类社会及自然的变换，并想尽办法举办各种仪式来供奉祭祀这些神灵，达到与之沟通交流并使之降福于人的目的。有时，与之沟通是需要借助于特殊器物的，由于玉的珍贵和灵性，它常常被古人视为特别的通神之物。

神灵观也包括对人死后灵魂依然存在的信仰。他们认为，一个活着的人身上同时存在着代表精神之灵的“魂”和代表躯体的“魄”，人死后，灵魂还会在另一个世界继续存在。“事死如事生，事亡如事存”的态度以及为死者举行的繁琐隆重的仪式都是基于灵魂存在、死者有知的观念，希望死者的灵魂能够保佑生者平安、带来福佑。既葬之后举行虞祭，即安魂礼，然后是祔祭，将死者之灵位归附在祖庙中，意味着灵魂的升格，它将和祖先之灵一起，作为神灵，定期地享受子孙后代的供奉。这些观念在《仪礼》的士丧礼、士虞礼、馈食礼中都能得到充分的印证。在仪式中，这样的宇宙观往往是通过社会共同体心照不宣的、作为隐匿的神话信仰共享和认同的。

祖先神话与崇拜是灵魂不死的神灵观中最具典型意义的部分。几乎每一部族都有一个受到顶礼膜拜的祖先，他不仅以部族开创者的身份出现，而且还和一个扑朔迷离的感孕神话连在一起。《今本竹书纪年》中记载太昊、少昊、黄帝、高阳的出生，都伴有帝母感孕而生的神话，《诗经》和《史记》中也记载有“天命玄鸟降而生商”和“履帝武敏歆”生后稷的神话故事。这些祖先神话的共同特点是意在神化祖先，强调祖先的神性身份，在神圣谱系中为本部族的存在及其后代统治者找到一个合法的依据。为了使其统治变得更加令人信服，在其祖先的神圣出身之上，又附加了许多文化功德和

① (德) 恩斯特·卡西尔：《人论》，甘阳译，上海：上海译文出版社，1985年版，第94—96页。

道德力量，从植百谷的神农、平九州的后土，到勤众事的舜、导洪水的禹，乃至于治民以宽的汤、文治武功的文王武王，皆有功于民，这样他们就成为世代享受赞颂和祭祀的不容置疑的真正有资格的统治者，不仅自己定期享受后人的祭祀，这些拥有神话色彩的英雄先祖还以其丰功伟绩、文化资格来配祭天地。张光直认为："如果说祭祀及有关的物事如祖庙、牌位和礼器有加强和叮咛的作用，并作为氏族凝聚的象征，神话则赋予氏族典章，以证明其存在的合理性。英雄神话几乎总是千篇一律地讲述宗族祖先的公德行为，他们正因此而在祭祀时受人赞颂。"①宗教祭祀中显然渗进了神话内容，而且祖先神灵是能够代表人类沟通神界的，所以才会出现这样的祭祀方法，祭祀成为合理正当的头等大事，最高统治者作为先祖后世的正传也因此拥有了对天地和祖灵的祭祀权。仪式中隐匿的神话是一个民族共同体成员共同认可的，仪式存在正是基于神话及从中产生的神灵观，并且随着仪式反复不断地进行，仪式背后的神话及神灵观会深入人心、代代流传。"神话从一开始起就是潜在的宗教。"②

其次，礼仪秩序与自然时空、阴阳万物、天人合一神话秩序的对应。

对尊卑齿序、等级秩序的强调是中国古代礼仪特别注重的内容和准则，经过仪式的培养和塑造，很自然地成为全社会共同体自觉遵守的行为规则。仪式对社会规则和秩序的建立起到了非常重要的型塑作用。那么，礼仪中这套差等有序、规矩分明的秩序体系是从哪里来的？笔者以为它的原型可以顺着神话思维的线索，追溯到初始阶段最为朴素的、建立在对自然认识基础上的天人合一神话宇宙观那里。《礼记·乐记》曰："礼者，天地之序也。"《春秋左传》云："夫礼，天之经也，地之义也，民之行也。"说的就是礼法天则地，可以成为民之行为准则。

《老子·道经》曰："人法地，地法天，天法道，道法自然。"先民在长期的接触自然、礼敬自然的过程中，渐渐总结出一些对自然现象和规律的认识，带有神话思维特色。时空观和阴阳观就是这种神话思想的典型反映。最初的时间观念总是同具体的空间联系在一起，而且同太阳的颜色或者植物的特点相配合，《尔雅·释天》云："春为青阳，

---

①Kwang-chih Chang, *Art, Myth, and Ritual: The Path to Political Authority in Ancient China*. Havard University Press, Cambridge, Massachusetts, and London, England, 1983, p.42.

②（德）恩斯特·卡西尔：《人论》，甘阳译，上海：上海译文出版社，1985年版，第112页。

夏为朱明，秋为白藏，冬为玄英。”春夏秋冬、青朱白玄（黑）分别对应东南西北。有了最基本的时空观念，人们还要对万物的来源进行追问，阴阳观念就是基于对世界本源的思考。阴阳的概念最早出现在《周易》中，但是阴阳观念的形成应当远在其成书之前。阴阳二气被视为世界本源，《周易》当中充满了天地感生化育万物、天父地母的神话思想[①]，来自人们对男女两性交感化生类比联想而生发的天地交感化生万物的解释，属于世界父母型的创生神话或比较宗教学所说的天地神婚神话，阴阳概念的产生乃是以天地神婚的神话观念为基础，概括了包括人类男女在内的万物化生的奥秘而抽象出来的形而上的哲学概念，用以说明事物产生并被纳入到以“道”为核心的哲学宇宙观当中，即《易经·系辞》所说的“一阴一阳之谓道”、“太极生两仪，两仪生四象，四象生八卦”，以及《老子·德经》的“道生一，一生二，二生三，三生万物”。这时阴阳还只是组成万物的两种不同物质和事物的分类，并没有等级高下之分。阴阳所衍生的世界万物主要由五种基本物质为代表，五行说的发生源于原始朴素的五行观，它的主要思想是将水、火、金、木、土视为构成万物的五种主要元素。[②]到了《管子》中，五行的顺序变为木、火、土、金、水，这个顺序反映了五行相生的关系，《管子》又将五行与五方、五色、五味、五时、五声联系搭配，作为古人的基本常识得到社会的公认。《管子·幼官》还将五行原则初步地引向社会政治领域，要求国君居于明堂，按照五行原则衣食住行。这种思想直接开启了以邹衍为代表的五德终始说，进一步将五行的相生相克运用到王朝的更替和政治制度的变革中。朝代的兴替与五行的演变相对应，统治者要适时行事，顺应自然的启示，效法与自己朝代对应的五行中相应的德，有目的地采取措施，这样五行生克观念和五行配物观念就与社会政治、历史融为一体，成为社会法则，社会与自然均处在一个有序、变革、循环的体系中。统治者

①《易经·泰卦·彖传》曰：“天地交而万物通也。”《易经·咸卦·彖传》曰：“天地感而万物化生。”《周易·说卦》：“乾，天也，故称乎父。坤，地也，故称乎母。”

②王珏、胡新生认为：水、火、金、木、土一开始被视为统治者建立国家必须首先控制的五种基本资源。（《论邹衍五德终始说的思想渊源》，载《理论学刊》2006年第12期）胡新生认为最早的五行观只是一种政治观念而不是自然观或世界观，后来才发展成为具有普遍意义的哲学概念的构成万物的五种元素。参见胡新生：《政治意识笼罩下的原始五行观——对〈洪范〉“五行”概念的性质及其思想史意义的再认识》，《山东大学学报》（社会科学版），1998年第2期。

也以此来强调既定秩序的合理性。顾颉刚先生说："五行是中国人的思想律，是中国人对于宇宙系统的信仰，二千余年来，它有极强固的势力。"①

礼仪是社会行为规范和等级秩序观念的集中体现，所以它必然包括了时空观和阴阳五行观所代表的秩序，且最能体现这套法则并通过仪式的反复举行将之变成人们的社会意识和行动准则。礼仪中的许多细节都在模仿、强调这套基于自然又被修改引申到社会领域的秩序法则。《礼记·月令》就按阴历时令逐月记载每个月的物候特点、礼仪政令、宗教农事社会活动等情况，尤其是天子颁布政令所处位置、穿戴服饰的颜色要和那个季节在明堂中所对应的具体方位以及颜色一一照应，在具体的时令该干什么也要符合气候特点和自然规律，不能马虎。礼仪中包含的秩序，保留着以神话思维所建构的宇宙模式。统治者借用此模式行使权力、维护社会既有秩序。月令中的规则，在后世也一直在沿用着。

三、礼的返古复始与回归神圣的需要

礼仪的内容并非一成不变，它会随着时代的发展而变迁，正如《礼记·礼器》所云："礼，时为大"，但另一方面，在仪礼之中始终存在着报本反始或反本修古的原则和观念，也就是《礼器》所说的："礼也者，反本修古，不忘其初者也。"这种向后看的思想体现在很多方面。

《礼器》《郊特牲》《礼运》等都有关于崇尚古朴的描述。用来与神明交接的物品，不可等同于生活中使人安逸的东西，醴酒、黼黻（带花纹的布）、莞簟（细致的草席和竹席）、美味的肉汤、雕琢的玉石以及锋利的割刀等虽然美好，但是祭祀时都比不上古时候所用的玄水、粗布、粗席、白味肉汤、不琢之圭、古老的鸾刀那样尊贵。"贵五味之本"、"反女功之始"，体现的就是反古复始、不忘其初的思想。

像这样崇尚古朴、沿袭古礼的具体做法还有很多，为什么太初的、古朴的在礼仪中总是受到推崇？因为它们要么代表了宇宙创生之初的神圣秩序，要么和神话连在一起。伊利亚德认为先民总是希望回归到事物起源的神话时代和宇宙开辟之际那个神圣时刻，暂时脱离世俗，回归

①顾颉刚：《五德终始说下的政治和历史》，《古史辨》第五册，上海：上海古籍出版社，1982年版，第404页。

神圣，寻找新的生存动力。神话思维中的时间可以不断地循环和再生，“正是这种对起源时完美性的依恋，才从根本上解释了人们为什么要对那个完美状态的定期回归”。[①]这样看来，一切节日庆典、迎新送往仪式、神话的回顾与模仿等都与人类重返神圣的精神需要密切相关。神圣可以是神圣的时间，也可以是神圣的空间、神圣的状态。

坎贝尔认为，神话是仪式的精神支持，仪式是神话的物质规定。通过吸收本社会群体的神话、参加本社会群体的仪式，根据社会和自然环境的要求，年轻人被塑造，从一个不定形的自然产品转化为具体、有效社会秩序的确定的、有能力的成员。[②]神话或神话思想是仪式实现神圣叙事的基础，也是权力操控的手段，这些神话信仰和由神话宇宙观建构的社会秩序随着仪式活动的反复举行，渐渐转变成社会共同体的自觉行动，神话潜移默化地作用于人们的生活。正如涂尔干强调的那样，神话是人的社会生活的形象表达[③]，“作为神圣叙事的神话与史前宗教信仰和仪式活动共生，是文史哲的共同源头，中国早期历史具有‘神话历史’的鲜明特点。”[④]

●韩国保留的非物质文化遗产——祭祖大礼（首尔古代宗庙，叶舒宪 摄）

①米尔恰·伊利亚德：《神圣与世俗》，王建光译，北京：华夏出版社，2002年版，第47页。

②Joseph Campbell, *Myths to Live by*. 1972, pp. 45-46.

③爱米尔·涂尔干：《宗教生活的基本形式》，渠东、汲喆译，上海：上海人民出版社，2006年版，第215页。

④叶舒宪：《中国的神话历史——从“中国神话”到“神话中国”》，载《百色学院学报》2009年第1期。

除了神话信仰，仪式中还充满了巫术信仰，这些在本书中也有专门论述。

中华民族自古以来以礼仪之邦而著称于世，礼仪文化作为中华文明的核心内容充分体现了中华民族的生存智慧，因其中蕴涵着行之有效的精神信仰和行为规范、维系着社会的和谐稳定而历来成为统治者统治天下的精神力量和文治手段。但是，长期以来，礼文化因背负“封建礼教”之恶名，备受打击、压抑、冷落和曲解，加之《仪礼》是十三经中号称古奥难解的礼经文本，传统礼俗在当今我们国家变得支离破碎，礼仪观念变得生疏淡漠。而我们的邻邦韩国、日本还都相对完好地保存着中国古代的礼仪文化，西方世界也从孔子的智慧中寻求医治现代文明弊病的良方。此时，我们更有理由很好地研究古人留下的文化瑰室，让礼仪文化代代传承。本书通过对《仪礼》的文化人类学研究，诠释了“仪式叙事”的全新概念，打开潜力巨大的研究发展空间，从无声的礼经仪式文本中开掘保留至今的远古文化信息、神话原型和神话、巫术思维传统以及古代仪式的功能作用，阐发华夏远古礼文化的精神根脉。

第一章

永恒回归的神话

人类通过对神圣历史的再现，通过对诸神行为的模仿，而把自己置于与诸神的亲密接触之中，也即是置自己于真实的和有意义的生存之中。

——米尔恰·伊利亚德《神圣与世俗》

在古代仪式中，为什么普遍存在着『报本反始、崇尚古朴』的现象和观念？冠礼上第一次加冠用的是最古朴原始的缁布冠，丧礼上最亲近的孝子服丧最重，穿的是粗麻布制成的『斩衰』服，这些与各部族祭祖仪式中的将祖先神话化的做法，甚至于后世文学发展中不断出现的复古运动之间有什么联系？这一切是否都源于循环的时间观念和回归宇宙创生时期神圣的需要？仪式中的种种行为，背后都隐匿着潜在的神话，仪式是回归神圣，再现神话情境的有效方式。

礼自从产生以后，它的内容一方面随着时代的发展而变迁，如《礼记·礼器》所言："礼，时为大"；另一方面又始终存在着报本反始或反本修古的原则和观念，《礼器》云："礼也者，反本修古，不忘其初者也。"有论者甚至将这种原则提升到祭礼哲学的高度。①相应地，在文学史中，自古至今也存在着形形色色的复古主义的思潮和运动。礼的报本反始与文学的复古主义之间存在着一脉相承的关系，这一问题在此前并没有引起充分的注意，而且，对报本反始的原则、观念及其体现在具体礼节中的种种现象也大多以祖先崇拜、自然崇拜以及由此引发的对天地自然、祖先的感恩来解释。如果我们换一个视角，从跨文化的永恒回归神话原型的角度来理解，则会得出全然不同的解释——通过神话的不断讲述、仪式的重复举行、时间的定期循环、艺术的想象创造等手段，古人可以象征性地回归到宇宙创生那一刻的神圣世界中去，获得与神同在的神圣感。它不仅关乎到古人的宇宙观和存在论，而且文化和文学中的复古主义也可以由此获得通观，跳出创新与保守、进步与落后的二元论文化思维模式。

① "原则"的说法见常金仓《周代礼俗研究》，台北：文津出版社，1993年版，第31页。"祭礼哲学"的说法见张应斌《周代祭礼哲学与复古情结》，《江汉论坛》，1993年第5期，第39—44页。

第一节
反本修古，不忘其初

何谓报本反始？《礼记·郊特牲》有曰：

> 郊之祭也，迎长日之至也，大报天而主日也。兆于南郊，就阳位也。埽地而祭，于其质也。器有陶、匏，以象天地之性也。于郊，故谓之郊……万物本乎天，人本乎祖，此所以配上帝也。郊之祭也，大报本反始也。[①]

孔颖达解释“报本反始”时说：“天为物本，祖为王本。祭天以祖配之，所以报谢其本。反始者，反其初始。谢其恩谓之报，归其初谓之反，大义同也。”天地乃万物的本源，人祖乃种族的本源，对于天神、地祇、人鬼，古人讲究感恩报德。有人认为这个观念来源于原始宗教中的祖先崇拜、自然崇拜。[②]也有人认为报祖报天乃原始狩猎巫术、丰产巫术在文明社会的遗存——以交感巫术的方式报本反始，从而影响自然。[③]暂且先搁置报本反始的来源不论，这一观念由两个相互依存的部分组成是可以肯定的，首先是祭礼中的崇古尚朴观念，其次是报本感恩观念，两者不能截然分开。为了论述方便，权且分而论之。

第一点是尚古复始。《礼记·礼器》中有一段关于礼的反古复始现象的形象描述：

---

①阮元校刻本《十三经注疏》，北京：中华书局影印，1980年。以下《礼记》、《仪礼》引文及郑玄注、孔颖达疏皆出此本，文中引十三经其他篇目及注疏也出此本，不另注。

②何科：《史官文化与〈文心雕龙〉》，《四川师范大学学报》（哲学社会科学版），2003年第3期，第12—15页。鲁同群：《论周礼中的“报本反始”思想》，《南京师范大学学报》（社科版），1985年第4期，第46—51页。

③张应斌：《周代祭祀哲学与复古情结》，《江汉论坛》，1993年第5期，第39—44页。

礼也者，反本修古，不忘其初者也。故凶事不诏，朝事以乐；醴酒之用，玄酒之尚；割刀之用，鸾刀之贵；莞簟之安，而稾鞂之设。是故，先王之制礼也，必有主也。故可述而多学也。

这段话的意思可以从下面《礼记·郊特牲》中的一段话中得到很好的解释：

酒醴之美，玄酒明水之尚，贵五味之本也。黼黻文绣之美，疏布之尚，反女功之始也。莞簟之安，而蒲越稿鞂之尚，明之也，大羹不和，贵其质也。大圭不琢，美其质也。丹漆雕几之美，素车之乘，尊其朴也，贵其质而已矣。所以交于神明者，不可同于所安亵之甚也。……祭天，扫地而祭焉，于其质而已矣。醯醢之美，而煎盐之尚，贵天产也。割刀之用，而鸾刀之贵，贵其义也，声和而后断也。

用来与神明交接的物品，不可等同于生活中使人安逸的东西，醴酒、黼黻（带花纹的布）、莞簟（细致的草席和竹席）、美味的肉汤、雕琢的玉石以及锋利的割刀等虽然美好，但是祭祀时都比不上玄水、粗布、粗席、白味肉汤、不琢之圭、古老的鸾刀那样尊贵。祭祀时之所以要用玄水、粗布、粗席、白味肉汤等，就是为了“贵五味之本”、“反女功之始”，这些都属于仪式中的尚古现象。

礼书中屡屡提到礼仪中不忘其初的现象，《礼记·礼运》：“作其祝号，玄酒以祭，荐其血毛，腥其俎，孰其殽，与其越席，疏布以幂，衣其浣帛，醴盏以献，荐其燔炙，君与夫人交献，以嘉魂魄，是谓合莫。……祝以孝告，嘏以慈告，是谓大祥，此礼之大成也。”《仪礼》中有很多以古为尚的情况。如《士冠礼》中三次加冠，第一次为缁布冠，第二次为皮弁，第三次为爵弁。缁布冠，《晋书·舆服志》解释为“太古冠布，斋则缁之”，《礼记·玉藻》曰“冠而敝之可也”，加冠后就可以丢掉不戴了。皮弁为白鹿皮做的帽子，爵弁是比较尊贵的帽子。郑玄注为“爵弁者，冕之次，其色赤而微黑，如爵头然”，爵弁仅次于冕。可见，次序越往后，冠的档次越高越精致，但是，在冠礼三加中，首加的却是最为古朴的缁布冠，三加的礼仪程序就好像在回顾冠的演进历史。《仪礼》中的《特牲馈食礼》和《士昏礼》中都提到了“玄酒”和“大羹”，据孔颖达疏：“玄酒，谓水也。以其色黑，谓之玄。而太古无酒，此水当酒所用，故谓之玄酒。”大羹为不和五味的肉汁，它们分别摆放在席面或室中比较尊贵的“西”和“北”的位置。在《仪礼·丧服》的五服中，丧服的原则是“亲近者服重，疏远者服轻。重服粗恶，轻服精细”[①]。其中，丧服等级最重的“斩衰”用粗麻布制成，左右和下边不缝，服制三年。其次的“齐衰”则不露毛边。再往后的“大功”“小功”所用布料越来越精细，这也是一幅活生生的服装演化浓缩图。古朴在丧礼中意味着隆重。孝子为父母服丧，要穿着外纳的草鞋，“居倚庐，寝苫枕块”，即卧草苫、枕土块（《丧服》），也是将远古时期生活的简朴与对父母之丧发自肺腑的悲伤和追念联系起来。《仪礼·乡射礼》中，射箭用的靶子称为“侯”，“凡侯：天子熊侯，白质；诸侯麋侯，赤质；大夫布侯，画以虎豹；士布侯，画以鹿豕”。不同图案表明射者的不同身份，其共同点在于明显地留有狩猎时代射猎生活的痕迹。通过溯本追源，可以使后人不忘礼之初的情境，而且可以学习礼中所包含的古义，通过“修”，“故可述而多学也”。《乐记》说道：“礼也者，反其所自生；乐也者，乐其所自成”，“故观其礼乐，而治乱可知也”。《孔子家语》中有一段话与《礼记·礼运》中说得很类似：“夫礼，初也始于饮食，太古之时，燔黍擘豚，汙尊抔饮，蒉桴土鼓，犹可以致敬鬼神。”这些都透露出古礼背后实际上隐藏着耐人寻味的古义，那么这意义是什么呢？这一点很重要，也是本章重点要探讨的。

第二点是报本感恩。除了前文所引述的“大报天而主日”，《郊特牲》还有：

> 社祭土而主阴气也。……社所以神地之道也。地载万物，天垂象。取财于地，取法于天，是以尊天而亲地也，故教民美报焉。家主中霤而国主社，示本也。唯为社事，单出里。唯为社田，国人毕作。唯社，丘乘共粢盛，所以报本反

①常金仓：《周代礼俗研究》，台北：文津出版社，1993年版，第38页。

始也。

另外，《礼记·祭义》云：

> 君子反古复始，不忘其所由生也，是以致其敬，发其情，竭力从事，以报其亲，不敢弗尽也。

可见，报本与郊祭祭天、社祭礼地、祭祖报亲分不开。天地乃万物的本源，人祖乃种族的本源，对于天神、地祇、人鬼，古人讲究感恩报德。《大戴礼记》将所报之本重点概括为三：

> 礼有三本：天地者，性之本也；先祖者，类之本也；君师者，治之本也。无天地焉生？无先祖焉出？无君师焉治？三者偏亡，无安之人。故礼，上事天，下事地，宗事先祖，而宠君师，是礼之三本也。（《礼三本》）

除了天地、先祖、君师，还有许多其他要报的对象：

> 天子大蜡八。伊耆氏始为蜡。蜡也者，索也，岁十二月，合聚万物而索飨之也。（《郊特牲》）

《国语·鲁语上》注曰："报，报德，谓祭也。"《礼记·祭法》云："夫圣王之制祭祀也：法施于民则祀之；以死勤事则祀之；以劳定国则祀之；能御大菑（灾）则祀之；能捍大患则祀之。……此皆有功烈于民者也。"这些均为因功而受祀。《乐记》云："乐也者，施也。礼也者，报也。乐，乐其所自生；而礼反其所自始。乐章德，礼报情，反始也。"可见，报德、报功、报情是"报"的原因和内容，我们完全有理由把这些视为古礼中隐含的意义。古代礼仪中报恩对象的设置，不仅体现了对天、地、先祖的感激之情，更重要的在于通过礼仪可以教育后人，并将由此引发的一系列有关伦理、道德的精神扩大到家族范围之外的君臣政治体系和其他社会关系中去，纳入到礼教的范畴直接服务于政治，以维系统治者期待的长治久安。对此，《礼记·祭义》有很好的说

明："天下之礼，致反始也，致鬼神也，致和用也，致义也，致让也。致反始，以厚其本也；致鬼神，以尊上也；致物用，以立民纪也。致义，则上下不悖逆矣。致让，以去争也。合此五者，以治天下之礼也，虽有奇邪，而不治者，则微矣。"

挖掘到这里也仅仅是看到了报本反始观念向我们昭示的直接的、基本的含义，以往论者在论及此点时，大多没有超出自然崇拜和祖先崇拜及其相应的感恩报德思想。在此基础之上，还有论者作了更进一步的探讨，认为周代的报本反始强调将祭祀的宗教之义伦理化，从而使祭祀同宗教逐渐区别开来。[①]杨向奎和常金仓均认为报本反始观念是人与神明之间的"礼尚往来"，杨向奎在解释礼的起源时就坚持认为礼源于原始社会的货物交换的观点，只不过"报"是周公、孔子等人对以物易物的"礼尚往来"的改造而已。[②]张应斌在《周代祭礼哲学与复古情结》一文中提出了报本反始是一种来自自然崇拜和祖先崇拜的本源崇拜，这种崇拜源于周人宇宙观和历史观中"原点的确定"的需要，并将此种原点意识又称为复古情结的来源，[③]这个观点是很有创见的。但是，为什么古人会有这种原点意识，他并没有进一步展开进行详细的论证。进入文明社会以后祖先崇拜和自然崇拜何以依然在殷人和周人的生活中占据那么重要的位置？为什么他们在宇宙观和历史观中非要确定原点不可？这些问题没有从发生学上得到根本的最终的解释，依然悬而未决，所以，在下面一个部分，我将从比较宗教学的角度用永恒回归的神话原型理论来进一步探讨报本反始现象的根本来源及其在进入文明社会以后以隐蔽或变相的形式出现的情况。

---

①王贵民在他的专著《中国礼俗史》中提出了在周代祭祀同宗教渐渐区别开来并伦理化的观点。《中国礼俗史》，台北：文津出版社，1993年版，第10—11页，第95页。

②常金仓：《周代礼俗社会》，台北：文津出版社，1993年版，第36页；杨向奎：《宗周社会与礼乐文明》（修订本），北京：人民出版社，1997年版，第250—263页。

③张应斌：《周代祭礼哲学与复古情结》，《江汉论坛》，1993年第5期，第39—44页。

第二节

原型与反复：永恒回归的神话

著名宗教历史学家伊利亚德（中国台湾译为耶律亚德，M. Eliade，1907—1986）在其关于宗教及神话学的经典著作《宇宙与历史：永恒回归的神话》中认为，古代社会及传统社会中的人从根本上是反抗具体的历史时间和历史事件的，并周期性地希望回归到事物起源的神话时代和宇宙创生的原型，以此来不断获得存在的价值和意义。[①]

与置身于历史中的现代人相比，古代社会和传统社会中的人认为自己始终置身和自己命运息息相关的宇宙中而不是具体的历史中，他们总是向往着回归宇宙开辟之际那个神圣时刻世界的原型模式，以更新现实的世俗化和历史带来的邪恶与恐怖，从而汲取存在的能源与动力，获得形而上的安定和救赎。他们认为现实生活中所有的建制模型与各种行为规范，都是在时间肇始之际经由“天启”而来的，通过某种方式如仪式的反复与象征、神话的讲述、时间的定时再生等能够逆返到那个宇宙开辟的“伟大时代”，以使世俗变得神圣，从而赋予事物及行为以存在论的意义。

在对待时间问题上，伊利亚德认为神话思维中的时间可以不断地循环和再生，初民“赋予时间一种循环的方向，从而泯除了它的不可逆转性。一切事物时时刻刻都在起点从头开始。过去只是未来的先兆，没有任何事物不可回转，没有任何变化是终极的。在某一意义下，我们甚至可以说世上没有任何新鲜事发生，因为任何事物都只是重复同样的太初原型；这重复即具现了原型事迹显露的神话时刻，它等于不断地把世界留在一切初始时的晨曦时刻里”[②]。叶舒宪先生在《老子与神话》

①M.耶律亚德：《宇宙与历史：永恒回归的神话》，杨儒宾译，台北：联经出版事业公司，2000年版，著者前言，第9页。

②M.耶律亚德：《宇宙与历史：永恒回归的神话》，杨儒宾译，台北：联经出版事业公司，2000年版，著者前言，第77页。

一书中认为伊利亚德从周期性地回归创世的种种象征性活动中破译出“时间的不断再生”的原始信仰，为理解永恒回归神话提供了观念背景。他进一步分析了在这种时间观念之下的“永恒回归”的实质：“由于宇宙间的一切生命和一切运动都开始于创世神话所讲述（或是象征性表达）的‘神圣开端’，——也就是《老子》中所说的‘古史’或‘无极’状态，人类社会便只有通过神话和仪式行为周期性地回归到那个‘神圣开端’，象征性地重述或重演创世活动——时间和空间的肇始，万物的创生——才能确保世界（包括自然与社会）的延续和有效更新，重新获取生命和运动的动力。这种不断加以重复的周期性回归开端的努力便是所谓‘永恒回归’。”[①]《仪礼》中许多典型的仪式现象都可以在这样的视角下得到合理的解释。

一、祖先崇拜与祭祖

具体到对待历史人物或历史事件的方式，“永恒回归”就是以范畴代替事件、以原型取代历史人物，将它们同化于神话模型及神话英雄，即通过历史的神话化使其获得实在。如此看来，历史的神话化其实是一种弃绝历史的表现。由于原型和神话在上古具有存在论的意义，所以它对人们的记忆影响也是深刻的。伊利亚德认为记忆总是将历史人物归于原型，“拒绝保存英雄生平中的个人、历史因素”，“从此一观点来比较各个不同传统中死后生命的概念，当有启发。死者变为‘祖先’，无异于个体融入一种原型范畴”[②]。商人、周人之关于祖先的解释、传说，当归入知其母不知其父的神话时代的英雄神话原型故事中。

商人的祖先传说，在《诗经·商颂·玄鸟》中有“天命玄鸟，降而生商”的说法。《尚书·虞书·舜典》帝曰：“契，百姓不亲，五品不逊。汝作司徒，敬敷五教，在宽。”《史记·殷本纪》也将殷的祖先谱系追溯到帝系中：“殷契，母曰简狄，有娀氏之女，为帝喾次妃。三人行浴，见玄鸟堕其卵，简狄取吞之，因孕生契。契

①叶舒宪：《老子与神话》，西安：陕西人民出版社，2005年版，第107—108页。

②M.耶律亚德：《宇宙与历史：永恒回归的神话》，杨儒宾译，台北：联经出版事业公司，2000年版，著者前言，第38页。

长而佐禹治水有功。帝舜乃命契曰：‘百姓不亲，五品不训，汝为司徒而敬敷五教，五教在宽。’封于商，赐姓子氏。契兴于唐、虞、大禹之际，功业著于百姓，百姓以平。”[①]据张光直的考证，商人始祖契，为帝喾之子，帝喾又名高辛氏。[②]《说文解字》解释“偰”为“高辛氏之子，为尧司徒，殷之先也”。看来，契为舜司徒还是为尧司徒说法不一，但是，他是“帝”的后代则无疑。很可能契所在的时代人们还不知生育的奥秘，在契出生的故事中加了“简狄吞卵而孕”之说，使契的身世更加神秘。周人关于姜嫄“履帝武敏歆”生后稷的故事同样充满了扑朔迷离的色彩：

> 厥初生民，时维姜嫄。生民如何？克禋克祀，以弗无子。履帝武敏歆，攸介攸止，载震载夙。载生载育，时维后稷。（《诗经·大雅·生民》）
>
> 周后稷，名弃。其母有邰氏女，曰姜原。姜原为帝喾元妃。姜原出野，见巨人迹，心忻然说，欲践之，践之而身动如孕者。居期而生子，以为不祥，弃之隘巷，马牛过者皆辟不践；徙置之林中，适会山林多人，迁之；而弃渠中冰上，飞鸟以其翼覆荐之。姜原以为神，遂收养长之。初欲弃之，因名曰弃。[③]

《尚书·虞书·尧典》中的“弃”和契同时，帝曰：“弃，黎民阻饥，汝后稷，播时百谷。”弃的来历中不仅也有感孕而生的成分，他还和契出自同一个帝系谱系，而且他的母亲为帝喾之元妃。由于弃播种百谷有功，被周人尊为祖先。契和弃之被尊为始祖都充满了神话色彩，其中都包含有如同开天辟地时期英雄对某一方面的开创之功一样的业绩。按照伊利亚德的说法，以上的祖先故事当属于古代社会的人将其祖先神话化的范畴，与传说中具有神性的帝联系起来，从而将历史人物同化于神话模型，就是想通过历史的神话化使其与远古时期的宇宙秩序联系起来获得神圣性，这样作为英雄祖先后代的殷人、周人就具有了生存的实

①司马迁：《史记·殷本纪》（卷三），北京：中华书局，1959年版，第91页。

②张光直：《中国青铜时代》，上海：上海三联书店，1999年版，第126页。

③司马迁：《史记·周本纪》（卷三），北京：中华书局，1959年版，第111页。

在感。

张光直等学者认为商与西周时代祖先英雄故事是神话历史化的结果。[①]顾颉刚认为周民族是注重耕稼的民族，后稷本是后奉的耕稼之神，被拉作他们的始祖，而未必真是创始耕稼的古王，也未必真是周民族的始祖。[②]杨宽也认为古史传说出于神话。[③]上述学者的共同看法在于中国古代史料中记载的上古英雄历史主要是来自神话，即将神话历史化。这与伊利亚德所说的历史神话化看起来好似矛盾，其实，两者是从不同角度看问题的。张光直、顾颉刚、杨宽等学者是立足于中国上古的历史，由于文字出现于其后，这些历史大多是在较多使用文字的西周以后根据神话传说追述出来的，所以，被认为是掺杂了大量的神话成分，与真正的史实相比出入较大，有许多不可信的内容，这就是神话的历史化。伊利亚德则是从神话研究的立场出发，认为先民在讲述其祖先身世和历史时，总是将其个体融入一种与宇宙创生有关的英雄神话原型范畴中去，消除历史个体性，在某种程度上可以看作是"个体'历史'的终结"[④]，即历史的神话化，将祖先的身世与万能的天或帝联系在一起，其根本的目的在于"永恒回归"原初意义——获得生存的实在和神圣，同时也使其后代王者获得了终极统治的合法权力。

祖先崇拜[⑤]与神化祖先的根本目的是一致的，所以两者总是相伴相生。在世界范围内的许多民族虽然也广泛地存在着祖先崇拜，但都没有像中国把祖先崇拜发展得那样完善、自成体系，马克斯·韦伯将之称为"俗世宗教"——"乃是一种对祖灵神力的信仰和崇拜"[⑥]。这种俗世宗教最集中最经常的体现则是祭祖仪式。祭祖仪式的实质是通过对祖先的礼遇达到沟通祖先、唤起祖先的神力，以福

---

①张光直：《中国青铜时代》，上海：上海三联书店，1999年版，第283页。

②顾颉刚：《后稷的实在怎样》，《顾颉刚古史论文集》，北京：中华书局，1983年版，第165页。

③参看杨宽《先秦史十讲·对古史传说的四点认识》："两个不同的五帝传说，无非是东西两大系的上帝神话混合而成。传说中尧舜的臣属，无非是东西两大系神话中的社神、稷神、水神、火神、岳神以及鸟兽之神混合而成。"《先秦史十讲·中国上古神话传说综论》"古史传说无不出于神话"，上海：复旦大学出版社，2006年版，第6—7页。

④M.耶律亚德：《宇宙与历史：永恒回归的神话》，杨儒宾译，台北：联经出版事业公司，2000年版，第39页。

⑤祖先的概念包括始祖、远祖（祧祖）、近祖（祢祖）。周代的宗庙制为天子七庙，诸侯五庙，大夫三庙，士一庙，庶人无宗庙祭于寝。见《礼记·祭法》。

⑥马克斯·韦伯：《儒教与道教》，洪天富译，南京：江苏人民出版社，2005年版，第119页。

佑现世生存的后代，在周期性的仪式的重复中使祖先的神力不断地复活，获得祖先保佑的观念也在仪式中不断地被强化，使其在俗世的生存中充满精神动力并将这种动力延续下去。《仪礼》中的《特牲馈食礼》和《少牢馈食礼》分别详细记述了诸侯之士祭祀祖祢、卿大夫祭祀祖先于家庙的礼仪，贾疏曰：“古祭用牲必牛、羊、豕皆具，曰太牢，而以牛为主；少牢无牛，有羊、豕，而以羊为主。”“特牲”谓祭祀只用一种牲畜，士用豕。在祭祖仪式中，要先通过筮占在生人当中选择一位与受祭者昭穆相当的“尸”。“昭穆”为古代的宗法制度，这种制度的根源可以追溯到母系社会。那时，两个氏族或部落往往世代走婚，儿子随母亲和舅舅居住，这样孙子又和祖父处在同一个氏族或部落。郑玄为《周礼·春官·小宗伯》作注时曰：“自始祖之后，父曰昭，子曰穆。”以此来安排宗庙、墓地或祭祀中的辈次排列和次序，左昭右穆，隔代同昭或同穆。所选之“尸”一般由被祭者的孙辈担任，充当祖祢的代表来享用阳世亲人对他的供奉。所以《礼记·祭统》有“夫祭之道，孙为王父尸”的说法。尸的出现，相当于将祖先的神灵形象化、现实化，郑玄注曰：“尸，主也。孝子之祭不见亲之形象，心无所系，立尸而主意焉。”①通过与尸的交接和对尸的供奉祭飨，生人取悦报答祖先、希望祖先福佑的心理得到了满足。

《礼记》中的许多篇目对祭祀仪式的意义和具体祭祀种类作出了说明，其中以祖配祭天或帝的制度颇能说明祖先的地位和作用。《祭法》有云：

> 有虞氏禘黄帝而郊喾，祖颛顼而宗尧。夏后氏亦禘黄帝而郊鲧，祖颛顼而宗禹。殷人禘喾而郊冥，祖契而宗汤。周人禘喾而郊稷，祖文王而宗武王。

这里面涉及到四种祭祀的方式：郊、禘、祖、宗。关于郊祭、禘祭，历来注家论者争议很大，说法不一，在此不拟展开介绍，只是根据元典，谈谈自己的理解。《礼记·祭义》曰：“郊之祭，大报天而主日。”《郊特牲》亦云：“郊之祭也，迎长日之至也，大报天而主日也。兆于南郊，就阳位也。”看来，郊祭乃天子祭天之礼，因其在南郊

①郑玄《仪礼·士虞礼》注。

祭天（昊天），所以称为“郊”。郊祭时，往往以父系祖先配祭，《孝经·圣治章》有“昔者周公郊祀后稷以配天”，与上述引文“周人禘喾而郊稷”是一致的。禘祭，《礼记·大传》曰：“礼，不王不禘。王者禘其祖之所自出，以其祖配之。”《礼记·王制》曰：“天子诸侯宗庙之祭，春曰礿，夏曰禘，秋曰尝，冬曰烝。”可见，禘祭是天子诸侯之礼，在宗庙举行，不同的季节，有不同的叫法，祭祀的对象是始祖所自出的感生帝①，以父系的始祖配祭。关于祖、宗，《祭法》有“祖文王而宗武王”的说法。孙希旦《礼记集解·祭法》：“凡祖者，创业传世之所自来也。宗者，德高而可尊，其庙不迁也。”《白虎通义·宗庙》云：“周以后稷、文、武特七庙，后稷为始祖，文王为太祖，武王为太宗。”邹昌林在《中国礼文化》中以周朝为例解释说，所谓“始祖”，就是整个族类从血缘上可寻的第一代祖先。所谓“太祖”，就是开创周朝事业的第一代祖先。所谓“太宗”，则是确立周天子为天下大宗的第一代祖先。②作为礼仪，祖、宗之礼就是分别对他们在祖庙中的祭祀。以上种种情况，直接祭祀祖先也好，用祖先配祭天帝也好，除了强调祖先的重要性以外，还格外地突出了祖先有通达天帝神灵的作用，使神降福于民，从而提高王的统治威望。所以，从崇拜植百谷的神农、平九州的后土，到歌颂勤众事的舜、导洪水的禹，乃至于治民以宽的汤、文治武功的文王武王——伊利亚德称之为“神圣历史”神话③，都成为王权获得神圣性的重要群众支持和精神来源。按照“永恒回归”的原型理论，对具有神话传奇色彩的祖先的崇拜祭祀就是在追溯和回归神圣历史，神圣的就是实在的，神圣的就是合理的，那么，祖先崇拜的实质实际上就是在“报”的礼教以及“神圣”的宗教情怀掩盖之下图谋王权政治的合法性和永久性。《诗经》中有歌颂后稷功绩的诗可以作为最好的旁证：

皇皇后帝！皇祖后稷！享以骍牺，是飨是宜。降福既

①邹昌林在《中国礼文化》中也认为禘的对象为母系之图腾神或感生帝。北京：社会科学出版社，2000年版，第122页。

②邹昌林：《中国礼文化》，北京：社会科学出版社，2000年版，第123—124页。

③伊利亚德：《宇宙创生神话和“神圣的历史”》，阿兰·邓迪斯编《西方神话学读本》，朝戈金等译，桂林：广西师范大学出版社，2006年版，第186页。

多，周公皇祖，亦其福女。（《鲁颂·駉》）

二、送终与迎新：哭踊、蜡祭

伊利亚德认为，古代世界里没有“世俗”活动，任何意义明确的行为——狩猎、渔获、农耕或竞技、斗争、性行为——都是在参赞神圣，纯属世俗的活动是指没有任何意义的活动，亦即缺乏范例可寻的活动。[①]事实上，在漫长的历史进程中，大多数的活动都经历了去圣化（desacralized）的过程，失去了原有的神圣意义，但是，这些活动当中依然流露出许多与神圣原型有关的蛛丝马迹，延伸到后来乃至于今天的生活中。它们大多是通过讲述神话、重复仪式、循环时间等方式将其投射到参与超越它们的终极实在[②]当中去，从而获得了存有的意义。一个熟悉的例子，宝玉的前身乃女娲补天剩下的石头，这块石头就因为参与了女娲补天的神话而不是一般的石头，所以它演绎的人间故事也就具有了非同一般的意义。按照永恒回归的逻辑，当传统社会现实中的人通过模仿神灵的行为举止认为他不再是他自身，时间也不是当下，而是泯除了世俗时间、象征性地回到宇宙创造时的时间，世界才充满意义。置身于比较宗教学的视野，在中国古代的许多仪式中，也能够发现许多被历史和世俗时间掩盖的有意味的东西。让我们看一下循环观念有关的两种仪式活动——踊与蜡祭。

在关于丧葬礼仪的《士丧礼》和《既夕礼》中，有一种非常特别的仪式活动——哭踊，是丧礼中人死入殓以后到埋葬之前礼仪中的一种仪节。“踊”，也写作“踴”，从足，勇声，《说文》解释为“跳也”，《广雅》解释为“上也”。班固《汉书·礼乐志》曰：“哀有哭踊之节，乐有歌舞之容，正人足以副其诚，邪人足以防其失。”颜师古注：“踊，跳也。哀甚则踊。”杨天宇《仪礼译注》中解释“成踊”：“双脚同时起跳，跳跃三次为一节，如此者三节，即所谓成踊。”[③]“踊”在《士丧礼》中出现了39次，《既夕礼》中出现了29次，《士

①伊利亚德：《历史与循环：永恒回归的神话》，杨儒宾译，台北：联经出版事业公司，2000年版，第22页。

②伊利亚德在《神圣与世俗》中说：“对于早期人类而言，神圣就是力量，而且归根到底，神圣就是现实。”所以对早期人类而言，神圣也就是绝对实在。参看伊利亚德《神圣与世俗》，王建光译，北京：华夏出版社，2002年版，序言，第4页。

③杨天宇：《仪礼译注》，上海：上海古籍出版社，2004年版，第345页。

虞礼》中出现了12次，绝大多数踊的情况是某某“踊”，有时为“踊无算”，即踊的次数无限，有时为“成踊”或“踊三”，有时“不踊”，有时“要节而踊”（遇当踊则踊）。主语多为“主人”、“丈夫”（众主人）和“妇人”等，国君来了，也要“要节而踊”。《礼记》当中，“踊”出现了101次，其中《奔丧》篇就有35次，《礼记》中“踊”还根据程度不同有一般的“踊”，有“哭踊”即边哭边踊，还有“辟踊”即“擗踊”，哭且拍胸而踊。丧礼发展到今天，“踊”的现象已经被不具礼仪性质的“捶胸顿足”而哭所取代——纯属悲哀的表现，很少见双脚同时离地向上起跳的礼节性的动作。那么，在古代，除了《孝经》所说“擗踊哭泣，哀以送之”以及颜师古所说的“哀甚而踊”涉及到踊的原因外，“踊”到底还有没有其他的目的，“踊”这种吊丧的礼节性的动作究竟缘何而来？这些问题已经湮没在漫长的历史中，甚至礼学家也避而不谈，今天更是不清楚了，我们所能知道的是它作为一种跳跃性的动作可能和舞蹈有关。由此而来的另一问题是，丧礼和舞蹈有关吗？我们不妨借助于跨文化的眼光和民俗学的材料，看看“踊”的真相可否浮出水面。

羌族有一种“大葬舞”，又叫“盔甲舞”，流行于四川茂汶、汶川、理县等地，多于举行隆重的葬礼时起跳，故得此名。参舞人数不拘，一般为数人至数十人，均为男性，舞者身穿牛皮铠甲，戴皮盔，插雉羽，肩佩铜铃，另执刀剑弓弩等道具，起舞时先沿场地回环蹦跳，继作跃马莅阵之容，成两军对垒之势，跳跃偃卧、屈伸进退，吼杀声震耳，表现了羌族人古代的征战生活。彝族有一种丧葬礼乐舞叫“阴舞”，流行于云南澄江等地，沿出殡途中举行。届时，送葬队伍中的一男一女身着彩色长衫及怪装，脸面绘各色彩纹，扮作善鬼，数名青壮年男子另扮作各种鬼怪，由巫师“毕摩”振铃击鼓，前行引导，众随之于棺前或棺后摇首顿足，其意在欢送和取悦死者。侗族丧葬乐舞当中，有一种“绕棺舞”，因舞时绕棺而得名。侗族人死后，停诸堂屋，待择定出殡日辰，请巫师到场行法事并指导入棺，是时即举行此舞。舞时，由主祭巫师为前导，手旋象征侗族先祖的神伞，抖系铃法剑为节，众人随其循步而舞。参舞者均为男性，时而面棺作致哀状，时而仰天伸手顿足，舞步迟缓凝重，妇女则立于外围吟、唱哀歌，舞毕出殡。哈尼族的送葬礼乐舞叫“木雀舞”，因领舞者以木质鸟为道具而名。舞时，两舞师各一手举木雀，一手挥扇子，于前领舞，其余各人手拿一块竹串板，成圆圈队形尾随舞师之后，边舞边抖动串板，发出“咵咵”的节拍，众人踏节而舞，多为表现死者在世时的威风和雄姿。①

丧葬礼乐舞的习俗在我国少数民族和世界各地还有许多②，看来丧葬时跳舞并不奇怪。上述舞乐的目的有的是为了回顾民族古老的历史，也许是想让死者灵魂回归到祖先那里去；有的是为了欢送和取悦死者，让他们顺利地到达阴间并保佑生者；有的是为了驱逐邪魔恶鬼不要伤害死者；有的是为了歌颂死者生前的功德，想让其生前的荣耀延续到另一个世界去。我们还可以列出更多的丧葬礼乐舞和他们各自五花八门的目的，但正如伊利亚德所言，“所有舞蹈本来都是神圣的”，“都是在‘彼时’，即神话之邃古时期，由先祖、图腾动物、神祇或英雄等创造的”，“舞蹈节奏的范本在人的世俗生命之外，不管它是重现图腾或标志动物的动作，或星辰的转移，也不管它是否构成仪式（迷宫之舞步、跳跃，配上仪式道具之舞姿），舞蹈总是要仿效原型的姿势，或纪念某一神话时刻。总之，它重复——也就是重现了‘彼日’”。③

前文在谈到商人祖先契和周人祖先弃（后稷）时，曾经将他们的谱系都追溯到了帝喾那里，虽然在他们的出生传说中父亲没有参与生育过程，是他们的母亲感孕而生，说明那时人们还不清楚生育过程的原理，但是有娀氏之女简狄和有邰氏之女姜嫄，分别为帝喾之次妃和元妃，帝喾应是契和弃共同的感生帝。上文引《祭法》中的一段可以看到殷人、周人禘祭的对象都是帝喾，禘祭祭祀的是感生帝，所以，他们应是帝喾的后代。帝喾高辛氏属木德，为东方之帝，东方属东夷之地，也称为“鸟夷”，考古学已发现大量的有关鸟图腾的证据，如龙山文化、良渚文化玉器上的鸟图腾图案。这样，殷人、周人的祖先很有可能同出于东

①周文柏：《中国礼仪大辞典》，北京：中国人民大学出版社，1992年版，第792—794页。

②世界各地在丧葬仪式上跳舞的例子很多，如在刚果，人死后要为死者举行“驱魔舞”，亲属在灵车后面唱哀歌，并不时击掌顿足跳舞。参见卢德平主编《世界奇风异俗大全》，北京：中国物资出版社，1988年版，第185页。苏丹希卢克人通常用“尤克舞”来祭奠和悼念死者，死者死后一周，男亲属要到坟墓周围手持长矛、盾牌，腰系小铃环绕坟墓跳舞；埃塞俄比亚丧葬仪式也很隆重，送葬时，亲友跟在灵柩后面，队伍中有大鼓作乐，人们边走边唱圣歌，有的人边哭边舞，还有的人用手抓脸扯头发，以示哀痛。参见李振澜主编《外国风俗事典》，成都：四川辞书出版社，1989年版，第49页。

③M. 耶律亚德：《宇宙与历史：永恒回归的神话》，杨儒宾译，台北：联经出版事业公司，2000年版，第22—23页。

方的鸟夷族，那么，他们在丧礼上的舞蹈动作很有可能是模仿他们的图腾动物——鸟的蹦跳动作。澳大利亚土著部落人认为族人死后变成了图腾，商周的先民会不会也认为人死了以后又变成了鸟，飞到祖先那里去了？太庙、迁庙制的存在可以作为旁证：太庙之制，中为始祖或太祖，为不迁之主，左右三昭三穆，自天子之父、祖、曾祖、高祖、高祖之父、高祖之祖共六代。天子薨，其子继位，则迁新死之天子神主入祀太庙为第六代，迁移其高祖之祖的神主入祀迁庙，并依次迁移原昭穆神主位置，迁移时要举行专门的仪式。迁庙为古代太庙中专门供奉、祭祀被迁神主之庙殿，也称远庙。神主即牌位，它是死者灵魂的象征，新死的都汇集在祖先那里，六代以上迁至迁庙，象征着他们的灵魂已经从祖先那里转世到另一个世界（阳世）。丧礼上的踊跳就是生者模仿死者（已经或将要变成鸟）的身体语言，与他进行沟通、认同，按照顺势巫术[①]的原理帮助他尽快变成鸟飞到祖先那里去。阳世生命的结束并不意味着灵魂的灭亡，他们只不过换一种方式，到另一个世界中去，生命从循环回归的意义上又得到了重生——生命的时间是可以循环重生的。景颇族的"目脑舞"的来源即与葬礼有关，也包括转世重生的内容。传说景颇人的创世人宁贯瓦的父母对宁贯瓦说："我俩死后，你要举行丧礼目脑（舞），只有这样，我们才能变成大地，你也就能变成人，繁衍人类。"于是，宁贯瓦接受父母的旨意去太阳国向孔雀学跳目脑舞。景颇语"目脑纵歌"，意为"大伙跳舞"。喀麦隆北部山区一个主要部族法力人的丧葬习俗也与人死后转世到另一世界有关。他们认为，人死后灵魂先到地狱，然后飞到一个风景秀丽的地方变成永不泯灭的神仙。尸体被包裹好以后，亲人和亲友在院子里搭建的台子上伴着哀婉凄凉的曲调围成两圈跳葬礼舞，当舞者跳得正酣时，葬礼主持人高举圣鼓上场，表示一个生命的结束、永别时

①弗雷泽将巫术归结为两种类型，即顺势巫术（模仿巫术）和接触巫术："如果我们分析巫术赖以建立的思想原则，便会发现它们可以归结为两个方面：第一是'同类相生'或果必同因；第二是'物体一经互相接触，在中断实体接触后还会继续远距离地互相作用'。前者可称为'相似律'，后者可称为'接触律'或'触染律'。巫师根据第一原则即'相似律'引申出，他能够仅仅通过模仿就实现任何他想做的事；从第二个原则出发，他断定他能通过一个物体来对一个人施加影响，只要该物体曾被那个人接触过，不论该物体是否为该人身体之一部分。基于相似律的法术叫做'顺势巫术'或'模拟巫术'。基于接触律或触染律的法术叫做'接触巫术'。"参见詹·乔·弗雷泽著《金枝》，徐育新等译，北京：大众文艺出版社，1998年版，第20—21页。

刻的到来，舞蹈即可停止，全场一片沉寂。一个亲属把一块代表祖先的圣石放在成坐姿的死者的两脚间，此时主持人走到死者面前严肃地说到："你走了，独自一人，大家都很悲伤。你朝着鸟儿走去，到另一个世界里。我们将会重逢，但你不要再回到大地上，我们将会赶走你。现在你去吧！"人们把死者抬到墓穴下葬，身上盖着有洞的陶瓷盖子，为的是让死者的灵魂从小洞中逃出来。人们围着墓穴又跳起舞来，一个年轻人装成死者跳着离开人群，越跳越远，表示永别，葬礼至此结束。[①]这种情况和我国古代葬礼上的踊跳很类似，只不过将踊跳理解为生者引领、帮助死者变成鸟飞走更加合理。

如果说踊为生命周期循环的一个标志性的动作（变成图腾动物），那么，蜡祭就是时间循环的标志性的仪式。《礼记·郊特牲》有关于天子"蜡祭"的记载：

> 天子大蜡八。伊耆氏始为蜡。蜡也者，索也，岁十二月，合聚万物而索飨之也。蜡之祭也，主先啬而祭司啬也。祭百种以报啬也。飨农及邮表畷，禽兽，仁之至，义之尽也。古之君子，使之必报之。迎猫，为其食田鼠也，迎虎，为其食田豕也，迎而祭之也。祭坊与水庸，事也。曰："土反其宅，水归其壑，昆虫毋作，草木归其泽。"皮弁素服而祭。素服，以送终也。葛带榛杖，丧杀也。蜡之祭，仁之至，义之尽也。黄衣黄冠而祭，息田夫也。野夫黄冠。黄冠，草服也。大罗氏，天子之掌鸟兽者也，诸侯贡属焉。草笠而至，尊野服也。罗氏致鹿与女，而诏客告也。以戒诸侯曰："好田好女者亡其国。天子树瓜华，不敛藏之种也。"八蜡以记四方。四方年不顺成，八蜡不通，以谨民财也。顺成之方，其蜡乃通，以移民也。既蜡而收，民息已。故既蜡，君子不兴功。

"天子大蜡八"，言天子蜡祭，"所祭有八神也：先啬一，司啬二，百种三，农四，邮表畷五，禽兽六，坊七，水庸八"[②]。因是天子之蜡，所以为"大"，于年终十二月举行。八神中以先啬为主，郑

①李振澜：《外国风俗事典》，成都：四川辞书出版社，1989年版。

②孙希旦：《礼记集解》，北京：中华书局，1989年版，第694页。

玄注曰："先啬，若神农也。司啬，后稷是也。"孔疏曰："种曰稼，敛曰啬。不云'稼'而云'啬'，取其成功收敛，受啬而祭也。""百种，百谷之种也。"[①]"农"、"邮表畷"分别指农官田畯及其在田间的庐舍，郑注："农，田畯也。邮表畷，谓田畯所以督约百姓于井间之处也。"孔疏："禽兽，即猫虎之属，助田除害者。""坊与水庸"是指堤防和水沟，孔颖达曰："坊以蓄水，亦以障水；庸以受水，亦以泄水。坊及水庸，是人营为所须（需），故曰'事也'。"这八种神代表了农业社会的万物，天子在相应的时节要祭祀天地山川、日月星辰，祭祀祖先，还要在岁末举行蜡祭，祭祀万物。祭祀的对象清楚了，祭祀的目的前引文中也有所说明："蜡，索也"，就是对代表万物的八种神灵的求索、祈愿；"报"，即报功报恩；通过各地所供蜡祭之物，还起到了天子记录检查各地方收成、体察民情的作用，并劝诫诸侯不要过度田猎、不要沉浸在女色当中。蜡祭之后，注意使老百姓休养生息。

值得注意的是，在蜡祭期间，从贵族到百姓都身着类似丧服或比丧服略降一等的服饰——皮弁素服、葛带榛杖、黄衣黄冠，一副象征"送终"的气象，孙希旦解释"谓送老物之终也"，"为物之将终，故素服以送之"。[②]在古人的思维中，万物也如同人一样，有生命的节律循环，草虫即得阴而死、得阳而生，所以，在年终岁末，要为万物举行类似人间葬礼的送终祭祀活动，举行祭祀时，还伴随着驱逐灾害的祷告和狂欢活动。祷告的内容如引文所记，无非是希望水土各归其所、虫草不害庄稼之类的祝愿。叶舒宪先生在《诗经的文化阐释》中说，语言在祭祀等巫祝活动中发挥着巫术的神力。[③]在先民的思维中，语言一经说出，就能发挥作用。至于当时在蜡祭仪式上的舞蹈狂欢，现在已经无法考证，但是，《礼记·杂记下》中有一段孔子和他的学生子贡的对话涉及到蜡祭：

子贡观于蜡。孔子曰："赐也乐乎？"对曰："一国之人皆若狂，赐未知其乐也！"子曰："百日之蜡，一日之

①孙希旦：《礼记集解》，北京：中华书局，1989年版，第695页。

②孙希旦：《礼记集解》，北京：中华书局，1989年版，第697页。

③叶舒宪：《诗经的文化阐释》，武汉：湖北人民出版社，1994年版，第117—118页。

泽，非尔所知也。张而不弛，文武弗能也；弛而不张，文武弗为也。一张一弛，文武之道也。”

从“一国之人皆若狂”的描述中，我们可以知道蜡祭活动过程包含有狂欢的活动。从孔子的解释中，更加可以确认蜡祭中的狂欢所具有的放松作用，郑注：“于是时，民无不醉者，如狂矣。……民皆勤稼穑，有百日之劳，喻久也。今一日使之饮酒燕乐，是君之恩泽。”可见，蜡祭过后，应该有全民性的饮酒娱乐狂欢活动，这也是国君给百日辛劳的农人应有的酬劳。

弗雷泽在《金枝》中介绍了世界各地的定期驱邪活动和狂欢节送葬（“埋葬狂欢节”）活动，颇类似于中国古代蜡祭仪式上的内容。驱邪活动一般是一年一次，为的是使人们能够重新开始生活，摆脱周围长期积累起来的邪恶影响。巴罗角是阿拉斯加最靠北的地方，这里的爱斯基摩人选择一年冬季即将结束、太阳重新出现的时刻从各家驱除妖精，人们在公共会堂前面点一堆火，由年轻妇女和女孩从每家赶妖精，她们从屋里出来时做着各种各样的动作和姿势，然后大伙都把妖精往火里赶。易洛魁人在新年开始时要举行一个“梦节”，仪式一连举行多天，成为一种农神节，男人妇女，各种各样的打扮，走家串户，遇到什么都摔掉扔掉，人们可以放任不羁，节日中专门有一天举行把妖精从屋里赶出去的仪式。在欧洲，也普遍存在着每年定期驱邪的风俗，西里西亚有些地方在圣诞节和新年之间彻夜焚烧松香，为的是辛辣的烟味能把女妖和邪恶精灵远远地赶出屋外，在圣诞节和新年的前一天，他们朝田野和草地、灌木和大树放枪，以防精怪危害果树。有些地方还用铃铛、号角、鞭子等各种方法制造喧闹声，认为如果闹得不够响，就不会有什么收成。[①]在新年之前的狂欢节，世界上许多地方都举行送葬或送走死神的仪式，一般是在狂欢节的最后举行一个送葬仪式，由一个人扮演代表狂欢节的尸体，或者画一具狂欢节偶像（有时用草做成），游行的人们唱挽歌，举着火炬，假装把尸首埋掉，或把偶像烧掉，或扔在水里，在送走死神的同时，有时还伴随着迎回春天的仪式。[②]

对比一下中国古代的蜡祭和弗雷泽谈到的世界各地的驱邪、狂欢

①詹·乔·弗雷泽：《金枝》，北京：大众文艺出版社，1998年版，第781—794页。
②詹·乔·弗雷泽：《金枝》，北京：大众文艺出版社，1998年版，第441—453页。

送葬仪式，可以发现这样几个共同的特点：时间一般在年终或冬天结束春天到来之际，驱逐妖魔鬼怪或各种不利于农业生产、庄稼成长的因素，为万物送终或送走死神，狂欢活动，迎接春天或祈求丰产。用“永恒回归”的眼光来看，这些仪式中很明显地包含着辞旧迎新、对宇宙创生的神话时间的一种仪式上的复归。狂欢，象征着对旧的秩序和世俗时间的一种打乱和破坏，也象征着回到宇宙创生之前的混沌状态，它具有促使宇宙周期的自我更新的功能，预示着新的神圣时间的即将到来。万物的死去或送走死神，意味着世俗时间的结束，一切又将恢复到宇宙创造的时刻。伊利亚德指出：“神圣的时间是可逆的。确切地说，它是一种被显现出的原初神话时间。每一个宗教节日和宗教仪式都表示着对一个发生在神话中的过去，发生在‘世界的开端’的神圣事件的再次现实化。对节日的宗教性参与意味着从日常的时间序列中逆出，意味着重新回归由宗教节日本身所再现实化的神圣时间之中。”[①]“世界向混沌状态的这种定期倒退，其意义在于：上一年的所有‘罪恶’，以及被时间所玷污和耗损的万事万物从有形的意义上说都被彻底清除。借助于这种象征性的革故鼎新以及对世界再造的参与，人类也因而被重新创造。因为人类开始了新的生命，所以他重新获得了新生。”[②]由蜡祭、年终驱邪狂欢节、送葬等仪式体现出来的不仅仅是时间的再生，同时也是人类从宇宙观上对自我生命的一种更新和对存在意义的重新获得，期望回归原初时间实际上就是期望与诸神同在，渴望神圣——神圣的就是有意义的。

踊和蜡祭一个是为人送终，一个是为万物送终，它们所包含的内容有很大的不同，表面上看，似乎是互不相干的两码事，但从本质上，它们都关涉时间的永恒循环观念，前者是人类自身生命周期的循环，后者是自然时间的循环更新，但最终都指向人类生活的新生和生存意义的获得。通过仪式性地参与时间（或生命周期）的再造，每个人都成了与那个神圣时间同时而在的人，“因此，每个人都获得了重生；借助于他那毫无减损的生命力之源，他又开始了他新的生命；正好像他出生的那一刻一样”[③]。

---

①米尔恰·伊利亚德：《神圣与世俗》；王建光译，北京：华夏出版社，2002年版，第32—33页。

②米尔恰·伊利亚德：《神圣与世俗》；王建光译，北京：华夏出版社，2002年版，第39页。

③米尔恰·伊利亚德：《神圣与世俗》；王建光译，北京：华夏出版社，2002年版，第40页。

第三节

礼的报本反始与文学的复古主义

早期的人类纯然置身于一个自然宇宙之维中，神圣时间、神圣空间以及神的存在给他们提供了存在的依据和生存的动力。随着生活的日趋复杂、社会之维的出现，以伦理道德意识、权力等级意识以及逻辑推理为主的理性思维逐渐挤压了人类原有的以类比和象征为主要特点的神话思维，但是重返神圣的需要以及神话思维并没有从人类的天性中泯灭，人类总要想方设法地回归元初的神圣，使自己生活在诸神的存在之中，"渴望着恢复诸神生机盎然的存在状态，也渴望生活在一个像刚从造物主手中诞生出来的世界上：崭新、纯净和强壮。正是这种对起源时完美性的依恋，才从根本上解释了人们为什么要对那个完美状态的定期回归"[①]。"报本反始"、"尚古贵朴"的观念就是这种永恒回归的情结在礼仪、礼制以及人们思想观念中的反映。有意味的是，中国文学的发展历程中常常出现复古主义的倾向与礼的报本反始相互对应。从老子对"有物混成，先天地生"（《道德经·德经》）的混沌状态的迷恋，到孔子的"述而不作，信而好古"（《论语·述而》），乃至于庄子对"至德之世"、"古之真人"的推崇，魏晋的"感往悼来，怀古伤今"的咏怀诗，南朝刘勰提出的"原道"、"征圣"、"宗经"，晚唐韩愈、柳宗元的古文运动，明朝前后七子标榜的"文必秦汉、诗必盛唐"的诗文复古运动，清朝的考据、训诂、正义的兴盛等无不体现了向后看的文学情怀。复古主义的文学思潮大多强调思想内容上的重道重德、"耀明其志"（《国语》），倡导文风的质朴简洁，轻视技巧的运用和辞采的藻饰。宗古、复古甚至成了一种文学思维模式，古人诗文中讲究用事用典，具体到各类文体写作，要"原始以表末"（《序志》），[②]复古

①米尔恰·伊利亚德：《神圣与世俗》，王建光译，北京：华夏出版社，2002年版，第47页。

②范文澜：《文心雕龙注》，北京：人民文学出版社，1958年版，第727页。下文引《文心雕龙》均出此书。

的目的，要么“参古定法”（《通变》），要么托古改制，要么借古讽今，不一而足，致使文论和文学现象中的复古主义成为普遍的潮流。

自古以来，论者在分析文学复古主义原因时有不同的看法，大致上不外以下两种：一是尊经重史的历史意识使然。刘勰的“原道”、“征圣”、“宗经”就是此种意识的典型表现，他流传后世的《文心雕龙》即是遵循此原则的结果：“盖《文心》之作也，本乎道，师乎圣，体乎经，酌乎纬，变乎骚。”（《序志》）他认为：“经也者，恒久之至道，不刊之鸿教也。故象天地，效鬼神，参物序，制人纪，洞性灵之奥区，极文章之骨髓者也。”（《文心雕龙·宗经》）大凡优秀成功之作，皆不离经之滋养：“《离骚》之文，依《经》立义。……汉宣嗟叹，以为‘皆合经术’。”（《辨骚》）古人认为“经”乃常久之道，班固《白虎通义·五经》曰：“经，常也。”恒常、长久之道当然是不朽的。《左传·襄公二十四年》：“豹闻之，大上有立德，其次有立功，其次有立言，虽久不废，此之谓不朽。”垂留于历史的“德”、“功”、“言”都可以成为值得后世学习、效仿、敬仰的不朽典范，何况，经圣人孔子之手修订的“六经”，又是令后世无限向往的、代表“治世”政治理想的三代之至言，是历史留下的精华，尊经可谓顺理成章。在这种思想观念的影响下，文人士大夫怎可能不具有浓厚的历史意识。司马迁在《史记·太史公自序》中也表明了他的重史思想：“原始察终，见盛观衰”，以至于他以著述《史记》的立言方式“扬名于后世，以显父母，此孝之大者”。难怪曹丕也将文章看作“经国之大业，不朽之盛事”（《典论·论文》）。在他们看来，立言于史，即意味着不朽，意味着扬名，意味着树立典范。明代李东阳说：“文之见于世者，唯经与史，经立道，史立事。”[①]二是和天道循环论对应的文道循环论。《易经·上经·复卦》中有“终日乾乾，反复道也”、“反复其道，七日来复”，《蛊卦》有“终则有始，天行也”，董仲舒《春秋繁露·阴阳始终》有“天之道，终而复始”，讲的都是天道往复循环的道理。自然界有日出日落、四季轮序、植物繁荣凋谢的循环，人世间

①李东阳：《篁墩文集序》，《李东阳集》第三卷，长沙：岳麓书社，1985年版。

有朝代的兴亡更迭，天下的治乱交替，运道的起落变换等，文学发展也符合自然的循环规律，刘勰称之为“文律运周”（《通变》）。每个时代的文学都有自身的特点，或质或文，或雅或艳，由一个时代到另一个时代可能会由质木贫乏到繁荣兴盛，也可能由繁荣兴盛再到绮靡衰落。讲文道循环就是希望文道变化，物极必反，改变现状，出现曾经的辉煌或重振昔日之繁华。明代王世贞就持有典型的文学循环论：“吾故曰：衰中有盛，盛中有衰，各含机藏隙。盛者得衰而变之，功在创始；衰者自盛而沿之，弊繇趋下。”[①]托古改制，以复古为解放，是文道循环的另一种表现，希望利用既往之文学实绩，求得现实文学之变革，梁启超在论及清朝学术史时说：“‘清代思潮’果何物耶？简单言之，则对于宋明理学之一大反动，而以‘复古’为其职志者也。其动机及其内容，皆与欧洲之‘文艺复兴’绝相类。”“综观二百余年之学术史，其影响及于全思想界者，一言以蔽之，曰：‘以复古为解放。’”[②]复古是为了突破现有，以故为新，夺胎换骨，求得创新。顾炎武反对晚明学风，即是如此，他说：“孟子曰：‘天下之生，久矣，一治一乱。’拨乱世，反诸正，岂不在后贤乎？”[③]

上面总结的文学复古主义的原因及路径可谓具有代表性，但笔者认为，还可与礼的报本反始现象联系起来，从原型回归的角度进一步向上追溯其内在原因。按照伊利亚德的看法，人类普遍具有对世界创生之际的伊甸园的依恋情结，叶舒宪先生在《老子与神话》中分析了老庄的混沌之恋与初始之完美的信仰之间的相互认同，认为“游于物之初”就是道家通过想象对宇宙创生之初完美状态的精神追求。中国新年早晨阖家吃馄饨的礼俗即是道家复归混沌理想在社会民俗中的表现和流露。如果说道家思想体现的是对宇宙创生之前不受礼教文明污染的混沌状态的迷恋，那么，儒家思想中的“和”体现的则是对宇宙开辟之后万物从一到多地展开和发生的过程的效仿。[④]两者对宇宙创生神话模式的不同回归决定了儒道思想分歧对立的根源，但是，反本复始却是相同的，一个是渴望回到创生前的混沌状态，一个是渴望回到宇宙创造完成之后的有序状态。儒道思想是形成中国文化的核心思想，保留在中国礼文化中的报

①王世贞：《艺苑卮言》，丁福保辑《历代诗话续编》，上海：上海医学书局，1916年版，第1008页。
②梁启超：《清代学术概论》，北京：东方出版社，1996年版，第4—7页。
③顾炎武：《日知录》卷十八，转引自梁启超《清代学术概论》，第10页。
④参看叶舒宪《老子与神话》，西安：陕西人民出版社，2005年版，第128—158页。

本反始精神反映了先民定期回归神圣的愿望和精神需求，与儒道思想中的反本复始的回归倾向从本质上是一致的，这种回归的情结已经成为一种集体无意识，隐藏在世俗生活的背后，成为一切文化复古倾向的深层来源，文学复古自然也不例外。

除了文化背景上的解释以外，从文学自身的原型复归角度来看文学复古现象的存在更能说明问题。上文引《大戴礼记》谈到礼的三本，荀子也说过类似的话：“礼有三本：天地者，生之本也；先祖者，类之本也；君师者，治之本也。无天地恶生？无先祖恶出？无君师恶治？”（《荀子·礼论》）礼的报本反始实际上就是回归礼之本，回到天地创生的时代，回到神话祖先生存的时代，与祖先分享那一美好时刻的神圣。相对于礼的三本，文也有三本，即刘勰所说的原道、征圣、宗经中的三个要素“道”、“圣”、“经”。“道”，一是指天地自然之道，二是指社会教化之道，大体相当于我们所说的“德”。“经”，除了“恒久之至道，不刊之鸿教”，刘勰还解释为“圣哲彝训曰经，述经叙理曰论”（《文心雕龙·论说》），“常道曰经，述经曰传”（《文心雕龙·总术》）。“彝”，常的意思；“训”，《尔雅·释诂》解释为“道”。“经”为体现“道”之文，且被视为文的典范。“圣”，是“道”与“经”、“道”与“文”的中介和管道，荀子说：“圣人也者，道之管也。”（《荀子·儒效》）刘勰认为：“道沿圣以垂文，圣因文而明道。”圣人最能体会把握天地人三才之道，经过圣人写出来即成为经。在文之三本中，中国文论历来最强调“道”，朱熹云：“道者，文之根本；文者，道之枝叶。惟其根本乎道，所以发之于文，皆道也。”[1]“道”是一个很复杂的概念，且儒道两家对其意义的理解分歧很大，但文道所反映的应是“三极彝训”，即天地人之最初的最恒常的道，圣人行诸成文即为经，对此，《文心雕龙·原道》说得很明白：“文之为德也大矣，与天地并生者何哉？夫玄黄色杂，方圆体分，日月叠璧，以垂丽天之象；山川焕绮，以铺理地之形：此盖道之文也。”文德就是文道，它与天地并生，且“人文之元，肇自太极，幽赞神明，《易》象惟先。庖牺画其始，仲尼翼其终”。“圣人”不是神话中的人物如伏羲（庖羲），就是

①朱熹：《朱子语类》卷一三九《论文上》，北京：中华书局，1999年版。

被赋予神圣品格的君师如孔子。荀子对圣人的理解就很有代表性："是故穷则必有名，达则必有功，仁厚兼覆天下而不闵，明达用天地、理万变而不疑，血气和平，志意广大，行义塞于天地之间，仁智之极也。夫是之谓圣人。"（《荀子·君道》）至此，文之本的实质真相乃是一个文之本源的问题，复古主义的指向乃是指向文之本源——太极之道、神明之德——圣人垂文，以经明道，最终形成了文的最高理想境界，即体现文之本的道、圣、经三位一体的文的原型即"人文之元"。所以，和回归礼之本相对应的是回归文之本，通过"原道"、"征圣"、"宗经"，达到文所具有的最初的道、圣、文三位一体的理想境界，这种回归的思维模式已经内化到文人士大夫的心灵深处，成为一种自觉的习惯："励德树声，莫不师圣，而建言修辞，鲜克宗经"（《文心雕龙·宗经》），"论文叙笔，则囿别区分，原始以表末，释名以章义"（《序志》），文学中的复古主义最根本的原因应该在这里找到答案。

伊利亚德永恒回归的原型理论确实很有效地解释了中国古礼乃至于古代文化中的许多报本反始、复古主义的观念和具体现象，跳出了以往进步与落后、创新与保守的二元思维定势，但是我们也应意识到报本反始、反本修古在中国文化背景中所表现出的特殊性，如中国祖先崇拜中以尸飨降福的现实实在性的问题，文学复古主义中的文以载道等问题，就不能用这种理论去理解。前者要放到史前中国人的宇宙观、哲学观和习俗形成的关系中进行考察，后者要结合权力话语和意识形态问题来分析，这些也都是很有趣的值得进一步研究的话题。

第二章

《士昏礼》的神话阐释

『婚礼者，礼之本也。』

——《礼记·昏义》

婚礼并不是自人类有了婚姻就有的，人类为什么要举行婚礼并将之看作神圣的事？婚礼的发生实乃源于对天地神婚神话原型的仪式性模仿，其原初目的在于繁衍创生。天地神婚的神话观念在婚礼的时间安排、器物礼物选择等环节中体现出来，表明神话之于先民的信仰作用和神话思维的普遍存在。中国上古官方的高禖祭祀、流传久远的官方藉田礼，民间春天的私会、野合、奔婚习俗都是天地神婚的神话观念在不同领域的仪式性体现。我们在文献中所能见到的中国的神婚观念当中掺杂了许多阴阳思想和父权社会的等级观念。因『大昏为万世之嗣』的重要作用而为整个家族乃至于整个社会所重视，且一再为掌握话语权的统治阶层和儒士所建构，导致它成为政治、道德礼教、宗族利益的集散场地。

第一节
对于《士昏礼》的传统研究

《仪礼》中的《士昏礼》，以士为例，详述了婚礼的全过程，被大部分学者认为是反映了周代的典型婚制形式。婚礼，通“昏礼”，郑玄注解释了其得名原因：“娶妻之礼，以昏为期，因名焉。”对于婚礼的重要性，古代典籍中有大量的论述，《礼记·昏义》云：“夫礼始于冠，本于昏，重于丧祭，尊于朝聘，和于射乡，此礼之大体也。”“昏礼者，将合二姓之好，上以事宗庙，而下以继后世也，故君子重之。”“礼之大体，而所以成男女之别，而立夫妇之义也。男女有别，而后夫妇有义；夫妇有义，而后父子有亲；父子有亲，而后君臣有正。故曰：‘昏礼者，礼之本也。’”[①]《周易·序卦》也有类似观点：“有天地然后有万物，有万物然后有男女，有男女然后有夫妇，有夫妇然后有父子，有父子然后有君臣，有君臣然后有上下，有上下然后礼义有所错。”可见，从人生角度讲，婚礼是人生大事；从家族角度讲，婚礼是传宗接代的必要环节；从社会角度讲，婚姻乃社会构成的特定形式和社会组织的基本单位，甚至是增强政治势力的特殊方式。

但是，婚礼却不是从有了婚姻开始就有的，它是在人类发展的过程中进入知礼的文明阶段以后才形成的。婚姻的发展过程本来就十分复杂，婚礼的形成更加迷雾重重，对于婚礼的起源、发展、程式等问题的研究，历来存在着不同的看法。清儒黄以周的《礼书通故》、胡培翚的《仪礼正义》、秦蕙田的《五礼通考》、万斯大的《学礼质疑》、徐乾学的《仪礼通考》、孙希旦的《礼记集解》等在前人注疏的基础上对婚礼的有关问题进行了整理归纳，有的还提出了自己的看法，但都局限于细部问题的考证，没有跳出训诂学的圈子。近代以来，对婚制、婚礼、婚俗的研究，首先从方法论上突破了传统的经学考据、名物训释的束

①以上皆引自《礼记·昏义》。

缚，出现了从社会学、民俗学、考古学、文化人类学等角度进行多元研究的局面，使婚姻、婚礼的研究进入了全新的境界，出现了许多重要的成果。王国维的《殷周制度论》①中，从姓氏和社会关系的角度论述了周人的同姓不婚制；郭沫若的《中国古代社会研究》根据《周易》提出偶婚制乃母系社会向父系社会过渡时期的婚制，否定了《屯》卦、《贲》卦等卦中的“匪寇、婚媾”为“抢劫婚”的说法。②1928年陈东原的《中国妇女生活史》③根据社会发展的进程和妇女在生活中的位置梳理了各个时期的婚制和妇女生活，提出婚姻的形式是由群婚到掠夺，其次是买卖，再到媒妁婚制。1929年，吕思勉的《中国婚姻制度小史》④分别论述了婚姻的行辈、婚制、年龄时序、夫妇关系、作用等方面的问题，后来他的《先秦史》和《读史札记》中都谈到了婚制的有关问题。20世纪30年代陈顾远的《中国婚姻史》⑤从婚姻的范围、人数、方法、成立、效力、消亡等六个方面详细梳理了婚姻在历史中的存在状况。史凤仪的《中国古代婚姻与家庭》⑥，孙晓的《中国婚姻小史》⑦，张涛的《中国古代婚姻》⑧，李衡眉的《中国古代婚姻史论集》⑨，陈鹏的《中国婚姻史稿》⑩，鲍宗豪的《婚俗与中国传统文化》⑪等专著和零星发表的这方面的一些论文大都是从历史、社会、民俗、文化等方面整理和分析中国古代婚姻的历史面貌，描述了社会婚俗历史文化的画卷，给世人提供了认知过去的不可或缺的途径。

但是，认识婚姻和婚礼的发生、发展，除了上述典籍训释和社会历史文化的认知路径以外，还可以从神话原型和文化人类学的角度进行，本章关于婚礼的探讨，拟顺此思路进行溯源式的追踪。在进

①王国维：《观堂集林·卷十》，北京：中华书局，1959年版，第451—480页。

②郭沫若：《中国古代社会研究》，《中国现代学术经典·郭沫若卷》，石家庄：河北教育出版社，1996年版，第38—40页。

③陈东原：《中国妇女生活史》，上海：上海文艺出版社影印，1928年版。

④吕思勉：《中国婚姻制度小史》，上海：上海中山书店，1929年版。后以“婚姻”为题专章收入吕思勉史学论著《中国制度史》。

⑤陈顾远：《中国婚姻史》，上海：上海书店，1936年版。

⑥史凤仪：《中国古代婚姻与家庭》，武汉：湖北人民出版社，1987年版。

⑦孙晓：《中国婚姻小史》，北京：光明日报出版社，1988年版。

⑧张涛：《中国古代婚姻》，济南：山东教育出版社，1990年版。

⑨李衡眉：《中国古代婚姻史论集》，长春：吉林文史出版社，1992年版。

⑩陈鹏：《中国婚姻史稿》，北京：中华书局，2005年版。

⑪鲍宗豪：《婚俗与中国传统文化》，桂林：广西师范大学出版社，2006年版。

行此项工作之前，在这方面已经有许多学术前辈做出了成绩卓著的研究成果，他们的研究虽然并不是针对婚礼的，但是他们关于生殖崇拜和生育女神的研究却是笔者研究的基础和出发点，其中下述著作较富代表性：1931年郭沫若的《释祖妣》[①]，根据考古出土的甲骨文、金文和传世典籍文献两重证据法，从婚姻进化的角度，阐释了祖妣乃牡牝之初字，与祖社、高唐、高禖、郊社同，皆渊源于生殖崇拜，高唐、高禖、郊社属于字音之转。郭沫若的研究成为生殖崇拜和高禖传说研究的开先河之作。此后出现的是闻一多发表在《清华学报》上的《高唐神女传说之分析》、《“高唐神女之传说”补记》[②]，运用人类学、民俗学、语言学、神话学的方法和材料论述了高唐神女的原型本是楚民的先妣兼高禖神，符合商殷周三民族都以其母系氏族时代的先妣为高禖的惯例，主管生殖和祈雨。紧接着，陈梦家的《商代神话与巫术》[③]、《高禖郊社祖庙通考》[④]，分别提出了男女交合与天降雨之间具有的感应巫术（Sympathetic Magic）关系以及高禖始于商族且与郊社、祖庙为一的观点。孙作云的《诗经恋歌发微》和《关于上巳节（三月三日）二三事》[⑤]，从民俗学的角度研究了《诗经》中的恋歌和民俗节庆上巳节的关系，节庆的内容主要是在农耕之始会合男女、祭祀高禖、祓禊求子，由原来的祭祀高禖演化而来并与商人的图腾信仰有关。萧兵的《神妓、女巫和破戒诱引》[⑥]从文化人类学的角度论证了神妓的巫女身份，巫山神女以及《楚辞》中的一些神女即带有圣妓兼高禖女神的特性，她们的献身（对象为神、神的代表或圣王）往往在于促使物种繁茂。叶舒宪先生是这一问题研究的集大成者，他的系列论文[⑦]和专著《高唐神女与维纳斯》[⑧]从跨文化比较的视野，运用文化人类学、三重证据法、神话原型理论，对高唐神女进行了系统的研究，指出高唐神女不仅是地母崇拜（自然宗教）蜕变和分化出的新形式——人为宗教的生育女神和性爱女

①郭沫若：《甲骨文字研究》，载《中国现代学术经典·郭沫若卷》，第271—293页。

②两篇文章分别载于《清华学报》1935年第4期和1936年第1期。

③载于《燕京学报》，1936年第20期。

④载于《清华学报》，1937年第3期。

⑤孙作云：《诗经与周代社会研究》，北京：中华书局，1966年版，第293—331页。

⑥载于《民族艺术》，2002年第1期。

⑦《高唐神女的跨文化研究》，载于《人文杂志》，1989年第6期；《中国文学中的美人幻梦原型》，载《文艺争鸣》，1992年第5期；《风、云、雨、露的隐喻通释》，载于《新东方》，1997年第1期。

⑧叶舒宪：《高唐神女与维纳斯——中西文化中的爱与美主题》，北京：中国社会科学出版社，1997年版。2005年又由陕西人民出版社出版。

神的人格化身，而且，在中国礼教伦理道德的严格控制下，爱神是以四种升华过滤的形式存在的，在文学将其转化为美神时也需要借助幻梦、隐喻等置换变形的手法才能见容于世和为人所接受。上述论著堪称经典，成为后人研究与此相关的课题需要借鉴的绕不开的成果。

在下面两节里，我将从原始宗教的信仰系统和圣婚仪式谈起，运用神话原型和文化人类学的理论和方法考察婚礼的发生原型、仪式叙事以及婚礼中的神话思维。

第二节
婚礼的神话原型及仪式叙事

一、中国上古时代的宇宙观和婚礼的神圣模型——天地神婚

从久远的史前时代开始，中国初民就将天地作为有神格的自然神灵加以礼敬，这不仅从神话传说中可以反映出来，而且，从迄今为止出土的大量的新石器时代用来祭天的玉璧和用以礼地的玉琮等考古文物中也可以得到证明。玉璧和玉琮分别象征着天圆地方的宇宙观念，在红山文化区的辽宁牛河梁遗址、辽宁喀左东山嘴遗址以及良渚文化区的浙江反山、瑶山、江苏张陵山、草鞋山的遗址上均发现较大规模的土筑或积石的方形或圆形祭坛，当与天圆地方的观念和祭天礼地的宗教仪式密切相关。古代典籍《周礼》、《仪礼》、《礼记》、《春秋公羊传》、《尔雅》中也可以找到许多祭祀天地的说法。[①]等到先民具有了自我意识和初步的生育常识时，就开始为天地神灵注入人格化的因素并以类比自身男女交合生育的神话思维创造出天地结合产生万物的神话，然后又用神话来解释现实，为世界和人类自身的存在寻找合理的依据。口传的活生生的神话早已散失在漫长的历史中，但是，高度理性化的先秦典籍中还存留着神话的观念。《周易·序卦》曰："有天地，然后万物生焉。"《易经·泰卦·象传》曰："天地交而万物通也。"《易经·咸卦·象传》曰："天地感而万物化生。"《周易·说卦》："乾，天也，故称乎父。坤，地也，故称乎母。"这里面，存在着一个"地母崇拜与太阳崇拜相融合后所产生的拟人化的天地观"[②]，将农作物等植物的生长想象为天父（太阳往往是天父的代表）受精，地母受孕，然后才有庄稼

①关于祭天（郊）祭地（社）的说法见《周礼·春官·宗伯》、《仪礼·觐礼》、《礼记·曲礼下》、《礼记·王制》、《礼记·曾子问》、《礼记·礼运》、《礼记·礼器》、《礼记·郊特牲》、《礼记·祭法》、《春秋公羊传·僖公三十一年》、《尔雅·释天》。

②叶舒宪：《高唐神女与维纳斯》，西安：陕西人民出版社，2005年版，第137页。

的生长和丰产。《周易·系辞下》："乾，阳物也；坤，阴物也。阴阳合德，而刚柔有体。"这些观念可以看作是人类进入农业文明以后，天地宇宙观经过人格化后分化出阴阳观的表现，后来又加入了父权社会的男尊女卑思想，使天地交合滋生万物的神话观念混同阴阳尊卑的等级意识，以复杂的形态反过来成为人类性行为和婚配的指导原则和依据。《周易·系辞下》："天地絪缊，万物化醇。男女构精，万物化生。"《周易·序卦》："有天地然后有万物，有万物然后有男女，有男女然后有夫妇，有夫妇然后有父子，有父子然后有君臣，有君臣然后有上下，有上下然后礼义有所错。"《礼记·郊特牲》："天地合而后万物兴焉。夫昏礼，万世之始也。"这里，婚礼类比天地交合的神话思维是很明显的。

无独有偶，这种上古时代的神话思维在世界范围内是很普遍的。世界著名宗教史学家伊利亚德的永恒回归的神话原型理论认为，初民总是通过神话的讲述或者模仿神祇、先祖、创世英雄在宇宙创生太初之际的事迹的仪式行为，以使自身的行为见效，就是说使自己的行为具有神圣性和合理性。所以"任何仪式皆有一个神圣模型，一个原型"。[①]他还引用印度的格言"诸神怎么做，人就怎么做"、"我们必须做诸神在太初所做的事"来说明仪式的原型模仿行为。他认为："结婚仪式同样也有神圣的模型，人间的姻缘是在重现神

●天地神婚思想下的日本浮世绘

①M.耶律亚德：《宇宙与历史：永恒回归的神话》，杨儒宾译，台北：联经出版事业公司，2000年版，第16—17页。

婚，说得更具体些，也就是重现天地之结合。”[①]古印度《奥义书》中的丈夫对新娘说：“我是天，你是地。”吠陀时代的新郎新娘被视同天地（《阿达婆吠陀》第十四首）。[②]在古希腊，结婚仪式被认为是模仿宙斯和赫拉的好合的范例。日本《古事记》中所记载的日本的创世神伊邪那歧和伊邪那美，便是在互相的交合中产生天地万物，日本人将这一融合了爱与性的创世事件，称为“神婚”。而《古事记》中所记载的祭神方式，往往衍生为一场“性爱派对”。用一位日本作家的话来说：“日本的‘祭’是以敬神为名的放荡活动。”[③]可见，在中外先民的宇宙观中都存在着天地神婚的观念，只不过，我们在文献中所能见到的中国的神婚观念当中掺杂了许多阴阳思想和父权社会的等级观念，显然是进入阶级社会以后哲学思想和意识形态对神话的改造。天地神婚神话在精神价值层面对人们婚姻行为的模仿范型的作用只是一个方面，其实，上古人更看重的是它所带来的物质性的实际作用，即创生的作用，为此，他们往往通过特殊的仪式来强化自然和人类的丰产繁衍。

●贵州青岩古镇铺子门面上的阴阳鱼图案

①M.耶律亚德：《宇宙与历史：永恒回归的神话》，杨儒宾译，台北：联经出版事业公司，2000年版，第18页。

②叶舒宪：《老子与神话》，西安：陕西人民出版社，2005年版，第106页。

③瑞丽女性网，网址：http://www.rayli.com.cn/OP10/2008-02-18/LOP10101003_288432_3.html。

二、圣婚仪式和高禖祭祀

早期人类学家弗雷泽在他著名的专著《金枝》里，列举了古代世界各地流行的以男女两性之间的性交来促使植物生长和大地丰产的习俗，并认为这一做法是“按照顺势或模拟的巫术原则”进行的。[①]为了更好地促成此一目的更有把握地达到，许多地方每年都要举行一次神圣的婚礼——圣婚仪式。象征性扮演婚礼中新郎新娘的扮演者因地而异，有时是由男女祭司扮演的，有时是从凡人间挑选出一位妇女献给神（或神的雕像），[②]更普遍的的情况是克拉莫尔在《圣婚仪式》一书中所说的，圣婚仪式上的男主角总是由国王自己扮演，他化装成地母——爱神的男性配偶神，在仪式上同代表地母——爱神的女祭司进行实际的或象征性的交合。[③]苏美尔人在元旦庆祝自然诸因素的结合，古代东方全境同一日子也要普天同庆，国王于此日要与女神行好合之礼。[④]阿卡德人每年都要举行纪念塔姆兹和易士塔神圣结合的仪式作为新年庆典的组成部分，由国王和神庙的女祭司分别模仿男女二神进行交媾，目的在于促进春回大地的自然过程，复兴植物的生长力和动物（包括人类）的繁殖力。[⑤]伊利亚德说，君王“被视为神之子，他是神在人间的代理者。是故，他需要为自然的正常运行及全社会的安宁福祉负责”[⑥]。中国古代的王又叫“天子”，即含有他是天神的儿子、后代的意思，是天神在人间的代表，天为乾、为阳，地为坤、为阴。所以，天子是阳性的代表，代表天让地母受孕是他的职责之一，在圣婚仪式上同女祭司或王后的结合象征着天地交合的创生，象征着播种受孕，确保世界万物生命力旺盛、农作物丰产、人丁兴旺。

《礼记·月令》中记载的天子在仲春之月的高禖祭祀是典型的圣

---

①参看弗雷泽《金枝》“两性关系对植物的影响”一章，第208—213页。

②詹·乔·弗雷泽：《金枝》，“神的婚姻”，第214—221页。

③克拉莫尔（S.N.Kramer）：《圣婚仪式》，1969年版，第63页。转引自叶舒宪：《高唐神女与维纳斯》，西安：陕西人民出版社，2005年版，第149页。

④S.H.Hooke:*Myth and Ritual* 1935，p.19，p.34.

⑤俞建章、叶舒宪：《符号：语言与艺术》，上海：上海人民出版社，1988年版，第122页。

⑥M.耶律亚德：《宇宙与历史：永恒回归的神话》，杨儒宾译，台北：联经出版事业公司，2000年版，第51页。

婚仪式的中国版本：

> 是月也，玄鸟至。至之日，以大牢祠于高禖。天子亲往，后妃帅九嫔御。乃礼天子所御，带以弓韣，授以弓矢，于高禖之前。

郑玄注将第一个“御”解释为“从往侍祠”，将“天子所御”解释为“谓今有娠者”，即后妃九嫔中的有孕者，“带以弓韣，授以弓矢”为“求男之祥”。以往，人们大多从郑玄的注释，认为是天子祭祀高禖神时，后妃九嫔陪同祭祀或侍奉天子祭祀，陈梦家在《高禖郊社祖庙通考》中根据蔡邕《月令章句》“妃妾接于寝，皆曰御”，将之解释为“祀高禖时天子与妃相交，其交或为媚神之意”。[①]叶舒宪先生认为，在高禖祭典仪式上除了天子本人和后妃交媾之外，天子于高禖神前授以弓矢乃隐喻性行为，“是帝王代表天阳同地阴进行象征性的交媾的表现”，[②]这种解释和前述圣婚仪式上的做法是一致的。根据郭沫若、闻一多、陈梦家的考证，高禖、郊禖、郊社是相同的，高禖神应当为地母神。地母神的职责是集丰产、生殖于一身，但是，上述学者还有孙作云的研究都将注意力主要集中在高禖神的生殖求子功能一面，没有谈到高禖祭典促使植物繁茂的一面，大概是因为这项功能随着时间的推移渐渐被遗忘，而郑玄高禖祭祀求子的注释又长久流传所致。倒是闻一多和陈梦家分别注意到了高禖神的祈雨职能、男女交合与降雨之间的巫术感应关系，[③]这也是人间圣婚仪式对应于天地神婚的神话思维当中的一部分。男人的射精象征着天父播种使地母受孕，也对应着天降雨露滋润大地，从而获得丰产。季羡林在《原始社会风俗残余——关于妓女祷雨的问题》中谈到古代中国和印度都存在着官方用妓女祷雨的习俗。[④]萧兵在《神妓、女巫和破戒诱引》中也论及神妓诱引仙人破戒导致上天降雨的问题，并引《太平经》“天若守贞，则雨不降；地若守贞，则万物不生”。他认为《九歌》就是用来祈雨求丰的“爱歌兼巫歌”[⑤]。

①陈梦家：《高禖郊社祖庙通考》，《清华学报》，1937年第3期。

②叶舒宪：《高唐神女与维纳斯》，西安：陕西人民出版社，2005年版，第148页。

③见第一节引言综述。

④季羡林：《原始社会风俗残余——关于妓女祷雨的问题》，《世界历史》，1985年第10期。

⑤萧兵：《神妓、女巫和破戒诱引》，《民族艺术》，2002年第1期。

高禖祭祀除了在《礼记·月令》中有正式的记载外，其他的文献几乎无所提及，倒是在文学作品中不断有神女和人间君王的一夜情故事发生。宋玉的《高唐赋》、曹植的《洛神赋》是其典型，闻一多先生的《高唐神女之传说》、叶舒宪先生的《高唐神女与维纳斯》追溯了高唐神女等主动献身的神女乃为高禖女，这一原型在文学作品中还有其他的变体，只不过文学作品中的性爱女神与原始圣婚仪式中的神女相比，已经产生了幻梦、隐喻等隐形和置换的变异，[1]这“也许正可以归因于礼教文化禁欲倾向的结果吧。在以‘存天理，灭人欲’为公开号召的正统意识形态中，性爱主题自然会被视为淫邪猥亵，因此而遭到社会官方舆论的强烈谴责，为一切道貌岸然的正人君子所不齿。但是社会礼教的这种过度压抑并不能从根本上灭绝人的自然欲望，只能迫使其改变方向和方式，以更加强烈的反抗性要求得到释放和宣泄”[2]。叶舒宪先生在《高唐神女与维纳斯》一书的下编详细论证了高唐神女的原型在文学中变形后的种种征兆和迹象，使我们了解了高禖祭祀在历史中消失之后在文学中的变相存在情况。那么，《礼记·月令》中记载的天子亲自参加的官方高禖祭祀在文学之外的历史中演变情况到底怎样呢？

在《礼记·月令》中同时还记载有一种与农事丰产有关的仪式，叫“藉礼”或“藉田礼”：

> 孟春之月……是月也，天子乃以元日祈谷于上帝。乃择元辰，天子亲载耒耜，措之于参保介之御间，帅三公九卿诸侯大夫，躬耕帝藉。天子三推，三公五推，卿诸侯九推。

这一仪式，从天子到诸侯都相当重视，《礼记·祭义》中还记录有仪式上天子和诸侯的着装以及手持农具的姿势：

> 昔者，天子为藉千亩，冕而朱纮，躬秉耒；诸侯为藉百亩，冕而青纮，躬秉耒。

---

①叶舒宪：《高唐神女与维纳斯》，西安：陕西人民出版社，2005年版，下编“爱与美主题的文化置换”。

②叶舒宪：《高唐神女与维纳斯》，西安：陕西人民出版社，2005年版，第466页。

郑玄将天子藉田之礼解释为“明己劝农”，即以身垂范，劝勉农民开始忙于农事，后儒大都依此解释。但叶舒宪先生另出新意，他认为是“天子本人便充当了阳性元素的代理者，藉田礼的核心行为‘躬耕’，则是与地母交配的象征”①。“身为天子者代表阳性天父同地母结合，促进大自然生殖力的旺盛”。藉田礼同圣婚仪式有着渊源关系。②藉田礼可以看作是人类进入农业文明以后，由于农具的发明使用，极大地提高了劳动效率，引发了先民对农具的推崇并将这种推崇心理纳入充实到天地神婚的宇宙观模式中，这样，农具就被类比为男性的生殖器，“土地被等同于妇女。……犁的发明使得农业劳动又与性交等同起来”③，天子则代表天，在春天播种的时节，象征性地同地母进行交合，农具的生殖器象征意味是很明显的，这时候，种子则在象征意义上与精子等同。在《可兰经》里，还保留有这种类比的影子：“汝妻即是汝之耕地，故汝当进入汝选择之耕地。”④

圣婚仪式、高禖祭祀、藉田礼分别以仪式的方式强化着天地神婚的宇宙观念，或者说是天地神婚在不同方面的仪式表现。人类的婚礼现象也是在人类进入农耕时代之后以自身的行为方式对神婚、圣婚的模仿，并恰逢时宜地适应了父系时代对偶婚向比较固定的一夫一妻（多妾）制过渡的需要，于是就用仪式的方式将男女两性的关系固定下来，从而获得神圣的创造力和婚姻神圣存在的根据。春秋以降，儒家学派对礼之义进行了合乎政治统治需要的阐释，礼与政治的结合使礼教开始盛行，性被视为淫邪之事，万恶淫为首。根据上述诸位著名学者的考证，在公共领域中神女、巫女主动与君王发生性关系的早期的高禖祭典之风，经过了周代礼仪的规训，变成了君王和后妃九嫔之间仪式上的结合，可以说已经“文明”了许多，但是，在“正人君子”那里依然是不登大雅之堂的。即便是这样被改造过的高禖祭典，它的强调性力促使植物繁茂的巫术的一面仍是不被见容的。而在百善孝为先的观念里，高禖祭典促使生育旺盛的意义却被保留了下来，但是，由于仪式上公然的性事活动的内容不符合后来正统的道德规范，所以，官方的高禖祭典——中国的

①叶舒宪：《中国神话哲学》，西安：陕西人民出版社，2005年版，第64页。

②叶舒宪：《高唐神女与维纳斯》，西安：陕西人民出版社，2005年版，第150页。

③伊利亚德：《宗教思想史》，晏可佳、吴晓群等译，上海：上海社会科学院出版社，2004年版，第38页。

④转引自伊利亚德《宇宙与历史：永恒回归的神话》，杨儒宾译，台北：联经出版事业公司，2000年版，第21页。

圣婚仪式终于被取缔，尘封在历史的黑暗角落，而另一种圣婚仪式在农耕时代的引申变体——藉田礼——由于象征意义的隐蔽和后儒对它的文雅解释自始至终适应着农业社会的要求而幸运地被保留了下来，并且伴随着中国封建社会的发展走过了久远的历程，二十六史中，从《史记》到《清史稿》，其中有十六史多次出现天子藉田的礼仪记录。相对于公共领域的圣婚仪式及其变体高禖祭祀、藉田礼，私人领域的婚礼尤其是官僚贵族的婚礼因其“大昏为万世之嗣”①的重要作用而为整个家族乃至于整个社会所重视，甚至变成关乎两个家族或两个集团利益的大事，所以它一再为掌握话语权的统治阶层和儒士所建构，导致它偏离了原本两性结合的色彩，成为政治、道德礼教、宗族利益的集散场地。

需要说明的是，官方的高禖祭祀虽因有伤风化而渐渐失传，但是不等于它从此在历史中就销声匿迹了，礼失求诸野，官方高禖祭祀所体现的精神并没有消失，它以变相的形式活在民间风俗当中。因而，在社会下层的民间婚礼中还或多或少地保存着婚礼本真质朴的本性。

三、礼失求诸野：民间野合习俗与奔婚

春天万物开始复苏之时，男女之间的性事活动有利于促使植物的生长，这种被弗雷泽称为顺势巫术的思维曾经普遍存在于史前社会，圣婚仪式、高禖祭典只不过是其中典型的以官方仪式表现出来的形式。与此同时，民间也有相对应的办法和措施，弗雷泽列举了世界各地在播种或结实的季节，农民夫妇在田间或地头进行性行为以促进农作物成长的习俗，有时，为了保证能够纵情恣欲，之前还要郑重其事采取分居禁欲的做法。②许多民族还举行集体狂恣祭，“其仪式的理由乃是为了促成草木滋长。他们通常选择在年度中的关键期举行，如种子发芽或作物成熟之时，而且有神婚作为它们的神话模型。如西非的‘也回族’、‘俄瑞洪人’等。③在中国，这种

①语出《礼记·哀公问》。

②詹·乔·弗雷泽：《金枝》，北京：大众文艺出版社，1998年版，第208—209页。

③M.耶律亚德：《宇宙与历史：永恒回归的神话》，杨儒宾译，台北：联经出版事业公司，2000年版，第21页。

集体纵情的情况至少在周代还是很兴盛的，《诗经·国风》中的许多情歌再现了这一民间盛况：

溱与洧，方涣涣兮。士与女，方秉蕑兮。女曰观乎？士曰既且。且往观乎？洧之外，洵讦且乐。维士与女，伊其相谑，赠之以勺药。（《郑风·溱洧》）

爰采唐矣？沬之乡矣。云谁之思？美孟姜矣。期我乎桑中，要我乎上宫，送我乎淇之上矣。《鄘风·桑中》

《左传》："桑中、上宫，所期之地。淇，水名也。"孙作云认为，桑林之社，原为地神之祀后来与高禖祭祀相混，也是男女聚会的地方，表明民间祭拜高禖神的习俗，"可以推想当时男女杂沓，狂欢极乐的情况。这种恋爱绝不像是一两个人的私下密语，而是在一个男女聚会的节日中进行的"。这种活动多在旧历的二月或三月初举行，主要是为了求子，并且和上巳节临水祓禊的内容结合在一起。[①]《墨子·明鬼下》云："燕之有祖，当齐之社稷，宋之有桑林，楚之有云梦也，此男女之所属而观也。"许多学者认为这段话说的是各地都有高禖祭祀的习俗，是"庶民与天子共同参加的全民狂欢节"[②]。笔者认为，殷商与西周时期，如同《月令》中所言，高禖祭祀天子确实是要参与的，百姓也要推波助澜，官方还专门指派有专职官员——媒官管理此项活动：

媒氏掌万民之判。……中春之月，令会男女，于是时也，奔者不禁。若无故而不用令者，罚之。司男女之无夫家者而会之……

但是春秋以后礼教思想渐浓，这项活动随之演变为纯粹的民间活动。《左传·隐公五年》记载："春，公将如棠观鱼者。臧僖伯谏，不从。鲁史官隐晦其事，书曰：'公矢鱼于棠。'"这里记载了鲁国国君"矢鱼于棠"，经传皆以为非礼，究其实质，矢鱼乃为与女子欢爱的隐语。闻一多和孙作云均认为《诗经》中的"食鱼"或"捕鱼"为娶妻、

①孙作云：《诗经与周代社会研究》，北京：中华书局，1966年版，第305页，第303页。

②韩高年：《礼俗仪式与先秦诗歌演变》，北京：中华书局，2006年版，第294页。

求得女子的象征[①]；“棠”通“唐”，即前文所说的高唐、郊社。可见，春秋时代，作为国君，“如棠观鱼”已经不合规范了。但是，《诗经》、《周礼》、《墨子》等典籍中都记载着存于民间的“会男女”、“男女所属而观”的风俗，是原先的高禖祭典的遗风在民间的流传。“会”，属，谓男女相合；“观”，谓游观参与。在仲春之月，各个诸侯国的男女青年，到岁岁年年沿袭相传的春社集会地点，在对歌或集体活动的过程中，挑选自己的意中人，野合当是“会男女”的内容之一，也属媒氏指令号召的范畴。葛兰言（Marcel Granet）在《古代中国的节庆与歌谣》中认为《诗经·国风》中的歌谣起源于节庆集会的男女对唱中，他分析了许多歌谣句子的反复、对句的特点和对唱的形式相吻合，“在古代农民共同体举行的季节节庆过程中，青年男女在竞赛中互相挑战，轮流唱歌，歌谣就是这样创作出来的”[②]。尽管经历了漫长的封建礼教的规训，这种习俗在民间一直未中断，直到今天在许多礼教思想比较薄弱的少数民族地区还可看到。海南黎族每年农历的三月三要举行传统的爱情节。入夜，青年男女在山坡上点起一堆堆篝火，跳起欢快的竹竿舞。夜深时，他们互相唱歌应和，选择自己的意中人，彼此情投意合者双双离群隐入丛林中。清人张庆长在《黎歧纪闻》中记载：“男女未婚者，每于春夏之交，齐集旷野间，男女各渐进凑一处，即可配偶。”说的就是三月三的情景。[③]壮族的传统节日歌墟节也多在农历三月三举行，这一节日的壮语原义为到垌外、田间去唱歌。壮族人认为，唱歌可以防病治病、延年益寿，唱歌乐神，可以消灾除难，故时常择日到野外唱歌，后逐渐发展为定期的歌墟。相传，选择农历三月三是为了纪念一对在这一天殉情而死的壮族青年男女，传说壮族歌仙刘三姐遇害的日子也是这一天，她的盛名对歌墟的发展起到了推动作用。歌墟节一到，壮族各地区传统歌点山头旷野、竹林草坡，人山人海，歌声此起彼伏，青年们以歌交友、以歌谈情。除对歌活动以外，还有抛绣球、抢花炮等游戏，《太平寰宇

①参见闻一多《高唐神女传说之分析》，载《清华学报》，1935年第4期；孙作云《诗经与周代社会研究》，北京：中华书局，1966年版，第316—317页。

②（法）葛兰言：《古代中国的节庆与歌谣》，赵丙祥、张宏明译，桂林：广西师范大学出版社，2005年版，第183—184页。

③莫福山主编：《中国民间节日文化辞典》，北京：职工教育出版社，1990年版，第7页。

记》有壮族“男女盛服，聚会作歌”的记载。①这一节日也与春天男女相会、寻找配偶有关。布依族的神仙田歌会也是当地传统的节日。每年农历正月初五，位于南盘江畔安龙县境内的神仙田地方热闹非凡，四乡八寨的布依族及各族青年男女，盛装打扮，成群结队拥向神仙田，他们口吹木叶、姊妹箫，怀抱月琴，对歌选情侣。②在今天日本的民间，仍有春天男女相会甚至在露天温泉男女混浴的习俗。从这些习俗中我们还可以看到先秦时代男女集会对歌竞赛、选择佳侣、野合奔婚的影子，只是由于时间久远，节庆当中所蕴涵的两性相合的生命力及由此而生的将多产、繁荣布设万物的观念模糊不清了。

民间春日集会的节庆包括的内容不仅止于男女相会择偶，在这段时日里，很可能还有祈雨和祓禊求子的内容同时进行，因为这些本来也是男女两性和天地神婚顺势巫术类比联想的象征中应有之义。所以，在民间习俗中还会看到这些习俗的遗留，诸如中原一带的娘娘庙会、傣族的泼水节等。我们暂且不论这些，在这里想要说的是这些民间节庆和婚姻缔结之间存在的关联。虽然在士大夫阶层中流行着“聘则为妻，奔则为妾”③的正统观念，士以上官僚阶层之婚礼较严格地按照六礼的程序进行，但是，“礼不下庶人”④的规则使民间的成婚形式相对来说比较自由灵活，在春社集会上结识的对象很有可能变成婚姻的配偶。“古代节庆的基本特征是性爱的狂欢，这使得婚姻交换成为可能。”⑤民间男女的婚礼与士大夫的婚礼相比，少了政治利益交换的目的，增加了爱情的因素。过去许多论者认为在“父母之命、媒妁之言”的婚礼体制下，婚礼乃“合二姓之好”，男女当事人没有个体的爱情可言，完全听凭家族的利益，成为政治交换和传宗接代的工具之说法看来并不能笼而统之地一概而论，那只是在统治阶层婚姻中存在的情况，对于民间而言并不完全恰当，否则，《诗经》中那么多的情歌作何解释呢？

《诗经》时代民间婚礼的真实面貌究竟是怎样的情形，文献中并没有给我们留下可供查询的完整记录，但是士阶层的婚礼仪典《士昏礼》却可以作为一个参考。周代以后，礼制成为人们普遍的社会生活准

①莫福山主编：《中国民间节日文化辞典》，北京：职工教育出版社，1990年版，第119页。

②莫福山主编：《中国民间节日文化辞典》，北京：职工教育出版社，1990年版，第305页。

③见《礼记·内则》。

④见《礼记·曲礼上》。

⑤（法）葛兰言：《古代中国的节庆与歌谣》，赵丙祥、张宏明译，桂林：广西师范大学出版社，2005年版，第195页。

则是当时社会的一个特点，上所化曰风，下所习曰俗，所以《士昏礼》对于民间的婚礼应该起到一个典范和规范的作用。《诗经·卫风》中有一首诗《氓》就给我们透露了一些普通百姓的婚礼信息："匪我愆期，子无良媒。将子无怒，秋以为期。""尔卜尔筮，体无咎言。以尔车来，以我贿迁。"这里面有以媒联姻，有求婚的期限，有占卜纳吉（首先要问名、问生辰），还有女方陪嫁、迎娶问题等，与《士昏礼》的六礼程序纳采、问名、纳吉、纳征、请期、亲迎相比，基本接近。如果说区别，只不过是两个人有更多的自主权，先私定终身，然后再请媒人走正规程序，也许在聘礼和一些细节问题上会有不同。从民俗向礼制的风化靠拢这个角度讲，《士昏礼》的规约作用不可低估，在士大夫官僚阶层，它又是最基本的模式，所以《士昏礼》在诸多婚礼模式中能够独存于礼典中，绝不是偶然的。当然，民间的婚姻不排除不经媒妁之言的"奔婚"。总之，《诗经》中反映出的通过节庆会男女、成婚配的民间风俗是一种更加合乎自然节拍和自然律动的婚姻模式，这也是它能够在正统的礼教统治之外的民族地区长久传承的奥秘所在。

第三节
《士昏礼》中的神话思维

上面一节从整体上追溯了婚礼发生的宇宙观背景、神婚原型及其在不同领域的仪式变体、婚礼在统治阶层和民间分别呈现的情况，这一节拟从《士昏礼》的具体细节上发掘婚礼当中存在的神话思维及神话观念。

一、“昏”：婚礼的时间

婚礼，最初叫昏礼，除了郑玄“以昏为期，因名焉”的解释外，班固的《白虎通义·嫁娶》也作了很好的解释：“婚姻者何谓也？婚者，昏时行礼，故曰婚。”如果参考《尔雅·释亲》的解释，我们还可以看出从“昏礼”到“婚礼”名称转变的中间环节：“壻之父为姻，妇之父为婚……妇之父母、壻之父母相谓为婚姻。”这个解释突出了婚礼“合两姓之好”的功能，类似于或者说可以置换为今天这样的说法：妇之父母、婿之父母相互为亲家，男女结合，就是两个家族成为亲属，所以叫成亲。从“昏礼”到“婚礼”叫法的转变，其中隐含了从时间的婚姻观念向社会的婚姻观念转变的因素。从知识社会学的角度看，婚礼概念的变化，在历史的流传中混杂进了许多社会伦理、政治教化的因素。抛开婚礼的社会因素，只从时间观念来看，为什么一定要在“昏”时迎娶，这里面必定隐藏着复杂的神话思维和神话观念。

要想看清昏时结婚的本来面目，还需要一层层地揭开覆盖其上的外在迷雾。许慎《说文解字》云：“昏，日冥也。从日、氐省。氐者，下也。”即太阳落下、傍晚天刚黑时。郑玄注曰：“必以昏者，取其阳往阴来之义，日入三商为昏。”这是用后起的阴阳观来解释昏礼的得名之义，白天、太阳、天、男人等为阳，夜晚、月亮、地、女人等为阴，昏

时的阳往阴来代表白天结束、夜晚来临，夜晚跟随白昼，对应于婚礼迎娶时婿往迎来妇归，男人引领，女人随后，人类社会的秩序要对应于大自然的时序，这样才能够和谐顺正。其中包含有很明显的阴阳家的学说和儒家的伦理观念。清儒吕大临云："盖天下之情，不合则不成，而其所以合也，敬则能终，苟则易离。"[①]说的就是在迎娶的时间上要谨遵自然时序节律，绝不能苟且马虎。更有甚者，《礼记·郊特牲》还将这一套阴阳时序观演化为儒家的礼教等级秩序："男子亲迎，男先于女，刚柔之义也。天先乎地，君先乎臣，其义一也。……出乎大门而先，男帅女，女从男，夫妇之义由此始也。妇人，从人者也：幼从父兄，嫁从夫，夫死从子。夫也者，夫也。夫也者，以知帅人者也。"根据阴阳刚柔的原则，夫妇关系被纳入到一个有先后主次区分的框架中而且还进一步将这种秩序延伸到天地君臣的社会体系中。利用婚礼进行礼教的色彩不可谓不浓。

如果我们放开眼界，不仅只考虑婚礼在一天当中的特定时辰进行，若与婚礼在一年当中的特定季节——春季举行结合在一起考虑，那么，我们会发现被儒家改造利用的阴阳观原来是与天地神婚的观念联系在一起的。郑玄注《周礼·春官·媒氏》曰："中春阴阳交，以成婚礼，顺天时也。"班固《白虎通义·嫁娶》曰："嫁娶必以春日者何？春者，天地交通，万物始生，阴阳交接之时也。"前文中说过初民天地神婚的宇宙观认为天地如同男女一样交合然后产生万物，《周易》中包含有丰富的天地神婚观念。《周易·系辞下》："天地絪缊，万物化醇。男女构精，万物化生。"《周易·归妹·象传》："天地不交而万物不兴。"《周易·系辞下》："乾，阳物也；坤，阴物也。阴阳合德，而刚柔有体。以体天地之撰，以通神明之德。"从中我们可以看出阴阳概念的产生乃是以天地神婚的神话观念为基础，概括了包括人类男女在内的万物化生的奥秘而抽象出来的形而上的哲学概念。《淮南子·精神训》之中就有阴阳的神话原型：

> 古未有天地之时，惟像无形，窈窈冥冥，芒芠漠闵，澒蒙鸿洞，莫知其门。有二神混生，经营天地，孔乎莫知其所

①孙希旦：《礼记集解》，北京：中华书局，1989年版，第1416页。

终极，滔乎莫知其所止息。于是别为阴阳，离为八极，刚柔相成，万物乃形，烦气为虫，精气为人。[①]

“经营天地”的“二神”除了天父地母之外还能是什么？叶舒宪先生认为：“这个记载虽已有哲学化色彩，但‘混生’的二神作为拥抱成一体的世界父母，是天地阴阳的本源、万物形成的总原因，这一层蕴涵只能出自世界父母型神话。”[②]世界父母型的创世神话认为世界之被创造是由一个原始的父亲和母亲所生，“原始的父母乃是天空和大地的象征。他们在创世前常被描绘为彼此合一的拥抱状态、寂静状态”，子孙们“要求获得光明和更多的空间，于是导致了父母从拥抱状态彼此分离，即天和地的分开”。[③]古希腊神话中，宙斯和赫拉结合生出子女的故事也属于天父地母故事的人格化变体。

天地父母的阴阳性和神婚在神话体系中已毋庸置疑，现在的问题是这些和“昏”这个时间概念有什么直接的联系。我们可以推想，在初民的神话思维中，昏时恰好是天地交接或阴阳相合之时，神话对于他们而言就是行动的指南和生活的准则，那么，人类很自然地也要模仿天地在这个时候成婚。这仅仅是我们后人的推测，要想有说服力，必须拿出证据来。汉字本身就是古人形象思维的编码，其中保存着丰富的神话思维。“昏”，在《字汇补》中，“㫫，古文昏字”。在甲骨文中写作日落地下的象形，[甲骨文字形]，其中地用方形表示，日用圆形里面加一点表示。陈梦家认为“旦、昏是相对的，旦是日出，昏是日入。……卜辞中的‘昏’‘莫’皆指天黑时的一段时间”。[④]从字形上看，其意义为日落地平线下，用方位表示时间，从形象思维上看，太阳——代表天父的阳性象征——落入地平线下，即象征着与阴性大地母亲的结合，这种行为称之为“昏”，那么，人类男女的类似行为也理应称之为“昏”，并且也要在相同时刻举行。

中国神话谱系中关于时间形成的神话较为少见，神话体系中，时间总是和颜色、空间混同在一起出现的。长沙子弹库出土的楚帛书甲篇当中有关于一年四时和一天四个时段的神话：

①张双棣：《淮南子校释》，北京：北京大学出版社，1997年版，第719页。下引《淮南子》皆出此书。
②叶舒宪：《中国神话哲学》，西安：陕西人民出版社，2005年版，第357页。
③叶舒宪：《中国神话哲学》，西安：陕西人民出版社，2005年版，第355页。
④陈梦家：《殷虚卜辞综述》，北京：中华书局，1988年版，第229—230页。

未又（有）日月，四神相弋（代），乃（止）以为岁，是隹（惟）四寺（时）。

俟曰青□榦，二曰未〈朱〉四单（檀），三曰□黄难（檚），四曰□墨（黑）榦。千又百岁，日月夋（允）生。

……乃逆日月，以（传）相土，思（使）又（有）宵又（有）朝，又（有）昼又（有）夕。[1]

没有日月之时，“四神”轮值，一人主司一时，于是有了春夏秋冬；四时运作一个轮回，便形成了一岁，四神皆取名于木，且与四色青、朱、黄、黑相配；商人始祖契的后代相土又使一日之中有了宵、朝、昼、夕之分。[2]这里，四季对应着四色，而一天当中的四个时辰还是另外的体系。《尔雅·释天》也有四时对应四色的说法：“春为青阳，夏为朱明，秋为白藏，冬为玄英。”在《周礼·春官》中，四色又与四方相配，“以青圭礼东方，以赤璋礼南方，以白琥礼西方，以玄璜礼北方”。[3]《淮南子·天文训》中，将一天当中太阳运行所体现的具体时辰和地理空间对应起来：“日出于旸谷，浴干咸池，拂于扶桑，是谓晨明；登于扶桑之上，爰始将行，是谓朏明；至于曲阿，是谓朝明；……对于昆吾，是谓正中；……薄于虞泉，是谓黄昏；……”这样，一天中具体的时辰和空间又对应起来，经由颜色的联系（引文中已经有“黄昏”一词），四时（四季）、四方、四色、四时辰就对应成为一个形象的整体的宇宙观。叶舒宪先生在《中国神话哲学》中列出了一个中国神话宇宙观的原型模式的时空坐标：

东方模式：日出处，春，青色，晨，旸（汤）谷。
南方模式：日中处，夏，朱色，午，昆吾。
西方模式：日落处，秋，白色，昏，昧谷。
北方模式：日隐处，冬，黑色，夜，幽都。

认为这是时空混同的神话宇宙观，并指出：“原始人往往用具体

①饶宗颐、曾宪通：《楚帛书》，香港：中华书局香港分局，1985年版，第21页。
②陈斯鹏：《楚帛书甲篇的神话构成、性质及其神话学意义》，《文史哲》，2006年第6期。
③见《周礼·春官·宗伯》。

的颜色来象征抽象的时间与空间方位观念。由此可以推知，后代哲学思维所抽象出来的时间概念在神话思维中是不存在的，或者说是以未分化的形式统合在具体的视觉表象之中的。”[①]由此看来，文献中反映出来的神话观念“昏”绝不单单是一个时间概念，它和空间方位——太阳在西部沉入大地与大地合在一起以及色彩——黄色（或白色）等概念是连在一起考虑的。从神话以及文献的角度和从文字的角度考察的结果是一致的，昏礼中必以昏时的背景确实是天地神婚的神话宇宙观。只不过后来又出现了带有政治色彩的中央中心观和阴阳五行观，还有伦理观对原有的神话观念进行了改造，才呈现出较复杂的具有政治礼教意味的“婚礼”概念。这时，婚礼已经变成了可以为多种人为目的而不是自然目的而被经营的手段了，由此而引发的夫妻关系和礼仪都被纳入到一个严密的、井然有序的体系中：

> 有天地然后有万物，有万物然后有男女，有男女然后有夫妇，有夫妇然后有父子，有父子然后有君臣，有君臣然后有上下，有上下然后礼义有所错。夫妇之道不可以不久也，故受之以《恒》。恒者，久也。（《周易·序卦》）
>
> 天道至教，圣人至德。……君在阼，夫人在房。大明生于东，月生于西，此阴阳之分，夫妇之位也。君西酌牺象，夫人东酌罍尊，礼交动乎上，乐交应乎下，和之至也。（《礼记·礼器》）

二、“媒”：婚礼的媒介

《仪礼·士昏礼》一开始即有“昏礼。下达。纳采，用雁”。郑玄注：“达，通也。将欲与彼合昏姻，必先使媒氏下通其言，女氏许之，乃后使人纳其采择之礼。”媒氏在婚礼中所起的作用很大。首先，没有媒氏，婚礼的六礼就无法往下进行。《诗经·豳风》云：“伐柯如何？匪斧不克；取妻如何？匪媒不得。”《礼记·曲礼上》曰：“男女非有行媒，不相知名；非受币，不交不亲。”《礼记·坊记》载：“男女无媒不交，无币不相见，恐男女之无别也。以此坊民，民犹有自献

①叶舒宪：《中国神话哲学》，西安：陕西人民出版社，2005年版，第16—18页。

其身。”媒在这里，不仅仅负责男女两家的交接、互通双方姓名，而且还起到防止男女直接接触、做出不考虑家族利益而私定终身的事情。其次，有媒氏的参与，使婚姻“明媒正娶、光明正大”，即所谓婚姻有了正当性、合法性。《战国策·齐策》记载了一个父亲不认无媒自嫁之女的故事：齐襄王通太史敫女，立为王后，太史敫曰：“女无谋而嫁者，非吾种也，污吾世矣。”终身不睹。君王后贤，不以不睹之故失人子之礼也。《管子·形势解》说：“明主之治天下也，必用圣人，而后天下治；妇人之求夫家也，必用媒，而后家事成。故治天下而不用圣人，则天下乖乱而民不亲也；求夫家而不用媒，则丑耻而人不信也。故曰：‘自媒之女，丑而不信。’”在古代，没有媒氏而自成婚姻，是很不光彩、很丢脸的事情。《孟子·滕文公下》云：“丈夫生而愿为之有室，女子生而愿为之有家。父母之心，人皆有之。不待父母之命、媒妁之言，钻穴隙相窥，逾墙相从，则父母国人皆贱之。古之人未尝不欲仕也，又恶不由其道。不由其道而往者，与钻穴隙之类也。”孟子拿不遵父母之命、媒妁之言的行为作为反面教材，教育那些求仕不守其道的人。由此，媒氏在婚礼中的重要性可见一斑。

当然也有网开一面的时候，前文中说到的在民间春社节庆时，“中春之月，令会男女，于是时也，奔者不禁”，属于特殊情况。一则是礼不下庶人，礼对老百姓的要求也没有像对士以上有身份的人那样严格；二则是时逢春社约婚节庆，为了丰产和人丁兴旺，官方鼓励会男女，当时不禁，过后，大部分男女如同《氓》中说到的那样，还是要请媒人“补办手续”。《路史》云：“太昊伏羲氏正姓氏，通媒妁，以重万民之丽”，“女皇氏正姓氏，职婚姻，通行媒，以重万物之判，是曰神媒”。陈顾远认为，“此乃后世学者推崇媒聘之志，托古为言，不足信也”。[①]但其中却可以透射出古人重媒妁以及媒妁主职万民伉俪之事的信息。为什么媒人在婚姻中如此重要，到了男士无媒，“不自为取（娶）妻”，“处女无媒，老且不嫁”[②]的地步？这个问题历来没有得到很好的解决。陈顾远在《中国婚姻史》中谈了自己的看法：愚以为媒妁具有居间人之性质，在

①陈顾远：《中国婚姻史》，上海：上海书店，1936年版，第147页。

②语出《战国策·燕策》。

买卖婚时代当即有之；殆买卖婚演变而为聘娶婚，买妻卖女之居间人亦演变而为媒妁，遂以合姓为难，赖媒往来，以传婚姻之言矣。但是，历史上是否存在过买卖婚的时代，在学界一直争论未定。[①]所以他的媒妁从买卖婚的中间人演变而来的说法并不可靠。下面，我想从神话思维和发生学的角度追溯“媒”的来源和演变，从而力争解决媒在中国古代婚姻中不可或缺的原因。

媒，《说文解字》解释为：“媒，谋也。谋合二姓者也。”《周礼·媒氏》注曰：“媒之言谋也。谋合异类使合成者。”这个解释侧重于媒的身份作用。《周礼·地官》说到媒氏的职责可以印证：“媒氏掌万民之判。凡男女自成名以上，皆书年月日名焉。令男三十而娶，女二十而嫁。凡娶判妻入子者，皆书之。中春之月，令会男女，于是时也，奔者不禁。若无故而不用令者，罚之。司男女之无夫家者而会之，凡嫁子娶妻，入币纯帛无过五两。禁迁葬者与嫁殇者，男女之阴讼，听之于胜国之社。”可见在周代，官方专门设置有主管婚姻和男女之事的媒氏官职。另一个字“妁”与之接近，《说文》曰：“妁，酌也。斟酌二姓者也。”所以，这两个字经常合在一起使用，所谓“父母之命，媒妁之言”是也。有官媒，就有私媒，也就是后来所说的媒人。这些都是有了文字记录以后的事情，毋庸赘言。我们关键要看“媒”在无文字的口传时代的情况。最初的文字或许还保留着古老传统的信息。“媒，谋也。”《说文》“谋”，列了一个古文字，（[illegible]）“上从母，下古文言”。郭沫若《释祖妣》指出：“母权时代，族中最高之主宰为母。”[②]可以想见，母系社会，婚姻由母系族长主管，母系族长一般由子嗣多、德高望重者担任。楚王族姓“芈”，在金文中也常写作“妳”。芈与母、媒、嫫、嬷，以及閟宫的閟、云梦的梦，在上古音中俱隶明纽，均可旁转或对转。因此，芈也就是母和媒，说明楚

①（美）L.H. 摩尔根认为男方的礼物含有购买（女方）的意思，参见其《古代社会》，北京：商务印书馆，1977年版，第460页。（芬）E.A. 韦斯特·马克不同意“买卖婚姻”的叫法，他认为新郎的礼物表示一种善意或尊重，或证实自己有能力养活妻子，或者是作为一种信物等等，参见韦斯特·马克《人类婚姻史》（第二卷），北京：商务印书馆，2002年版，第796页。中国学者持买卖婚姻的代表有陈东原、陈顾远、吕思勉等。分别参见陈东原《中国妇女生活史》，上海：上海文艺出版社，1928年版，第23页；陈顾远《中国婚姻史》，上海：上海书店，1936年版，第84—85页，此段引文见第147页；吕思勉：《先秦史》，上海：上海古籍出版社，2005年版，第247页。不同意买卖婚的以李衡眉为代表，参见李衡眉：《中国古代婚姻史论集》，长春：吉林文史出版社，1992年版，第82—83页。

②郭沫若：《释祖妣》，《中国现代学术研究·郭沫若卷·甲骨文字研究》，石家庄：河北教育出版社，1996年版，第285页。

人先民也曾有过这种祖母或主妇主媒的习俗。[①]《路史·余论二》引束皙曰："皋媒者，人之先也。""皋"通"高"，人之先，指母系的祖先先妣。《风俗通》云："女娲祷祠神，祈而为女媒，因置昏姻。"[②]《礼记集解》云："高禖，祈嗣之祭也。"[③]《礼记·月令》："仲春之月……是月也，玄鸟至。至之日，以大牢祠于高禖。天子亲往，后妃帅九嫔御。乃礼天子所御，带以弓韣，授以弓矢，于高禖之前。"郑玄注："玄鸟，燕也。燕以施生时来，巢人堂宇而孚乳，嫁娶之象也；媒氏之官以为候。高辛氏之出，玄鸟遗卵，戎狄吞之而生契，后王以为媒官嘉祥，而立其祠焉；变'媒'言'禖'，神之也。"可见，先妣一般被奉为主管婚姻或子嗣的媒神。据闻一多考证，"古代各民族所祀的高禖全是各该民族的先妣"。夏人所祀之高禖为涂山氏，涂山氏即女娲，殷人的高禖为简狄，周人的高禖为姜嫄。[④]王引之《经义述闻·礼记上》："高者，郊之借字，古声高与郊同，故借高为郊。"[⑤]所以，高禖也叫郊禖。

在20世纪"女神文明"及其现代复兴运动中具有重要影响力的美国学者金巴塔斯以考古发现的实物资料为基础，考察其艺术表现的象征系统，提出在父权社会之前的史前时代，古欧洲曾经普遍存在着女神崇拜和女神文明[⑥]，与中国史前的先妣崇拜可以互为参照，其内容都主要表现为生殖和子嗣的诉求。叶舒宪先生认为高禖祭祀应当是之前地母信仰的派生形式[⑦]，所以高禖祭祀在商周时代的春社节庆中，男女约婚私合对农作物具有丰产因素就不足为怪了。但在生活中，受到崇拜的先妣（也就是高禖神）从心理上带给人们的主要是生育的保障，性爱的因素则分化到之后的神女传说中了。《诗经·大雅·生民》："克禋克祀，以弗无子。"毛传："弗，去也，去无子，求有子，古者必立郊禖焉。"郑玄笺："姜嫄之生后稷如何乎？乃禋祀上帝于郊禖，以祓除其无子之疾而得其福也。"

---

①张君：《论高唐神女的原型与神性》，《文艺研究》，1992年第3期。

②此处《路史》、《风俗通》引文皆转引自袁珂编：《中国神话传说词典》，上海：上海辞书出版社，1985年版，第330—331页。

③孙希旦：《礼记集解》，北京：中华书局，1989年版，第425页。

④闻一多：《高唐神女传说之分析》，载《清华学报》，1935年第4期。

⑤引自《四库全书》文渊阁本。

⑥叶舒宪：《老子与神话》，西安：陕西人民出版社，2005年版，第240—241页。

⑦叶舒宪：《高唐神女与维纳斯》，西安：陕西人民出版社，2005年版，第129—130页。

母系社会婚姻的目的主要是繁育后代，不像父权社会的婚姻很大程度是出于政治和社会的因素，所以，用来保障婚姻繁衍后代的母神或者叫做媒神在生活中的地位当然是至高的。文字发明后，为了突出其神性，正如郑玄解释的那样，干脆就用了表示神性的“禖”来代替“媒”。汉字中凡是“示”字偏旁的字，都和神或祭祀有关系。由母系族长或者先妣升格为禖神，那么，在先民的心中，她能够沟通天地，通晓天地之间的事情，人类模仿天地神婚繁育后代的婚姻自然也在禖神的掌控之中。通过她，天地和合衍生万物的奥秘自然也能够在人类的男女身上得到实现。作为神格存在的高禖神，除了人们在特定的时间向她祭拜之外，当然还需要人间的代表来操持具体的婚姻事项，在官方就是媒官，在民间就是媒人，后来的主婚人应该也是禖神的人格化身。婚礼，就是通过仪式的形式将婚姻的古老的神话传统再次呈现出来，昏时，象征着对天地神婚的模式的效仿，媒人——通晓天地神婚的人间代表，保证人间的婚姻也能够像天地婚姻那样正常运行。这种神话观念已经变成初民的集体无意识，所以，到后世，人们只知道婚礼离不开媒人并将媒人的参与作为一种传统保留下来，而不理会其中的原因。对于高禖神，人们也只有在专门的时节到郊禖或高禖庙去祭祀，而忘了她当初乃是因为主管婚姻和生育而升格为神的事实。

需要指出的是，到了父权社会，出现神话被父权意识改造并服务于意识形态的现象。所以，本来是由女性先妣升格而来的禖神在有些典籍中，会以男性祖先的身份出现。闻一多在《高唐神女传说之分析》一文中就发现了楚人所祭祀的高禖神“高唐”其实是高阳，高阳本应是其女始祖女禄的氏族姓氏，但后来却变成了颛顼（其妻为女禄），闻一多以为是因为颛顼嫁给了女禄而姓女方姓氏的缘故。①但是，《世本·帝系篇》和《吴越春秋》都称禹为“高密”②，高密即高禖，高密不可能是女娲的氏族姓氏，而禹被称为高密（高禖）纯属男权社会改造神话篡夺女性祖先神圣地位的事例，原先的女性媒（禖）神到了王权社会只能以男性祖先的配偶身份出现。

①闻一多：《高唐神女传说之分析》，《清华学报》，1935年第4期。

②《世本·帝系篇》云：“颛顼生鲧，鲧生高密，是为禹。”《吴越春秋·越王无余外传第六》云：“鲧娶于有莘氏之女，名曰女嬉。壮未孳，嬉于砥山得薏苡而吞之，意若为人所感，因而妊孕，剖胁而产高密。”引自文渊阁《四库全书》本。

三、“合卺”：婚礼的象征

在《士昏礼》六礼的“亲迎”中，当婿到妇家将妇接来时，并没有像今天的婚礼一样举行拜天地仪式，而是由寝门直接进入“室”，稍事洗漱，即席就座，夫妇开始入席对筵，《礼记·昏义》称之为“共牢而食，合卺而酳”，并解释为“所以合体，同尊卑”。孔颖达曰：“共牢而食者，在夫之寝，壻东面，妇西面，共一牲牢而食，不易牲。合卺而酳者，酳，演者，谓食毕饮酒，演安其气。卺，谓半瓢。以一瓠分为两瓢，谓之卺。壻与妇各执一片以酳，故曰‘合卺而酳’。”孙希旦认为：“卺，以一瓠分而为二，夫妇各用其半以酳，而合之则实为一瓠，故曰‘合卺而酳’也。……合卺而酳，合体之义；共牢而食，同尊卑之义。”[①]《汉语大词典》解释“合卺”为：“古代婚礼中的一种仪式。剖一瓠为两瓢，新婚夫妇各执一瓢，斟酒以饮。后多以‘合卺’代指成婚。”“合卺而酳”有些类似我们所熟知的婚礼上的喝交杯酒，但是，饮酒的方式和饮酒的酒具都有不同。为什么在古代婚礼中，偏偏要使用瓠爵？《郊特牲》说：“共牢而食，同尊卑也。……器用陶匏，尚礼然也。”郑玄注曰：“尚礼然，谓上古之礼器如是也。”难道仅仅是因为“尚古尚质”的缘故吗？

瓠，俗称葫芦。将两个瓠爵合在一起，正好就是一个完整的葫芦，象征着夫妇合为一体，这只是一个表层的象征意义。婚礼上使用瓠爵，其背后还隐含着更深的神话哲学意义。瓠，是一个生物学的名称，将其略微加工制作，就会变成可以盛放酒或水的器物——酒壶或水壶。古人仿照其形状做成的壶状陶器也叫壶，臧克和认为，“‘壶’之得名在于‘葫芦’：二器在功能形态上相类”[②]。《汉语大词典》在解释“壶”时，其中就有一条解释为：通“瓠”，葫芦。《诗经·豳风·七月》：“七月食瓜，八月断壶。”毛传：“壶，瓠也。”“壶”包含有宇宙乾坤的意思，最典型的体现在“壶中天”的传说当中。《后汉书》和葛洪的《神仙

①孙希旦：《礼记集解》，北京：中华书局，1989年版，第1418页。
②臧克和：《说文解字的文化说解》，武汉：湖北人民出版社，1995年版，第380页。

传》都记录有这样一个传说：东汉，费长房为市椽，有老翁从远方来卖药，悬一壶于肆头，卖药口不二价，治病皆愈。常悬一壶于屋上，市罢，跳入壶中。长房于楼上见之，知为非常人。长房乃自扫翁座前地、供馔物，如此积久，翁知长房笃信，谓房曰："至暮无人时更来。"长房如其言往，效翁跳入壶中，唯见玉堂严丽，旨酒甘肴盈衍其中，共饮毕而出。①一壶之中，包含宇宙洞天。"壶"，《说文》解释为"昆吾圜器也，象形，从大，象其盖也"。《说文》解释"圜"为"天体也"。《周易·说卦》中有"乾为天，为圜"的说法。可见，壶有圜天的意象。壶的缓读即葫芦、昆吾，《说文》："昆，同也，并也，咸也。"段玉裁注曰："今俗谓合同曰混，其实当用昆。"《老子》"有物混成，先天地生"，在《马王堆汉墓帛书·老子乙本·道经》中作"有物昆成"，②"先天地生"的创生之前的宇宙被庄子称为"浑沌"③。同样，《淮南子·诠言训》亦曰："洞同天地，浑沌为朴，未造而成物，谓之太一。"由此可以看出，在神话思维中，壶、葫芦、蛋等圆球形物被等同于剖判之前的宇宙。三国时期徐整的《三五历纪》记录有这样一个宇宙创生神话："天地浑如鸡子，盘古生其中。万八千岁，天地开辟，阳清为天，阴浊为地。盘古在其中，一日九变，神于天，圣于地。天日高一丈，地日厚一丈，盘古日长一丈。如此万八千岁，天数极高，地数极深，盘古极长。后乃有三皇。数起于一，立于三，成于五，盛于七，处于九，故天去地九万里。"④这个神话属于宇宙卵型创世神话，美国学者N. J. 吉拉道特认为应该属于宇宙卵创世神话的亚型变体——葫芦剖判型神话，并认为它强调的是男女两性未经分化之前的兼性统一状态。⑤前文中引述的《淮南子·精神训》则属于世界父母型创生神话，其实，后者是在前者基础上的延伸。珞巴族的一则神话讲述的也是天地开辟：最初，天地不分，混沌一团。后来，天从中间鼓了起来，逐渐离开了地，但周围还是和地连在一起。天和地结了婚。不久，大地便生了九个太阳。⑥这个神话可以看作是宇宙卵和世界父母

①参见袁珂编著《中国神话传说词典》，上海：上海辞书出版社，1985年版，第312页。

②自臧克和：《说文解字的文化说解》，武汉：湖北人民出版社，1995年版，第379页。

③见《庄子·内篇·应帝王》。

④袁珂：《中国神话史》，重庆：重庆出版社，2007年版，第102页。

⑤吉拉道特《早期道家的神话与意义》，加州大学出版社，1983年版。转引自叶舒宪：《庄子的文化解析》，西安：陕西人民出版社，2005年版，第190页。

⑥袁珂：《中国神话史》，重庆：重庆出版社，2007年版，第351页。

型神话的混合。这样，葫芦或卵被等同于天地未分状态下的宇宙，葫芦的剖判则象征着天地的分化、万物的创生。

与上述创生神话相关的一些神话则使葫芦的创生功能得到更加明显的彰显。首先是兄妹在葫芦里躲避洪水的故事。洪荒时代，人类面临灭顶之灾，兄妹俩躲进了一个大葫芦才幸免于难，活了下来，大水退后，他们按照天意结为夫妻，繁衍人类后代。这个神话在不同地区广为流传，在中原周口地区、瑶族地区，躲在葫芦里的是伏羲和女娲；在湖南武冈地区，兄妹俩则变成了东山老人和南山小妹。[①]有学者认为："伏羲一名，古无定画，或作伏戏、庖牺、宓羲、虑羲，伏羲与盘瓠为变声，伏羲、庖牺、盘古、盘瓠，声讯可通，殆属一词。无问汉苗，具自承为盘古之后，两者神话，盖同出于一源。"[②]闻一多也认为"伏羲"就是"瓠戏"，也就是葫芦，盖因传说伏羲兄妹入葫芦避水，故取此名，他认为伏羲与盘瓠神话盖出同源。[③]这类神话隐喻的是葫芦拯救人类（"生"之功能的一个体现）并与人类婚姻、繁衍后代有密切的关系。其次还有一类是葫芦娃的民间传说故事，或葫芦兄妹（兄弟）的传说故事。故事的内容大多是善良而遭遇苦难的人得到神仙的一粒葫芦种子，种下后很快发芽长出葫芦，然后从瓜熟蒂落的葫芦中蹦出聪明神奇的葫芦娃，帮助善良的人战胜邪恶，过上美好幸福的日子。这类故事虽然没有婚姻的主题，但是葫芦诞生人类的功能应是不能忽略的。葫芦的神话传说是关于葫芦创生宇宙论的形象演绎，它与宇宙剖判创生和宇宙阴阳二体的观念密不可分，因此葫芦在关涉到宇宙创生的仪式中占据重要位置就变得容易理解了。婚姻正是以宇宙卵和世界父母型混合的创生神话为模型的一种仪式，从象征层面上用葫芦来完成两个人的结合成为神话思维的理中之义。在哀牢山的彝族婚礼仪式上，葫芦是一定要出现的，在新婚夫妇饮交杯酒时，不使用陶制器皿，仍沿用传统婚礼仪式使用的葫芦剖分的两个瓠瓢，彝族巫师说，这个礼节象征着新婚夫妇成为一个合体葫芦。[④]

①袁珂：《中国神话史》，重庆：重庆出版社，2007年版，第37页，注释。《周口神话故事》，北京：学苑出版社，2006年版，第7页。

②常任侠：《沙坪坝出土之石棺画像研究》，载《说文月刊》，1941年第10、11期合刊。

③闻一多：《伏羲考》，见《神话与诗》，上海：上海世纪出版集团—上海人民出版社，2006年版，第48—49页。

④刘尧汉：《彝族社会历史调查研究文集》，北京：民族出版社，1980年版，第235页。

合体葫芦的象征不能简单地理解为形而下的两个人的结合，其哲学上的象征意义还要从考察与“壶”有着同源关系的“壹”字说起。《说文》：“壹，专一也，从壶，吉声。”从字形看，两者都取象于葫芦，“壹”在“壶”（壺）中还包含了一个“吉”字，指的是未剖判之前的葫芦，这种状态被古人认为是“吉”。《说文》：“吉，善也，从士口。”为什么葫芦（象征宇宙）在未剖分的整体状态是好的？从老子和庄子那里能够找到答案。《老子·德经》：“道生一，一生二，二生三，三生万物。”“道”指天地未分、浑然一体时所包含的产生无穷可能性，又不可言说的状态。“昔之得一者：天得一以清，地得一以宁，神得一以灵，谷得一以盈，万物得一以生，侯王得一以为天下正。”这里，“一”与“道”是等同的，所以，老庄都认为真正的圣人和真人应该是“抱一”、“守一”的，“是以圣人抱一为天下式”（《老子·道经》）。“其好之也一，其弗好之也一。其一也一，其不一也一。其一与天为徒，其不一与人为徒。天与人不相胜也，是之谓真人。”（《庄子·内篇·大宗师》）这种整体混成的“一”，在老子的眼里，是有无穷生命力的母体：“有物混成，先天地生，寂兮寥兮！独立不改，周行不殆，可以为天下母。吾不知其名，字之曰道，吾强为之名曰大。”（《老子·道经》）难怪老庄都热衷于返回类似于母胎中的混沌状态，那是一个充满无穷生命力和蓄势能量的元始状态。按照著名宗教学家伊利亚德的观点，那个元初的状态在初民的意识中是确定宇宙秩序的、神圣的、需要定期回归的状态。难怪老子要说：“大曰逝，逝曰远，远曰返。”需要指出的是，“一”是在以形象为基础的“壹”使用很久以后，不断抽象其意义而产生的具有形而上哲学意义的一个概念，即便是用作数学概念，也是一种高度的抽象。

返回头来，再来看婚礼当中的合卺礼仪，男女各执其一的两个半瓢在特定时间的出现，就不仅仅象征着两个人的结合，同时还象征着回到宇宙创生时刻阴阳和合不分的状态。[①]那个时候，天地合为一体，即将产生万物，通过婚礼的合卺，天地创生的神话在仪式当中被象征性地重新演绎，婚礼和天地创生是同构的，从而使婚礼中的新人在心理上实现

---

①叶舒宪先生在《阉割与狂猖》一书中认为，宇宙混沌状态是阴阳同体的状态，葫芦剖判的神话演示的是天地分开的过程，陶壶是天地阴阳重归为一的象征。叶舒宪：《阉割与狂猖》，上海：上海文艺出版社，1999年版，第142页。

了神圣。

天地神婚的神话原型模式，不独体现在中国初民的宇宙观当中，历史上世界各地的宗教领域中普遍存在的圣婚仪式，中国的郊禖祭祀、藉田礼、民间的男女会合奔婚习俗的存在，都是天地神婚模式在不同领域、不同地域的体现，它们分别从不同侧面为婚礼源于对天地神婚的模仿提供了旁证。另外，《士昏礼》中存在的神话思维也表明，天地神婚的范型确实存在，并直接型塑了人间的婚姻模式。

第三章

《仪礼》中的巫术

巫术是远古先民处理人与自然、人与神、人与人之间关系的重要手段。《周礼·春官》的记载中，还有大量的巫祝神职人员，说明周代的巫术还比较盛行。加之巫术一般都要通过仪式来完成，《仪礼》中保留很多巫术的成分和观念可想而知。然而，作为儒家经典，经过孔子及其后学的理性改造和去巫化的规训，巫术存在的方式变得支离破碎、模糊不清了，但是，仔细辨析，还是可以找到巫术的蛛丝马迹，诸如形象巫术、驱邪巫术、招魂巫术、语言巫术、占卜巫术，证明了礼仪和巫术之间相伴相生的关系，也说明了巫术还以潜在的方式对人们的生活发生着影响。

在生产力和理性思维均不发达的史前时代，巫术作为处理人与自然、人与神、人与人之间关系的手段，在先民生活中占据着重要的地位。可惜，大量的巫术都没有被典籍所记录，加之礼教对其改造和控制，巫术在春秋战国以后呈现出渐渐衰落的局势，在文献中以纯粹完整的形式流传下来的就更加依稀难辨了。但是在反映周代官制的《周礼·春官》中，还能够看到在周王朝的宗庙、祭祀、丧葬等官方活动中，活跃着大批以降神、祭祀、驱邪、占卜、祈雨为职责的巫祝人员，这表明至少到周代，巫术活动还比较盛行。作为记录周代官方礼仪仪式的典籍《仪礼》，虽然经过了孔子及其后学的修订整理，其中仍蕴涵有许多巫术的成分和巫术的观念，然而对其进行专门研究者，则少之又少，目前所能见到的只有郑传斌的《论礼对巫术的改造——以〈仪礼〉士丧礼中的巫术因素为中心》，直接研究的是《仪礼》中的巫术，论述了礼对丧礼中巫术行为的道德伦理改造，从而使其服从政治教化功能、服从礼教价值观念的情况；[①]其他则没有见到对《仪礼》中的巫术进行专门研究的。其实，中国古礼和巫术密不可分，许多仪式本身就是巫术活动，李安宅指出："有些巫术，神秘性非常浓厚，有些则为例俗所淡化，深入下意识而不自觉。中国有好大一部礼教，后来虽经理性主义者所净化，然其巫术的潜势则深入人心而不可拔。研究中国社会者，若不在此加以注意，颇易被经典的注释家所骗过，得不到客观的分析。"[②]透过仪礼中远古文化行为及文化符号遗存的巫术，可以折射出初民的社会生活、思想观念和思维方式，也可以看出巫术和仪式的关系。所以，研究《仪礼》中的巫术，很有必要。为了更好地研究和分析《仪礼》中的巫术，首先，有必要对巫术的基本理论进行梳理和归纳。

①郑传斌：《论礼对巫术的改造——以〈仪礼〉士丧礼中的巫术因素为中心》，《孔子研究》，2006年第5期。

②李安宅：《巫术与语言》，上海：商务印书馆，1936年版，第14页。

第一节 巫术的定义及学界对中国早期巫术的研究

巫术研究是西方人类学研究中的一个重要传统，许多人类学流派和著名的人类学家都在这个领域进行过研究，有着各自独到的贡献。但是他们对于巫术的定义、原理、分类、功能却各有各的看法。在今天看来，其中的许多观点明显地受到他们所在的时代的思想环境、学术流派与方法、文化风尚的影响，但是，它们却直接影响了我们对巫术的认识。下面，主要看一下巫术的定义及中国早期巫术之研究概况。

一、巫术的定义及其与宗教的关系

要想给巫术下一个准确的定义，并非一件容易的事情。人类学家根据自己的文化语境和对研究对象的理解所总结和划分的巫术的概念和范畴，与历史和实际中存在的远古的或原住民的巫术观念并不能够相互等同，因为其中存在着文化的差异和语言的不对等因素，"当我们把较简单的人的观念翻译成我们自己的观念时，极易将我们的思想移植到他们的思想之中"。这样，"原始人的巫术观念很容易被严重地歪曲"。[①]我们可以将不同的人类学家在不同的时代基于不同的研究对象对巫术的认识进行比较、参照，则可以获得一个相对动态的、完整的把握。

泰勒（Edward Burnett Tylor）是在万物有灵的基础上认识巫术的，他认为巫术是建立在"简单的类比或象征性的联系之上的"，"人早在低级智力状态中就学会了在思想中把那些他发现了彼此间

① （英）E.E.埃文斯·普里查德：《原始宗教理论》，孙尚扬译，北京：商务印书馆，2001年版，第130页。

的实际联系的事物结合起来。但是，以后他就曲解了这种联系”。[①]巫术师的错误正是将想象的联系当作实际的联系，将主观的联系当作客观的联系。

弗雷泽将巫术称为一种前科学的伪科学。他认为巫术都归于“交感巫术”，即认为：“物体通过某种神秘的交感可以远距离地相互作用。基于相似律的法术叫做‘顺势巫术’或‘模拟巫术’。基于接触律或触染律的法术叫做‘接触巫术’。”[②]弗雷泽认为“顺势巫术”所犯的错误是把彼此相似的东西看成是同一个东西，“接触巫术”所犯的错误是把相互接触过的东西看成为总是保持接触的。禁忌是巫术的消极应用。如果说积极的巫术或法术说“这样做就发生什么什么事”，目的在于获得一个希望得到的结果，消极的巫术或禁忌则说“别这样做，以免发生什么什么事”，目的在于要避免不希望得到的结果。[③]禁忌同样遵守相似律和接触律。

马林诺夫斯基（Bronislaw Kaspar Malinowski）给巫术下的定义是，巫术纯粹是一套实用的行为，源于一种超自然而非个人的势力，是为达到某种实用目的所取的手段。[④]巫术由三项要素组成，即要有字眼（咒语）、仪式行为和施术者。但是，马林诺夫斯基将巫术看作为由起始便“存在”、不曾被创作或发明，“一切巫术的实质都在传统的完整”[⑤]，是想强调巫术作为一种信仰发挥作用的信力，但与巫术来源于偶然性的个人经验的事实是不相符合的。

马塞尔·莫斯（Marcel Mauss）给巫术现象所下的定义是：“跟任何有组织的教派无关的仪式都是巫术仪式——它是私人性、隐秘的、神秘的，与受禁的仪式相近。”[⑥]莫斯给巫术所下的定义并没有根据巫术仪式的结构来定义，而是用巫术仪式得以施展的环境来定义，这些环境决定了巫术在社会习俗中所占的位置。他也谈到了巫术中的三类基本要

---

①（英）爱德华·泰勒：《原始文化》，连树生译，桂林：广西师范大学出版社，2005年版，第93—95页。

②（英）詹·乔·弗雷泽：《金枝》，北京：大众文艺出版社，1998年版，第19页。

③（英）詹·乔·弗雷泽：《金枝》，北京：大众文艺出版社，1998年版，第31页。

④（英）马林诺夫斯基：《巫术科学宗教与神话》，李安宅译，北京：中国民间文艺出版社，1986年版，第5页，第53页。

⑤（英）马林诺夫斯基：《巫术科学宗教与神话》，李安宅译，北京：中国民间文艺出版社，1986年版，第123页。

⑥（法）马塞尔·莫斯、昂利·于贝尔：《巫术的一般理论——献祭的性质与功能》，杨渝东、梁永佳等译，桂林：广西师范大学出版社，2007年版，第33页。

素，即完成巫术行为的人——巫师，巫术行为或称之为巫术仪式，巫术的表征——与巫术行为、效应相对应的观念和信仰。①

埃文斯·普里查德（E. E. Evans. Pritchard）在《阿赞德人的巫术、神谕和魔法》②中，描述阿赞德人的巫术是由某些人体内的巫术物质释放出来的精神力量，这种精神力量的散发能使他人的健康或财产受到伤害。③阿赞德人通过神谕④来寻找巫术的来源并向巫师发出警告，在巫术继续造成伤害或损失较大的情况下，受害者就要通过魔法师运用魔药和咒语对其实行魔法。与魔法相比，出于非正当的目的、运用魔药故意害人则被认为是妖术，妖术是坏的魔法。对于阿赞德人来说，神谕和魔法是对抗巫术的两种不同方式。但是，在笔者看来，阿赞德人的巫术、神谕、魔法统统属于我们要研究的广义的巫术的范畴。

人类学家往往把巫术放在与宗教的联系和区分当中来把握巫术。弗雷泽认为尽管有巫术和宗教相混合的情况，但是，在人类历史上，巫术的出现要早于宗教，人类的发展要经历从巫术到宗教，再从宗教到科学这样的阶段。巫术和宗教的不同在于，巫术是强迫或压制神灵，而宗教则是去取悦或讨好神灵。他认为巫术与宗教的共同点在于都是在理智的经验中没有出路时，“借着仪式与信仰逃避到超自然的领域去”，“巫术与宗教都被禁忌与条规所包括，以使它们底行动不与世俗界相同”。它们的不同在于巫术是实用的技术，能够产生直接的结果；而宗教的行为本身就是目的，以超自然界作为信仰的对象，应付的是间接的超自然的势力或神祇。⑤马林诺夫斯基则从功能上区分巫术与宗教，他说巫术是一种单纯的信仰，人们利用有限的技术，就可以达到实际的目的；而宗教是一套复杂的信仰，宗教的统一并不在它的活动形式或活动内容上，而在于宗

①（法）马塞尔·莫斯、昂利·于贝尔：《巫术的一般理论——献祭的性质与功能》，杨渝东、梁永佳等译，桂林：广西师范大学出版社，2007年版，第26页。

②在史宗主编的《20世纪西方宗教人类学文选》中，此书翻译为《阿赞德人的妖术、神谕和巫术》，这三个词的英文分别为：witchcraft, oracles, magic。

③（英）E.E.埃文斯·普里查德：《原始宗教理论》，孙尚杨译，北京：商务印书馆，2001年版，第25页。

④神谕：对于通过实验和逻辑推理不可能被发现或者人们确信不可能被发现的事物，通过特殊的方式和技术，如给鸡服用一种毒药或摩擦木板等，在提问之后，观察征兆，根据征兆判断事实的方式。参看《阿赞德人的巫术、神谕和魔法》，覃俐俐译，北京：商务印书馆，2006年版，第26页。

⑤（英）詹·乔·弗雷泽：《金枝》，北京：大众文艺出版社，1998年版，第75—76页。

教活动中获得自我满足的功能上。[①]

米沙·季捷夫归纳了前辈人类学家关于巫术和宗教相区分的四个方面：1.巫术可以驱使超自然界就范，宗教却从不对实际的结果作出担保；2.按照杜尔凯姆（Emile Durkheim，1858—1917，也译作涂尔干）及其弟子们的观点，巫术没有教堂，也不像宗教仪式那样需要在聚到一起的信徒们面前公开举行；3.巫术言语有向咒语或套语转化的趋势，有些话几乎根本没有什么含义，而宗教言辞通常有意义并按社会语言习惯表达；4.巫师与社会上公认的神父是不同的。在此基础上，他提出了用“岁时礼仪”和“危机礼仪”来区分巫术和宗教的观点，周期性地定期举行的、社区性的、有机会做准备的称为“岁时礼仪”，在紧急情况下危机即将来临时，绝大多数是由于个人危机才举行的称为“危机礼仪”。岁时礼仪的特质大体上与种种宗教概念相对应，危机礼仪的特质相当接近于传统的巫术概念。而且，岁时礼仪一般在一个社会失去控制或丧失认同感时，就会消亡，而危机礼仪则在整个社会瓦解之后仍然能继续存在许多时间。[②]

当代一些人类学家发现，巫术和宗教的划分模棱两可非常、不确切，两者在许多方面是混合的，因此，他们否定这种传统的两分法，宁愿将这两种活动看作是一码事。许烺光指出：“巫术和宗教不应该被看作两种互不相容的实体，而必须整体地将它们看作巫术——宗教体或巫术——宗教现象。这种观点得到越来越多的人类学家的赞同。”[③]马雷特（R.R.Marett）在其《宗教的肇端》（1914年）中得出这样一个结论：在最早的、前万物有灵阶段，宗教是不能与巫术分开的，在后来一个阶段，巫术遭到组织化的宗教的谴责，并获得了一种指责性的含义，宗教才能够与巫术区分开来。他认为，在谈论宗教时，使用“巫术—宗教”这种说法要好一些。他的这个观点被许多人类学家接受，其中包括里弗斯（W.H.Rivers）和塞利格曼（C.G.Seligman）。[④]弗恩（Raymond Firth）在《人文类型》中也认为如果只是用一种标准，巫术和宗教

①（英）雷蒙德·弗恩：《人文类型》，费孝通译，北京：华夏出版社，2002年版，第132页。

②（俄）米沙·季捷夫：《研究巫术和宗教的一种新方法》，李培荣等译，载史宗主编，《20世纪西方宗教人类学文选》，北京：三联书店，1995年版，第725—728页。

③（俄）米沙·季捷夫：《研究巫术和宗教的一种新方法》，李培荣等译，载史宗主编，《20世纪西方宗教人类学文选》，北京：三联书店，1995年版，第726页。

④（英）E.E.埃文斯·普里查德：《原始宗教理论》，孙尚扬译，北京：商务印书馆，2001年版，第39—40页。

是容易区分的，但是若使用多种标准的话就不容易区分了，它们之间有各种各样的联系，至多只能在大体上说，某一项行动在某种情况下它主要是巫术的还是宗教的。在极端的二者之间还有一种中间类型："可以把它的性质称为巫术—宗教，或是宗教—巫术。事实上，这种中间类型是常见的。"①

哈维兰（W.A.Haviland）在《文化人类学》中给巫术作出了这样的定义："通过求助于某些明确规定的方式，能迫使超自然力量以某种方式为善的或恶的目的起作用。这是经典人类学的巫术概念。"②

二、关于中国先秦之前的巫术研究

20世纪上半叶，随着西学东渐的潮流，西方人类学的研究也被引入到中国，1928年由开明书店出版的江绍原的《发须爪》就是在弗雷泽的《金枝》的影响下最早写成的巫术研究方面的专著。20世纪30年代，李安宅翻译了马林诺夫斯基的《巫术科学宗教与神话》，并在他编著的《巫术与语言》中介绍了弗雷泽的巫术理论。至今，我国研究巫术、禁忌与占卜的专著已有十多部，论文上千篇（包括民间巫术风俗研究），与本篇的研究相关的关于中国先秦之前的巫术研究，专著方面较有影响的有丁山写于20世纪50年代的《中国古代宗教与神话考》③，其中的"祭祀分论"一章涉及到了许多古代的巫术成分。蔡家麒的《论原始宗教》④谈到了商代的占卜巫术与巫，并将中国古代的巫教和萨满教进行了对比。梁钊韬的《中国古代巫术——宗教的起源和发展》⑤比较深入地研究了中国早期的宗教及其表现形式，如马纳观的中国巫术基础观念与"气"，生机观的中国巫术要素——阴阳观、干支观、五行观，中国古代的占卜与祭祀用牲等问

①（英）雷蒙德·弗思：《人文类型》，费孝通译，北京：华夏出版社，2002年版，第132—135页。

②（美）威廉·A. 哈维兰：《文化人类学》，瞿铁鹏、张钰译，上海：上海社会科学院出版社，2006年版，第407页。

③丁山：《中国古代宗教与神话考》，上海：龙门联合书局，1961年版，1988年3月由上海文艺出版社影印出版。

④蔡家麒：《论原始宗教》，昆明：云南民族出版社，1988年版。

⑤梁钊韬：《中国古代巫术——宗教的起源和发展》，广州：中山大学出版社，1989年版。1999年2月中山大学出版社以"梁钊韬文集"系列之一再次出版。

题，凸显了中国巫术的本土特色。宋兆麟的《巫与巫术》[①]梳理了巫术的起源、发展、信仰以及巫术在不同方面的表现，如预言占卜、祭祀、巫医、神判等。另外还有张紫晨的《中国巫术》[②]、胡新生的《中国古代巫术》[③]、高国藩的《中国巫术史》[④]、詹鄞鑫的《心智的误区——巫术与中国巫术文化》[⑤]、陈来生的《中国禁忌》[⑥]等，都结合历史上的巫术事件实例及风俗对中国的巫术进行研究。李零的专著《中国方术续考》中，《先秦两汉史料中的"巫"》（上、下）列举了许多关于"巫"的史料。[⑦]除了这些专著，还有许多论文，在上古巫术研究方面具有重要的参考价值。主要有李安宅的《巫术问题的分析》（载《社会问题》1930年第1卷第1期）、瞿兑之的《释巫》（载《燕京学报》1930年第7期）、黄华节的《桃符考》（载《东方杂志》1934年第31卷第4期）、陈梦家的《商代的神话与巫术》（载《燕京学报》1936年第20期）、於菟的《言语的禁忌》（载《歌谣周刊》1937年第34期）、郑振铎的《释讳篇》（载《公论丛书》1938年）、林巳奈夫的《中国古代的神巫》（载《东方学报》1967年第38期）、张光直的《商代的巫与巫术》[⑦]、晁福林的《商代的巫与巫术》（载《学术月刊》1996年第10期）、（荷兰）德格鲁特的《论古代中国之巫术信仰》（庞政梁译，载《淮北煤炭师院学报》哲社版1997年第2期）、陆中发的《中国古代尸祭的文字学考证》（载《寻根》2001年第1期）、郑传斌的《论礼对巫术的改造》（载《孔子研究》2006年第5期）等，都是这方面不可多得的论文。从这些研究成果来看，与国外注重从心理、社会、结构、功能等方面对巫术进行研究相比，中国的巫术研究较为注重结合史料和地方风俗研究巫术的影响以及巫术与政治、文化的关系。

①宋兆麟：《巫与巫术》，成都：四川民族出版社，1989年版。

②张紫晨：《中国巫术》，北京：三联书店，1990年版。

③胡新生：《中国古代巫术》，济南：山东人民出版社，1998年版。

④高国藩：《中国巫术史》，北京：三联书店，1999年版。

⑤詹鄞鑫：《心智的误区——巫术与中国巫术文化》，上海：上海教育出版社，2001年版。

⑥陈来生：《中国禁忌》，香港：中华书局香港分局，1991年版。

⑦李零：《中国方术续考》，北京：中华书局，2006年版。

⑧张光直：《中国青铜时代》，上海：上海三联书店，1999年版，第252—280页。

第二节
《仪礼》中的巫术分析

有学者认为礼起源于原始巫术礼仪，虽然这个说法只是众多关于礼的起源说当中的一种，但是，巫术一般要结合仪式来完成，而礼仪又是从远古的仪式中脱胎而成的，两者之间具有非常密切的关系是可以肯定的。“我们一读中国的古籍，无论是经、子、史，无一不有关于巫术的色彩。”[①]《仪礼》当中就存在着很多巫术的成分，虽然经过了礼教和政治的规训、改造，但是巫术的思维和痕迹还是以一种潜在的方式存在着。下面，根据《仪礼》当中巫术的性质和特点择其典型而论之。

一、形象巫术

在巫术当中，有一种很常见的利用被模仿的人或物的画像、偶像、替身等来代替原来的本体，通过对其替代性的形象施加巫术行为，从而达到影响其本身的目的，叫做形象模拟巫术。列维—布留尔（Lucien Levy-Bruhl，1857—1939）在《原始思维》中引用格鲁特（Groot）的话：“在中国人那里，像与存在物的联想不论在物质上或精神上都真正变成了同一。特别是逼真的画像或者雕塑像乃是有生命的实体的alter ego（另一个我），乃是原型的灵魂之所寓，不但如此，它还是原型自身……这个如此生动的联想实际上就是中国的偶像崇拜和灵物崇拜的基础。”[②]形象巫术常常用于黑巫术，比如，要想加害一个人，就用木头刻一个他的偶像或者做一个草人来代替他，然后对他的偶像采取巫术手段（下咒语、扎针等），达到

①王治心：《中国宗教思想史大纲》，北京：三联书店，1988年2月据1933年中华书局版影印，第20页。

②（法）列维-布留尔：《原始思维》，北京：商务印书馆，1981年版，第37—38页。

使其得病，遭到厄运或置其于死地的目的。在史书上，屡屡记载有这样的事。中国从商代开始就有使用模拟巫术的明确记载。“在商代以后的三千多年内，通过刺射或埋葬偶像攻击仇敌一直是贵族和百姓惯用的巫术手法。由这种巫术引发的宫廷事变史不绝于书，其中仅汉武帝后期就有数万人因使用偶像祝诅术而被处以死刑。”[①]《仪礼》当中的立尸祭祀就存在着许多形象模拟巫术的成分，还有射礼中张侯（以动物头像为靶子）比赛，它们都属于白巫术[②]。这里需要说明的是，如果按照弗雷泽等早期人类学家的看法，巫术是相信主体自己的力量足以干预和控制自然力，宗教则是诉诸神的力量，那么，尸作为祖先神灵的偶像，应该是宗教信仰的范畴。但是，如前文所述，许多当代的人类学家都认为巫术和宗教常常是混合在一起难以区分的。弗恩在将巫术和宗教进行对比时认为“基本上是巫术的内容而在宗教中也常见到”，“基本上是宗教的内容而在巫术中也常见到”。[③]尽管立尸祭祀从总体上说是祖先崇拜的一种表现方式，属于古代中国人的宗教信仰，但是其中也包含了许多巫术的因素。

在记载中国古代仪式的典籍《仪礼》中，《聘礼》、《士丧礼》、《既夕礼》、《士虞礼》、《特牲馈食礼》、《少牢馈食礼》及其下篇《有司》几篇中都出现了“尸”，其中只有《士丧礼》及其下篇《既夕礼》当中出现的“尸”是我们今天所理解的“尸体”之“尸”，在这个意义上，古代一般写作“屍”。其他篇目当中的“尸”，是指先公、先王或已经安葬入土的死者的活人替身，代替死者受祭。《仪礼·士虞礼》有云：“祝迎尸，一人衰绖奉篚，哭从尸。尸入门，丈夫踊，妇人踊。”郑玄注曰：“尸，主也。孝子之祭，不见亲之形象，心无所系，立尸而主意焉。”虞礼，古代一种祭祀名。既葬而祭叫虞，有安神之意。《礼记·檀弓下》：“有司以几筵舍奠于墓左，反，日中而虞。”《士虞礼》中，虞祭及其之后的卒哭礼、卒哭第二日将死者灵魂转移到祖庙的祔祭礼、人死一周年的小祥祭、人死两周年的大祥祭、与大祥间隔一月之丧服期满的禫祭都要由尸来代替死者接受祭祀。尸受祭时，

①胡新生：《中国古代巫术》，济南：山东人民出版社，1998年版，第26页。

②根据巫术实施目的的善恶进行划分，善意的、造福于人的或医治病害的，叫做白巫术或吉巫术，如祈愿、招魂、催生、厌胜等巫术；另一种恶意的、加害于人的或造成恶果的，叫做黑巫术或恶巫术，如诅咒、放蛊、妖术等。如果站在动物的角度来看，射礼中的形象巫术也可算作黑巫术。

③（英）雷蒙德·弗思：《人文类型》，费孝通译，北京：华夏出版社，2002年版，第133页。

有一定的规矩："尸服卒者之上服。男，男尸。女，女尸，必使异姓，不使贱者。"（《士虞礼》）在其他的按四时节令为先人举行的常祭中，如《特牲馈食礼》、《少牢馈食礼》所述，则只需男尸，不另立女尸。《公羊传·宣公八年》曰："祭之明日也。"何休注："祭必有尸者，节神也。礼，天子以卿为尸，诸侯以大夫为尸，卿大夫以下以孙为尸。夏立尸，殷坐尸，周旅酬六尸。"以尸代替先人接受祭祀源自何时目前尚无从考证，夏商周人在祖庙祭祀先人时用尸的做法可见之于许多典籍，战国以后，这种用尸祭祀制度才不实行而代之以其他的方式。唐代李华在《卜论》中曰："夫祭有尸，自虞、夏、商、周不变。战国荡古法，祭无尸。"

立尸祭祀的巫术因素表现在：首先，从思维上看，立尸祭祀运用了典型的形象交感巫术。"尸"被当作先人灵魂的形象化身，《礼记·郊特牲》曰："尸，神象也。"郑玄注："此尸神象，当从主训之。"古人认为，人由魂和魄组成，人死后，"魂气归于天，形魄归于地"（《郊特牲》），灵魂并没有随着肉体的死亡而消失，相反还能够保佑后代的福祉平安。所以人们把死去的先人等同于神灵，而尸则是祖先神灵凭附的对象，在祭祀中，尸暂时性地扮演了先人的角色，生人则把对亡灵的希望和感情倾注在尸的身上。《白虎通义》云："祭所以有尸者何？鬼神听之无声，视之无形，降自阼阶，仰视榱桷，俯视几筵，其器存，其人亡，虚无寂寞，思慕哀伤，无可写泄，故座尸而食之。损毁其馔，欣然若亲之饱，尸醉若神之醉矣。"孔颖达在疏《礼记·曲礼上》时说："丧人之魂魄既散，孝子求神而祭，无主则不依，无尸则不飨。"《礼记·中庸》："敬其所尊，爱其所亲，事死如事生，事亡如事存，孝之至也。"在选择尸的人选时，通过一系列的控制手段来保证所选的尸就是死去先人的化身。比如，一般情况下，通过卜筮选择与死者昭穆相同的嫡孙。《礼记·曲礼上》："礼曰：'君子抱孙不抱子。'此言孙可以为王父尸，子不可以为父尸。"胡培翚在《仪礼正义·特牲馈食礼》中引官献瑶："宗庙之尸，必以同姓，取其精气和也；必以孙之伦，昭穆同也；必以嫡不以贱（庶）者，依吾亲也。"他们还根据自己的想法设想神灵也和自己的想法一致，"魂气必求其类而依之"（《礼记·曲礼上》孔疏曰），"神不歆非类，民不祀非族”（《左传·僖公十年》）。如上文所引，女尸要用异姓。尸按程序先祭奠祖先，然后吃各种肉、羹、九饭，主人、主妇、宾长依次向尸献三次酒，这样，就如同受祭祀的先人吃过了供奉的祭品、喝足了酒一样，一定会满意，并且能为子孙带来福气和好运。尸离开以后，主人和家族中人按照尊卑齿序分享尸之“馂”（尸吃剩下的食物），就如同分享到了祖先神灵的恩赐一样。显然，在尸祭的过程中，同类相生的类比思维起了主要的作用，相当于弗雷泽所说的巫术中的“相似律”。除此之外，在尸祭中也有“触染律”在起作用。《士虞礼》中有“尸服卒者之上服”，尸穿的是死者最好的、最上等的服装，穿上他的衣服，就具有了他的灵，尸也就和死者更加接近或大致等同了。飨尸也就是祭飨先人，这是士大夫阶层的情况。对于王和诸侯国君，则设有专门负责保管收藏修整尸祭服装的官员。《周礼·春官·宗伯》：“守祧掌守先王、先公之庙祧，其遗衣服藏焉。若将祭祀，则各以其服授尸，其庙，则有司修除之；其祧，则守祧黝垩之。既祭，则藏其隋与其服。”穿上先王、先公的服装，尸自然也像他们一样具有了神圣性。

其次，从巫术的要素方面看，尸祭也具有巫术的一般要素。英国人类学家马林诺夫斯基和法国人类学家马塞尔·莫斯都认为巫术由三项要素组成，其中两项是一致的，即仪式行为和施术者（巫师）。马林诺夫斯基认为还要有字眼（咒语），而莫斯则认为另一要素是巫术的表征——与巫术行为、效应相对应的观念和信仰，也就是我们在上文中分析的相似感应和触染感应的巫术观念。尸祭当中，存在着这些要素。主持仪式的“祝”，是典型的巫祝人员，从《说文》的解释中也可以看出来：“祝，祭主赞词者，从示，从人口。一曰从兑省。《易》曰：兑为口、为巫。”段玉裁注曰：“此以三字会意，谓以人口交神也。”《礼记·曾子问》：“祫祭于祖，则祝迎四庙之主。”郑玄注：“祝，接神者也。”结合《仪礼》中的《士虞礼》、《特牲馈食礼》、《少牢馈食礼》可看出，祝的主要职责是引领尸入庙进堂、盥手就座，在祭祀当中主持礼仪的进行，宣布尸、主人、宾、佐食佐祭人员在祭祀过程当中分别按程序该做什么，宣布“利成”，表明祭祀结束，送尸等。祝在仪式当中要说一些替祭主向尸表达飨尸、孝敬的话，还要表达尸祭中尸奠、尸飨等行为的意义，转达尸为主人邀福的祝诵嘏词，如

《士虞礼》："祝命佐食堕祭。佐食取黍稷肺祭，授尸，尸祭之。祭奠，祝祝，主人拜如初。"《礼记·礼运》："祝以孝告，嘏以慈告。"这些相当于巫术中希望产生效验的祝词和咒语。按照马林诺夫斯基的理论，还有一个巫术要素就是仪式行为，以上我们谈到的餕尸、饮尸以及尸餕、尸饮、食尸馂等活动都是仪式行为。值得注意的是，还有一项非常具有巫术价值的行为需要特别指出，那就是"尸奠"，还以《士虞礼》为例："佐食取黍稷肺祭，授尸，尸祭之。祭奠，祝祝，主人拜如初。尸尝醴，奠之。"奠酒，是指洒酒于地以祭神，那么，由尸洒酒于地，就是一种降神的举动。《周礼·春官·宗伯》有"以肆献祼享先王"，郑玄注："祼之言灌，灌以郁鬯，谓始献尸求神时也。"贾公彦疏："凡宗庙之祭，迎尸入户，坐于主北。先灌，谓王以圭瓒酌郁鬯以献尸，尸得之，沥地祭讫，啐之，奠之，不饮。尸为神象，灌地所以求神，故云始献尸求神时也。"郁鬯，是古代宗庙祭祀用的香酒，以郁金香合黑黍酿成，祭祀刚开始的时候献给尸，并且是王用圭柄玉制的酒勺酌起献给尸的，玉本来就是用于通神的礼器，尤可见通神的目的。尸灌郁鬯于地，就是邀请神灵凭附的举动。除了基本要素之外，还有一些辅助的手段，如王室大型的祭祀活动，往往伴有音乐甚至歌舞，这些也是巫术仪式当中娱神的重要手段。《礼记·礼运》曰："玄酒在室，醴盏在户，粢醍在堂，澄酒在下。陈其牺牲，备其鼎俎，列其琴瑟管磬钟鼓，修其祝嘏，以降上神与其先祖。"《礼记·明堂位》云："季夏六月，以禘礼祀周公于大庙，灌用玉瓒，大圭，荐用玉豆，雕篹，爵用玉琖，仍雕，加以璧散璧角，俎用梡嶡。升歌清庙，下管象，朱干玉戚，冕而舞大武，皮弁素积，裼而舞大夏。昧，东夷之乐也。任，南蛮之乐也。纳夷蛮之乐于大庙，言广鲁于天下也。"礼器大部分用的是玉器，伴以音乐、歌舞，降神的气势气氛不可谓不浩大浓烈。《礼记·郊特牲》孔疏："天祭宗庙，舞《大武》，则王亲在舞位，执朱干、玉斧，以象武王。"王亲自就舞位起舞，目的就是娱悦皇尸。可以说，尸祭完全具备了巫术的要素和形式。

还有一种放在祖庙中的象征祖先灵位的神主，它的形制大约经历了由石质到木质、由形象到抽象最后再到上面刻写死者姓名谥号的木牌位。关于神主的起源与发展，在此不作讨论，可参看陈梦家的《祖庙与神主之起源》和凌纯声的《中国古代神主与阴阳性器崇拜》。[①]神主是一直摆放在庙里用来象征祖先灵魂存在的物体，尸是由活人担任的祖先替身，它能满足孝子“心有所系，神有所依”的心理，尸接受了祭祀就等于祖先接受了祭祀。虽然神主不能直接和供奉它的人交流，但它与尸的共同之处在于它们都是神灵凭附的对象，人们对神主的祈愿和供奉也就是对于祖先的期望和供奉，所以它也和尸一样具有巫术的神灵凭附功能。

“神灵凭附”也是巫师作法时的一种重要方式，宋代俞琰《书斋夜话》谈道：

> 今之巫者言神附其体，盖犹古之尸。故南方俚俗称巫为太保，又呼为师人。

明代徐复祚《花当阁丛谈》卷七“平湖金”条有言：

> 三吴风俗最尚祷神，人有病不走医而走巫觋。巫觋之名不一，若道婆、若尼姑、若尸娘、看香娘、看水碗娘、卦婆、卜婆等，皆觋之别名也。[②]

其中，有将巫觋称为“尸娘”的，直到今天，在广西、贵州民间的一些地方，还称呼巫术、傩仪活动中的男性主角儿为“师公”。“师人”、“师公”与明代的“尸娘”联系起来，会不会是“尸人”、“尸公”的音转？《汉语大词典》中，“师”有许多意项，其中有一条为“称专司一事的神道或官员”，并列举了《楚辞·离骚》和《周礼·春官·大宗伯》中的例子“雷师”、“风师”、“雨师”，这些人在当时是被视为能够沟通神灵并具有某些方面特殊技艺的人。另外还有“乐师”、“医”等，前者是精通音乐的人，音乐在远古时代也是用来通神娱神的，后者在古代写为“醫”或“毉”，《说文》：“醫，治病工也，从殹从酉。醫之性然，得酒而使，故从酉。古者巫彭初作醫。”醫

①分别载于《文学年报》1937年第3期，《中央研究院民族学研究所集刊》1959年第8期。

②转引自黄强《“尸”的遗风——民间祭祀仪礼中神灵凭依体的诸形态及其特征》（上），载《民族艺术》，1996年第1期。

在治病时喝酒是为了帮助进入一种通神的状态，巫彭是古代著名的巫师，醫的另一个写法“毉”下面就是一个“巫”字，说明了医和巫的渊源关系。李约瑟认为，Shamans（萨满，李约瑟以为应是古书中的“羡门”）的别称叫做“巫”，Shaman的驱邪术和早期医药之间的关系密切，所以最早的医字作“毉”。①远古时代的巫，是当时的知识分子，在人们心目中的地位很高，几近于神明，所以被尊称为“师”，他们可以将自己拥有的某些方面的专业知识与技能授之于人，因此又引申出“老师”、“先生”的意义；周代以前，王室重要的官员甚至王本人就是巫师，如巫咸、巫彭、商汤、伊尹等，所以师又有“长”和“首领”的意思。上文谈到“天子以卿为尸，诸侯以大夫为尸，卿大夫以下以孙为尸”，除了私人的“尸”由孙担任之外，尚有公“尸”。如《毛传》孔疏引《白虎通义》云：“王者祭宗庙，以卿为尸。”“与私人的‘尸’必取于同姓嫡孙不同，公‘尸’要用卿或异姓的人，或有以巫师充当的可能。因为古代有许多客卿都是知礼明祭之人，换句话说，就是操纵这种行业的专门人才——巫师。”②看来，“巫师”与古之“尸”确实有很密切

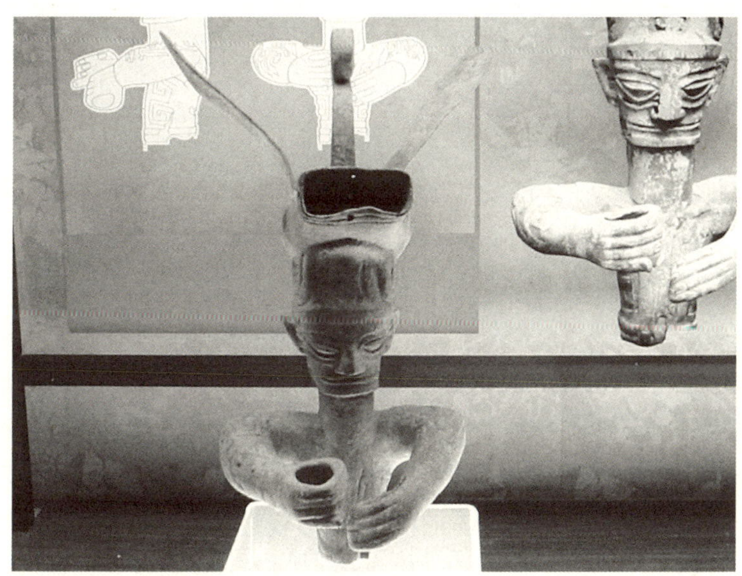

●三星堆出土巫师铜像（广汉三星堆博物馆）

①李约瑟：《中国古代科学思想史》，陈立夫等译，南昌：江西人民出版社，1999年版，第154—155页。

②梁钊韬：《中国古代巫术——宗教的起源和发展》，广州：中山大学出版社，1989年版，第212页。

的关系，神灵附体是其共同特征，此外，两者在神灵凭依的音乐气氛、冠饰、服装道具等方面都有特别的讲究，难怪俞琰说“巫者言神附其体，盖犹古之尸”。王国维在《宋元戏曲史》中考证了巫尸同体的问题：“《楚辞》之灵，殆以巫而兼尸之用者也。其词谓巫曰灵，谓神亦曰灵，盖群巫之中，必有象神之衣服形貌动作者，而视为神之所冯依：故谓之曰灵，或谓之灵保。”[①]钱钟书在《管锥编》中也考证了巫与尸的关系：“先祖是皇，神保是飨。”“神保”者，降神之巫也。《楚辞·九歌·东君》：“思灵保兮贤姱。”洪兴祖注：“说者曰‘灵保、神巫也’。”俞琰《书斋夜话》卷一申其说曰：“今之巫者，言神附其体，盖犹古之尸；故南方俚俗称巫为‘太保’，又呼为‘师人’，‘师’字亦即‘尸’字。”“神保”正是“灵保”。钱先生得出巫之“‘神保’、‘神’、‘尸’一指而三名，一身而二任”（又做巫师又做神鬼）的结论。[②]

到底立尸祭祀是受到巫师神灵附体的启发才改立像祭祀为立尸祭祀，还是巫师承继了立尸祭祀依尸降神的特点才拥有了神灵凭附的本领，这是一个鸡生蛋还是蛋生鸡的问题，今天已经无法考证。但是，立尸祭祀具有完整的巫术思维和巫术观念，具有巫术应有的要素和辅助手段，甚至还直接影响了其后在民间依然流传的巫术活动，尽管附加在其上的孝道伦理、等级礼教的观念非常明显，但是这些还是掩饰不住它所具有的巫术内容。

《仪礼》中还有一种典型的想象模拟巫术，就是《乡射礼》和《大射礼》中将动物的形象画在侯（靶子）上进行射箭比赛。“凡侯：天子熊侯，白质；诸侯麋侯，赤质；大夫布侯，画以虎豹；士布侯，画以鹿豕。凡画者，丹质。”（《乡射礼》）不同级别的人，用的侯不同，在所用之侯的正中画的动物头像及其底色也各不相同，天子之侯画的是熊头，诸侯之侯画麋鹿头像，大夫之侯画虎或豹，士侯则为鹿或猪。不同的动物标示着射箭者不同的身份级别，但是，都是以动物图像作为射箭的目标，其中蕴涵着相同的巫术原理，可以说是远古的狩猎巫术活动在文明时代的礼仪中的反映。根据弗雷泽的交感理论，物体之间可以有一种神秘的感应关系，大自然当中难以对付的猎物猛兽与其画像之间也会

①王国维：《宋元戏曲史》，上海：东方出版社，1996年根据商务印书馆1934年版编校再版，第2页。
②钱钟书：《管锥编》第一册，北京：中华书局，1986年版，第156页。

保持着一种远距离的相互作用的关系。狩猎时代的远古先民，在狩猎活动中肯定会遇到无获而归的情况，他们常常要面对食物匮乏的威胁，为了提高捕获猎物的胜算，他们要在狩猎之前举行一些巫术活动：或者对动物的遗骨、画像进行祭祀祈祷，希望动物精灵能够出现并保佑他们顺利猎取到猎物；或者将活动的动物变成静止的画像（或雕像），对画像进行象征性的射猎，射中了动物的画像，就象征着在真实的狩猎活动当中也能射中目标。这些巫术活动运用的思维是交感律当中的形象模拟思维，其错误在于把想象当中的实物与画像的联系当成真实的联系，他们企图通过对画像物的巫术控制达到对真实动物的控制，这在今天看起来是幼稚的想法。但是，不可否认，这些巫术活动的举行确实为先民提供了强大的心理支持，更重要的是，在象征性的模拟射猎的过程中，狩猎的技巧和知识得到了锻炼和提高，客观上提高了实际的捕猎成功率，给人一种巫术效验实现的错觉，反过来又会增强对巫术的信力。这样，巫术活动渐渐地制度化、仪式化，演化为定期的射箭比赛是完全有可能的。

跨文化的材料也能给我们提供有力的证明。1879年在西班牙的比利牛斯山脉中发现了一个很深的石洞，名叫阿尔塔米拉洞窟。在这个山洞的石壁和洞顶上，原始社会的艺术家手绘了许多野猪、野牛、鹿和当时人们时常猎获的其他动物。继阿尔塔米拉洞穴之后，法国又发现了一个蒙特斯庞山洞，并发掘出三件描绘穴狮雕塑品的遗迹。其中一头狮子的颈部和胸部都明显受过投枪和矛的损伤，这是原始人向这件雕塑投掷武器留下的痕迹。另外两件雕塑已被频繁的击刺毁损殆尽。这类宝藏中，最著名的要数1940年发现并轰动一时的拉斯科洞窟了。这个洞窟以其被发现的原始人绘画之多且丰富而名闻遐迩。在山洞的各个洞窟中，以及窟与窟之间的通道里，都绘满了各种各样的不同姿势的动物：牝鹿、熊、野猪等。所有的绘画全是彩绘，在动物的身上，或在它们的旁边，画家加了好些刻纹，以象征空中飞翔的标枪和动物的创伤。许多绘画还有真正的矛和飞标落在其上面留下的痕迹。在19—20世纪的民俗学调查材料中发现，澳大利亚土人在狩猎前要举行一种专门的仪式：在沙地上画一些袋鼠的形象，然后一面跳宗教舞蹈，一面用长矛击刺这些画好的动物。土人们这样做的时候，心里总是怀着一种祝愿：现在刺中了画中的动物，狩猎时就会击中真正的动物。[①]民俗学调查的近代狩猎巫术和古代岩洞中发现的巫术性的绘画是一脉相承的，都是出于对对象的模仿，击中画像就等于击中动物或敌人，画像和实际的目标之间是有类似关系的。相比而言，中国古代射箭礼仪中射中目标的目的已经远离了原初的捕猎巫术目的，在礼乐文明社会中，通过射礼学习礼仪规范、演习射箭技能、选拔兼通礼仪与射术优秀人才的道德礼教的政治目的远远大于巫术目的，射箭象征着中规中矩，巫术色彩变得暗淡模糊、难以辨识。

二、驱邪巫术

驱邪巫术是利用辟邪（镇邪）之物、护身符、防灾咒符等，并使用各种措施如扫除、放爆竹、涂血、吐唾沫、通过植物散发气味等来达到驱除邪恶病害的目的，这类巫术又叫辟邪巫术。中国古代仪式中，残存有许多这样的巫术。比如，《士丧礼》中就有君临臣丧时以兵器和桃木辟邪的仪节："君至，主人出迎于外门外……巫止于庙门外，祝代之。小臣二人执戈先，二人后。君释采，入门，主人辟。"君赐恩于士，亲临士的大殓之礼，随君而来的有巫祝人员和臣，巫守在庙门之外，由祝先行为君开道，小臣二人执戈在君前，二人执戈在君后，君行释菜礼以祭门神，然后入庙门，身穿丧服的主人以示回避不敢近君。《礼记·檀弓下》解释为："君临臣丧，以巫、祝桃、茢执戈，恶之也，所以异于生也。"郑玄曰："桃，鬼所恶。茢，萑苕，可扫不祥。"因为厌恶死人的凶邪之气，所以，要可与鬼神打交道的巫祝手持辟邪之物桃枝、笤帚和兵器，驱除邪气灾祸，对待死者臣下和生者的礼节是不一样的。《左传·襄公二十九年》记载了一件关于桃枝、笤帚驱邪的有趣的事情："二十九年春，王正月，公在楚，释不朝正于庙也。楚人使公亲襚，公患之。穆叔曰：'祓殡而襚，则布币也。'乃使巫以桃茢先祓殡。楚人弗禁，既而悔之。"说的是鲁襄公在楚国，适逢楚康王去世，楚人要求鲁襄公向死者行赠送衣衾之礼，襄公担心不祥，公孙穆叔建议先用桃茢去除殡葬的不祥，然后再赠送布帛衣衾，鲁襄公这样做楚人并

① （俄）A.Ю.格里弋连科：《形形色色的巫术》，吴兴勇译，上海：上海人民出版社，1992年版，第2—3页。

没有制止，之后，等楚人明白了这是君对臣的礼节，非常后悔。非但丧礼要用到桃枝笤帚驱邪，在军事和外交会盟中，也要用桃茢避邪："戎右掌戎车之兵革使，诏赞王鼓，传王命于陈中。会同，充革车。盟，则以玉敦辟盟，遂役之。赞牛耳桃茢。"（《周礼·夏官·司马》）

扫帚之功能在于扫除灰尘污垢，用它来扫除邪恶灾害等不良因素是基于一种类比推理，灰尘污垢象征着不好的事物，所以一切与它性质相同的灾祸也能被扫帚扫掉。这是一种典型的相似律的巫术思维。问题是，桃枝怎样和巫术当中的驱邪挂上了钩？这里面缺失的环节需要从神话传说当中去寻找。汉王充《论衡·订鬼》引《山海经》："沧海之中，有度朔之山，上有大桃木，其屈蟠三千里，其枝间东北曰鬼门，万鬼所出入也。上有二神人，一曰神荼，一曰郁垒，主阅领万鬼。恶害之鬼，执以苇索而以食虎。于是黄帝乃作礼，以时趋之，立大桃人，门户画神荼、郁垒与虎，悬苇索以御凶魅。"（今本《山海经》无此文）后来，神荼、郁垒变为门神，南宋曾慥造《类说》卷六引《荆楚岁时记》（今本无）云："岁旦绘二神，贴户左右，左神荼，右郁垒，俗谓之门神。"[①]桃木位于万鬼出入之门，又与捉拿管辖鬼的二神联系在一起，所以鬼害怕桃木，此其一。其二，桃木为除害之神——羿的致死之物，鬼自然畏之。《孟子·离娄下》曰："逢蒙学射于羿。尽羿之道，思天下惟羿为愈己，于是杀羿。"《淮南子·诠言训》云："羿死于桃棓。"许慎注曰："棓，大杖，以桃木为之，以击杀羿，由是以来，鬼畏桃也。"《淮南子·氾论训》云："羿除天下之害，而死为宗布。"《太平御览》引《典木》："桃者，五木之精也，故压伏邪气者也。桃之精生在鬼门，制百鬼，故今作桃人梗著门以压邪，此仙木也。"桃木有此神功，同具有符咒、巫术功能的文字、画像结合起来，挂在门上避邪祛鬼则变成桃符。《后汉书·礼仪志》："仲夏之月，万物方盛，日夏至，阴气萌作，恐物不楙。……以桃印长六寸，方三寸，五色书文如法，以施门户。"《淮南子·诠言训》许慎注："鬼畏桃，今人以桃梗径寸许，长七八寸，中分之，书祈福禳灾之辞。"宗懔《荆楚岁时记》："正月一日……贴画鸡户上，

①袁珂编著：《中国神话传说词典》，上海：上海辞书出版社，1985年版，第302页。

悬苇索于其上，插桃符其傍，百鬼畏之。”后来，在桃板上写春词演变为春联的前身。

桃木生鬼门、桃木致羿死的神话传说以及由神话传说引出的历史上使用桃印桃符的记载都只是桃木能够避邪的相关的传说和间接、外在的原因，以往论者就此止步，没有往下深究桃木避邪的直接的内在的原因究竟是什么[①]。我们还要从桃印的别称“桃卯”说起。桃印是用桃木刻成的辟邪之物。上引《后汉书·礼仪志》王先谦集解：“钱大昕曰：桃印，《宋书·礼志》作‘桃卯’。注称‘桃印’，本《汉志》，所以辅卯金，则印当为卯之讹。黄山曰：《事物纪原》载汉用朱索，连五色刚卯为门户饰，是桃卯即刚卯矣。而《舆服志》明以卯为印，则桃卯亦可谓桃印，非讹也。”以卯为印就是以桃为印，桃印也叫桃卯，而桃卯可以叫刚卯，这好像是在玩一连串的文字游戏，其实非也。我们知道，农历二月的别名又叫“桃月”。《汉语大词典》中“桃月”的解释就是农历二月；“卯”的一个议项为“夏正建寅，二月为卯”。《晋书·乐志上》：“二月之辰名为卯，卯者茂也，言阳气生而孳茂也。”因为阴历二月为卯，此月桃花盛开，所以又叫桃月。古人头脑中的时间概念不是抽象的，而是和最富有典型特征的事物联系在一起，这样时间就被转换成物象，具体说，就是时间上的“卯”等于最能代表那个时节的“桃（花）”，而二月又是一年之中阳气上升的时候，“卯”还可以指十二时辰之一，即早晨5时至7时的时辰，此时太阳升起，阳气压过阴气，阳为刚，也就是卯为刚，卯等于桃，所以桃印又叫刚印。桃既有阳刚之性，那么阴间阴气的代表鬼怪自然害怕具有阳刚之性的桃木。另外，阳刚气盛也是一个人生命力旺盛的标志，所以桃木尤其是其果实也就又引申出象征生命、长寿的意义，给人做寿要献寿桃。

与桃木相类似，还有另一种东西也因其具有阳刚之性和生机活力而成为通神驱邪的法宝，那就是血。人或动物流血过多就会死亡，这种现象直接造成了血在古人的眼里是生命之所在的看法。有血，生命就能够存活，就有精力，血代表着阳精之气。在远古人的眼里，血是人们崇尚的对象，形容一个人生命力旺盛有“血气方刚”的说法。从这一点来看，古代的血祭、衅礼的作用就不难理解了。人拥有血，生命力会旺

①参看金宝忱《浅析中国桃文化》，载《民俗研究》，1994年第2期；王焰安《桃文化略论》，载《中国文化研究》，1998年第3期；王卫东《桃文化新论——桃文化与上古巫文化》，载《云南民族学院学报》（哲学社会科学版），1999年第4期。

盛，同样地，由己推神，神拥有血自然也会更强大，神也会喜欢血的。再者，饮血本来就是远古时代人的生活习惯，荐血也体现了尊重先人生活习惯的“报本反始”的精神。《说文·血部》：“血，祭所荐牲血也。”段玉裁注：“古者茹毛饮血，用血报神。”血从皿，会意字，表示杀牲取血注入于皿。古代的“血祭”，是指杀牲取血以祭神。《周礼·春官·宗伯》：“以血祭祭社稷、五祀、五岳。”郑玄注：“阴祀自血起，贵气臭也。”贾公彦疏：“先荐血以歆神。”血凭着本身拥有的气旺的特性，自然能够通达于神，神可以通过闻其气味而享用。《礼记·郊特牲》：“血祭，盛气也。”陈澔集说：“血由气以滋……故血祭者，所以表其气之盛也。”

《郊特牲》曰：“郊血，大飨腥，三献爓，一献孰。至敬不飨味而贵气臭也。”根据郑玄的解释，郊，祭天也；大飨，袷祭先王也；三献，祭社稷；五祀一献，祭群小祀也。祭祀不同的对象，分别要用不同的祭品，祭天用血，祭先王用腥（生肉），祭社稷用炮阎（带汤的肉），小祀用熟肉。按照反本修古的原则，尊者先远，差降而下。而且，各代郊血献祭的特点各不相同：“有虞氏之祭也，尚用气，血腥炮阎祭，用气也。殷人尚声，臭味未成，涤荡其声。乐三阕，然后出迎牲。声音之号，所以诏告于天地之间也。周人尚臭，灌用鬯臭，郁合鬯，臭阴达于渊泉。灌以圭璋，用王气也。既灌然后迎牲，致阴气也。”（《郊特牲》）虞时注重生气（盛气）、殷人注重声音、周人注重通过气味来通神。古代还有一种血祭的方式，叫衅礼，“衅”也写作“釁”或“衈”，是指杀牲取血并将鲜血涂抹在物体上以祭祀神灵。新造好的重要的建筑和礼器、兵器，要实行衅礼。《周礼·春官·天府》：“上春衅宝镇及宝器。”郑玄注：“衅，谓杀牲以血血之。”古代杀牲以血涂随军的迁庙之主与社主，叫“衅主”。《周礼·夏官·司马》：“若大师，则掌其戒令，涖大卜，率执事，涖衅主及军器。”郑玄注：“主谓迁庙之主及社主在军者也……凡师既受甲，迎主于庙及社主祝奉以后，杀牲以血塗主及军器，皆神之。”古代战争时，杀人或杀牲以血涂鼓行祭，叫做“衅鼓”。《左传·僖公三十三年》：“孟明稽首曰：‘君之惠，不以累臣衅鼓，使归就戮于秦。’”杜预注："杀人以血涂鼓，谓之衅鼓。"《左传·定公四年》："君以军行，祓社衅鼓，祝奉以从。"杜预注："师出，先事祓祷于社，谓之宜社；于是杀牲以血涂鼓鼙为衅鼓。"王夫之《四书稗疏·孟子》："衅，祭名，血祭也。凡落成之祭曰衅。"重要的建筑物落成时都要举行衅礼。《礼记·杂记下》记载了古代的宗庙落成后的典礼过程：

> 成庙则衅之。其礼：祝，宗人，宰夫，雍人，皆爵弁纯衣。雍人拭羊，宗人视之，宰夫北面，于碑南，东上。雍人举羊，升屋自中，中屋南面，刲羊，血流于前，乃降。门，夹室，皆用鸡。先门而后夹室。其衈，皆于屋下。割鸡，门当门，夹室中室。有司皆乡室而立，门则有司当门北面。既事，宗人告事毕，乃皆退。反命于君曰："衅某庙事毕。"反命于寝，君南乡于门内朝服。既反命，乃退。路寝成则考之而不衅。衅屋者，交神明之道也。凡宗庙之器，其名者，成则衅之以豭豚。

让羊血从屋顶流到宗庙的正屋之前（中屋南面），门和夹室要用鸡血涂抹，宗庙之中重要的器物也要以豭豚之血涂之。豭豚是小公猪，羊和鸡也都是公羊和公鸡，"羊"读作"阳"，即阳性的代表象征，鸡也是阳性的代表[①]，甚至男性的阳物也可拿作为阳鸟之典型的鸡来指称。用极具阳性意味的动物之血来祭神、通神，神当然是要起到护佑作用的，宗庙等建筑物和重要的礼器也因此具有了神性。将阳气之血直接涂抹在建筑物的门上或者重要的礼器上，一切鬼怪邪气是要被吓跑的，一切象征阴气的鬼怪邪气都慑服于血及其红色所代表的生命的阳精之气的强大威慑力。直到今天，具有重要意义和重大作用的建筑物落成时依然要举行落成典礼，只不过，我们已经看不到血淋淋的血祭场面了，代之以更加文明的剪彩仪式，用剪刀剪断大红色的被绾成花形的布幅或缎带，同时还伴随着掌声和重要领导的讲话。剪彩的意义看似在庆祝，其实，剪彩用的布为大红色象征着血，它的意义等同于杀牲取血祭祀，所以，在象征意义上，剪彩和古代的血祭、衅礼是一致的。

---

①参见叶舒宪《中国神话哲学》当中关于作为"阳鸟"的鸡与太阳之间的隐喻类比关系，北京：中国社会科学出版社，1992年版，第263—266页。

●石家庄房地产金世界开盘剪彩（2007年6月30日）

如上所述，桃木与血具有驱邪的巫术作用，其巫术的逻辑推理可以总结如下：

第一，桃树的植物特性是阴历二月开花，在时间上和卯月相认同，因此也获得了卯月所具有的阳刚之性，这是莫斯所说的“品性”①与弗雷泽的“相似律”的结合，是一种品性象征的转移；桃木、桃符驱鬼辟邪则是以阳刚克阴的对立法则的体现。象征性的吃寿桃（面食）能够长寿，则是阳气延长生命力的相似律在起作用。神话传说里桃木作为致羿于死地的工具以及神荼、郁垒的辅助性治鬼的道具形式出现，是在巫术效力的可信度上增强了桃木神奇的作用，从而大大推动了桃木辟邪巫术作用的广为流传。

第二，血液是生命存活的关键，是生命力的象征，对血液的崇拜是血祭和衅礼巫术信仰的基础。血液被远古人类视为生命元气（也

①莫斯认为，在巫术中起重要作用的是来自美拉尼西亚人的被称为“马纳”的观念，主要是一种超乎寻常的精灵的力量，它包含了一系列相互混合的流动性观念，正是马纳在巫术中发挥了效能并因此而在大众舆论的集体情感中强化了集体对巫术的信仰。巫术的法则——接触法则、相似法则和对立法则都可以纳入到感应法则当中，但是，它们在解释巫术效应时具有选择性和有限性。而且相似法则和接触法则在巫术中倾向于相互混合，物体背后的品性在社会习俗、集体精神的作用下往往和人们关注的感应关系连在一起，而巫术所利用的鬼神信仰也具有集体性的特征。莫斯强调了抽象的超自然力（马纳）、信仰以及物体的品性象征与感应关系在巫术思维中的重要性。参见（法）马塞尔·莫斯、昂利·于贝尔《巫术的一般理论——献祭的性质与功能》，杨渝东、梁永佳等译，桂林：广西师范大学出版社，2007年版，第75—143页。

叫生气或者精气，类似于“马纳”），从而也拥有强大的阳性品质。血祭中，充满生命活力和生气的血液因其气盛而能够通达于神并且会获得神的愉悦，神就会护佑生民万物免遭灾难、劳有所获，这是一种以己推神的典型的类比逻辑。以血涂物的衅礼巫术，则是将血所具有的神圣的生气与活力转移到所涂抹之物上，使所衅之物也具有相应的神力和阳精之气，那么它就可以发挥灵验的作用或者可以御妖厌怪了，其中包含了同性转移的相似法则和以阳克阴的对立法则。①中国古代经师的认识也大抵相同。上文引郑玄注《周礼·夏官·司马》曰：“杀牲以血涂主及军器，皆神之。”朱熹说：“大抵鬼神用生物祭者，皆是借此生气为灵。古人衅钟、衅龟，皆此意。”②这些都是对血的巫术作用的概括。张光直甚至认为血作为巫师通天的法器，与玉具有同等的功效。③

三、招魂巫术

招魂是建立在人由灵魂和躯体二元构成的观念基础之上的巫术活动。可能受到梦的启发，古人认为，一个活着的人身上同时存在着代表精神之灵的“魂”和代表躯体的“魄”，人在睡眠、受到惊吓、生病或者死亡时，魂是会离开魄的，如果魂不能及时自动地回到身体之内，人就会精神恍惚、病情加重甚至死亡，所以需要巫师或专门的人凭借失魂者或刚刚死去的人的衣物将游失的魂招回来，招不回来的话，这个人就会死亡。《礼记·檀弓下》曰：“骨肉归复于土，命也，若魂气则无不之也。”《礼记·郊特牲》曰：“魂气归于天，形魄归于地。”《说文》解释“魂，阳气也”，“魄，阴气也”。余英时则将古人的魂魄观总结为：“魂”所控制的是较为高级的机制（脑与心），而“魄”所管理的则是有形的感觉和身体的功能。④

中国古代的招魂有两种类型，一种是为生者招魂，一种是为刚刚死去的人招魂。为生者招魂多见于孩童。在民间许多地方，当孩子受

①杨华《先秦衅礼研究——中国古代用血制度研究之二》中认为衅礼的功能主要有“尊而神之”、禳灾去祸、去秽等，其中后两项是第一项功能的延伸。《江汉论坛》，2003年第1期。

②朱熹：《朱子语类》，北京：中华书局，1994年版，第50—51页。

③张光直：《从商周青铜器谈文明与国家的起源》，《中国青铜时代》，上海：上海三联书店，1999年版，第475页。

④余英时：《魂兮归来！对佛教未传入前中国关于灵魂及“后世”概念变化之研究》，载《哈佛亚洲研究杂志》（*Harvard Journal of Asiatic Studies*），1987年，第47卷第2期，第374—375页。

到惊吓或者没精打采时，孩子的母亲或者祖母在夜深人静时要拿着孩子的衣服到受惊吓的地方或者室外路口去招魂。在浙江一带，一般是由母亲喊“某某，（你的魂儿）回来吧”，后面跟随的人答应“回来了”，这样反复多次。人们认为人的名字和人的灵魂直接相关，有人应答，就说明找到了魂，并且能把魂带回家。[①]为生者招魂也可以是为成人招魂。《楚辞》有《招魂》篇，王逸注《题解》：“《招魂》者，宋玉之所作也……宋玉怜哀屈原，忠而斥弃，愁懑山泽，魂魄放佚，厥命将落。故作《招魂》，欲以复其精神，延其年寿。”杜甫《乾元中寓居同谷县作歌》之五：“呜呼五歌兮歌正长，魂招不来归故乡。”皆指招生人之魂。

这里，结合《仪礼·士丧礼》着重谈谈士丧礼中为死者招魂的情况。古丧礼称召唤始死者的灵魂为“复”，也叫“复礼”。“复”即招魂复魄之意。举行此仪式的目的是使游离于外的魂魄重新进入死者体内从而收到起死回生的效果。《仪礼·士丧礼》记载：“复者一人以爵弁服，簪裳于衣，左何之，扱领于带；升自前东荣、中屋，北面招以衣，曰：‘皋某复！’三，降衣于前。受用箧，升自阼阶，以衣尸。复者降自后西荣。”士死后，招魂者把死者生前穿过的最华贵的服装“爵弁服”的上衣和下裳缝连到一起，搭在左肩上，并将爵弁服的衣领插在自己的衣带中，然后从房屋东南角登上屋顶，站在屋顶正中位置，面朝北方，左手执爵弁服衣领，右手执衣腰，挥衣而呼：“皋，某复！”“皋”是一声长啸，“某”为死者之名。连喊三遍后，招魂者向左转身，面朝南方，把爵弁服抛向屋前。屋下有人手捧衣匣将爵弁服接住，从东侧台阶登堂入室，把这件招魂之衣覆盖在尸体上面，招魂者从房屋西北角下来。[②]之所以要在死后不久小殓之前举行复礼，是因为孝子希望能够招魂复活，即使没有复活，也算是尽了孝子之心。关于复礼的具体细节，《礼记》中有许多解释：“孝子亲死，悲哀志懑，故匍匐而哭之，若将复生然，安可得夺而敛之也。故曰，三日而后敛者，以俟其生也；三日而不生，亦不生矣。”（《礼记·问丧》）“凡复，男子称名，妇人称字。唯哭先复，复而后行死事。”（《礼记·丧大

---

①参看张紫晨《中国巫术》，上海：上海三联书店，1990年版，第124—125页。

②胡新生：《中国古代巫术》，济南：山东人民出版社，1998年版，第336页。

记》）《礼记·檀弓下》曰："复，尽爱之道也。有祷祠之心焉。望反诸幽，求诸鬼神之道也，北面，求诸幽之义也。"郑玄注："复，为招魂。"孔颖达疏："始死招魂复魄者，尽此孝子爱亲之道也……招魂者，是六国以来之言，故《楚辞》有《招魂》之篇，《礼》则云'复'，冀精气反复于身形。"郑玄注《士丧礼》曰："凡复，男子称名，妇人称字。"贾公彦疏："复声必三者，礼成于三，北面而招，求诸幽之义也。"之所以要面向北面招魂，是因为北面属阴，是死者的亡灵要去的地方，《礼记·礼运》曰"死者北首，生者南乡（向）"，招魂礼就是希望能够把刚刚离开的灵魂招回来。

《礼记·杂记上》还记载了诸侯、大夫、士死于外的复礼如何举行："诸侯行而死于馆，则其复如于其国；如于道，则升其乘车之左毂，以其绥复……大夫士死于道，则升其乘车之左毂，以其绥复。"郑玄注："绥当为緌……緌，谓旌旗之旄也，去其旒而用之，异于生也。"孔颖达疏："如，若也；道，路也。谓若诸侯在道路死，则复魄与本国异也。乘车，其所自乘之车也。其复魄，则俱升其所乘车左边毂上而复魄也。此车以南面为正，则左在东也，升车左毂，象在家升屋东荣也。"在路上死去，就升上马车的左轮，以旄牛尾做的旌旗的旗饰代替衣服来为死者招魂。后以"复于左毂"指大官死于旅途，唐代权德舆《司空李揆谥议》："使受命即路，视险若夷，贞厉尽瘁，复于左毂。"

如果死者尸骨无存，为了让其灵魂不至于在外漂泊游荡成为野鬼，其亲友便借用死者的衣冠等物招魂而葬。此种风俗不知起于何时，《汉书·郊祀志上》："黄帝以仙上天，群臣葬其衣冠。"这恐怕是在汉人求仙之风影响下的附会。宋代社会上层和民间已经流行此习俗。[①]据《明史·史可法传》："可法死，觅其遗骸，天暑，众尸蒸变，不可辨识。逾年，家人举袍笏招魂，葬于扬州郭外之梅岭。"至今，扬州梅花岭史公祠还有他的衣冠冢。

孩童的衣服、死者生前的爵弁服、紧急情况下没有衣服代之以旌旗的旄或者是生前的衣冠等，都是失魂者或死者生前接触过、用过的，用来招魂是基于灵魂熟悉的衣物容易招来并使灵魂附着于其上。这里显然是一种接触律在起作用，生前接触过的衣物，在其死后依然对其

①方燕：《巫术与人生礼俗——以宋代为例》，《四川大学学报》（哲学社会科学版），2005年第3期。

发生作用。招魂中的“皋，某复！”相当于直接引起行动引发效力的咒语，“皋”为引起灵魂注意的呼唤语，“某”是人名。《士冠礼》中记载男子在成年行冠礼时要在名之外取一个“字”，“冠而字之，敬其名也”。名是出生时父母所取，成人以字代名，除父母外其他人皆讳而不呼其名，称字表示尊敬。但在招魂时，是一定要呼其名的，“名几乎与生俱来，他伴随灵魂的时间最长，故被认为同灵魂的联系最为密切”[①]。在古人的观念里，人名和灵魂之间有一种等同关系，呼唤人名就是在呼唤灵魂，所以，呼名招魂在民间又被称为“叫魂”，这个说法很形象。灵魂和名之间有一种远距离的交感存在，名等同于魂，是一种抽象的模拟。可见招魂巫术中，也包含着相似律。

针对孩童病症的招魂巫术，因客观上过一段时间孩子的病自然会好起来，看起来好像是招魂术发挥了作用，在人们心理上，它是有效力的，所以在民间得以长期流传，直到今天还没有消失。但是，在丧礼中的招魂巫术，它的效力就会大打折扣，因为，人死了，招魂并不能使其复活。招魂巫术在礼教已经兴起的周代依然能够以招魂礼的形式存在于丧礼仪式中，一是因为招魂巫术是远古时代留下的丧葬文化习俗，具有惯性的力量，一时难以取消；二是因为礼教正好可以利用希望死者复活的巫术动机，来宣扬孝道，“复，尽爱之道也”。礼教道德的宣扬代替了巫术效力的有无，这是礼教对巫术进行改造的典型例证。最终，“复”礼还是因其繁琐无用而被更能表达孝道的其他方式所取代，例如汉代的厚葬之风。“到秦汉以后，丧葬之前的‘复’礼就很少见了。”[②]

四、语言巫术

《说文》：“巫，祝也。”把“巫”解释为“祝”，表明“祝”是巫中最典型的一种形式。《说文》：“祝，祭主赞词者，从示，从人口。”段注：“此以三字会意，谓以人口交神也。”在《现代汉语大词典》中“祝”除了作“祭祀时司礼仪的人”讲之外，其他

①胡新生：《中国古代巫术》，济南：山东人民出版社，1998年版，第337页。
②胡新生：《中国古代巫术》，济南：山东人民出版社，1998年版，第340页。

还当“祝祷”、“祝颂”、“祝文”讲，都是凭借语言使某种愿望变成现实。“祝”还有一个义项通“咒”，当“诅咒”讲，可见最早的“祝”包括了后来一般理解的善意的“祝”和恶意的“咒”。叶舒宪先生也认为祝与咒起初并无严格区别，并以字形和古文材料的训释证明二者之间的通用现象及其法术力量，并认为诗歌的产生与语言的祝咒传统法术效力有直接的关系。①祝（咒）是巫术当中的语言形式和基本要素，按理说，所有的巫术都包括有语言的成分，这里所要论述的语言巫术是指以语言为主要巫术手段，语言在巫术中占据决定性地位的巫术。詹鄞鑫根据言语的运用方式，将语言巫术分为愿望用语言表达而实现，用言语操纵自然万物和想象中的鬼神，用言语代替言语所指的事物，对言语别解意义的运用等几种类型。②这种分法在具体的语言巫术中有相互掺杂重叠的现象，但是，基本上概括了语言巫术的主要情况。

《仪礼》中也有以语言为主要手段的一些巫术，比如，上节分析的《士丧礼》中的招魂巫术也属于语言巫术，招魂中的语言“某某，回来吧”或者“皋，某复”，表达了希望亡灵返回的愿望，同时，又包含了人名的巫术。人名等同于本人，可以指代灵魂，因此，利用人名进行巫术活动的除了招魂，还有许多种，如害人巫术、顺产巫术、求爱巫术等。马王堆帛书《杂禁方》有“与人讼，书其名置履中”。《医心方》卷二三治难产方引《集验方》云：“逆生横生不出、手足先见方：其父名书儿足下，即顺。”大概胎儿获得了父亲的力量，就容易出生。③中国古代，对待一个人的名字相当慎重，《士冠礼》记载，在一个人成年时，要在名之外另取“字”来称呼。这种礼节就是缘于古老的人名巫术：名字被视为人自身的一部分，鬼怪或敌人常常利用名字摄取灵魂或加害于人，所以，名是不希望被别人叫的。对于君王和长辈的名字的避讳以及皇帝死后的谥号都与此风俗有关。当然，名讳也有社会文化背景方面的原因。相比之下，小孩子的仇敌少，所以他们的名字是不怕被叫的，在很多地方，称呼成年人都是以小孩的名字加上小孩对他的称呼，比如“某某爹”、“某某妈”。不光是中国古代有人名的忌讳，世界上很多民族都有这样的禁忌。弗雷泽指出：

①叶舒宪：《诗经的文化阐释——中国诗歌的发生研究》，武汉：湖北人民出版社，1994年版，第39—68页。

②詹鄞鑫：《心智的误区——巫术与中国巫术文化》，上海：上海教育出版社，2001年版，第215页。

③詹鄞鑫：《心智的误区——巫术与中国巫术文化》，上海：上海教育出版社，2001年版，第224页。

> 未开化的民族对于语言和事物不能明确区分，常以为名字和它们所代表的人或物之间不仅是人的思想概念之间的联系，而且是实在的物质的联系，从而巫术容易通过名字，犹如通过头发指甲及人身其他任何部分一样，来为害于人。事实上，原始人把自己的名字看做自身极重要的部分，因而非常注意保护它。譬如，北美印地安人，“把自己的名字看做不仅是一种标记，而且是自己的一部分，正如自己的眼睛和牙齿一样，并且相信对自己的名字的恶意对待就会像损害自己机体一样造成同样的损害。从大西洋到太平洋的许多部落中都有这种信念，由此还产生了许多隐瞒和更改名字的奇怪规定”。[①]

李安宅在《巫术与语言》一书中说到一个语言巫术的例子：清朝有一个考官，出了一道“维民所止”的考题，竟被认为是要割掉皇上“雍正”的头。雍正代表一个人，“维止”字形近于雍正无头。根据主考官的敌人的逻辑，字形相近而无头是感致（相似）原理的应用，字无头人也要无头，因名字是人的一部分，则是染触（接触）原理的应用。有关详细的论述可参看陈垣《史讳举例》[②]。在这里，还要讨论一下另外一种语言巫术——谐音巫术。

《仪礼》当中有许多礼节都用到枣和栗这两种东西：

> “妇执笲枣、栗，自门入，升自西阶，进拜，奠于席。”（《士昏礼》）
>
> “夫人使下大夫劳以二竹簋方，玄被纁里，有盖，其实枣蒸栗择，兼执之以进。宾受枣，大夫二手授栗。”（《聘礼》）
>
> “主妇洗足爵于房中，酌，亚献尸，如主人仪。自反两笾，枣、栗，设于会南，枣在西。”（《士虞礼》）
>
> “笾，巾以绤也，纁里，枣烝，栗择。”（《特牲馈食礼》）

①（英）詹·乔·弗雷泽：《金枝》，北京：大众文艺出版社，1998年版，第364页。

②陈垣：《史讳举例》，《燕京学报》，1928年12月第4期。

新妇在婚礼后的第二天早上拜见舅姑（公婆）时要献上用笲盛的枣和栗；到别国聘见国君，国君及其夫人分别要派人慰问，国君夫人派下大夫前来慰问宾客时所拿的礼物是用两个竹方篚分别盛的蒸熟的枣和栗；士虞礼、特牲馈食礼主妇继主人之后献尸时所进献的拜礼为用两只篚分别盛的蒸熟的枣和栗。以前人们习惯于根据今天依然流行于民间的风俗将婚礼上的枣、栗解释为“早（枣）生贵子”和“顺利（栗）产子”是没有错的，但是，在其他礼仪中，女性献上的礼物、供品均为枣、栗，都解释为早生贵子和利子显然是不够妥当的。但是枣和栗肯定包含有良好的祝愿和吉利吉祥的意义在里面，并且有谐音的意思在其中也是没有错的。“枣，早也”，“栗，利也”。因为在民间，有“赶早不赶晚”、“早做早好”的说法和价值观念，在祭祀祖先的场合也都希望“顺利”、“利子”。当然，这里面也存在着一个礼节的沿袭习惯问题，如《左传》所言：“男贽大者玉帛，小者禽鸟，以章物也。女贽不过榛栗枣修，以告虔也。”（《庄公二十四年》）笔者认为之所以在很多礼仪场合妇女都用枣子、栗子作为礼品或祭品，主要还是因为它们的语言的象征意义。

民间类似的以谐音表示良好愿望的物品或习惯还有很多，如除夕或春节吃饭时不要吃完，剩余一些，象征年年有余，过年吃鱼吃鸡表示生活富裕、幸福吉祥，结婚时往新人床上撒花生祝愿生男又生女，民间过年过节或遇喜庆事时贴的鸡羊鱼猴等动物形的剪纸代表吉祥有余、升官封侯等，都是语言的巫术思维在起作用。在漫长的无文字的史前时代，口头语言主要是凭借语音表示意义而发挥作用的，同一个语音可以表示多种意义，这些意义之间由于发音的相同相似而被认为是相互关联的，因而可以互相假借指代，在口耳相传的过程中产生了大量的音同则义同的现象，以至于到了文字产生以后谐音假借的现象还长期地保留着，这其实是此前口头语言特点在书面文字当中继续存留的活见证。利用语词的谐音关系表示美好祝愿或者发出诅咒的现象并不因为文字的出现而停止，反而在民间得到长期的流传。文人创作有意无意地吸收了存在于民间的语言实践经验，创造了各种有趣的文学形式，谐音双关修辞法就是在这种情况下产生的。经学当中的声训就与此有关。“声训之所以在汉代盛行一时，或许并非是经师博士们蓄意捏造，而是有其广袤深厚的文

化渊源，源于民间口头语言所特有的谐音双关修辞法。”[①]

“语言所代表的东西与所要达到的目的，根据原始信仰，都相信与语言本身是一件东西，或与语言保有交感的作用。因为这样，所以一些表示欲望的辞句，一经说出，便算是达到目的。”“文字本是将语言由着听官移到视官的东西，所以对于语言的迷信都可移来处置文字。”[②]语言巫术特别突出了语言的行动性的作用，坦比阿（S. J. Tambiah，也译作坦姆比亚）称之为“以言行事”，即人们使用语词来下命令、劝说等，由此而取得以言行事的力量，并借以指导和做出动作。在这个过程中，人们利用的是通过词语的表述和指称当中的直喻、隐喻和换喻等方式的类比联想，进行性质的比较和转移，从而达到巫术目的。[③]坦比阿认为巫术咒语和巫术礼仪的思维方式是建立在类比基础上的，科学运用类比依靠的是事物与其性质之间的因果关系，而巫术中的类比依靠的却是将一套关系中内含的价值或意义劝导性地或神召性地转到另一套关系中去，而不管这两套关系之间有没有相似之处或因果联系。其中，巫术仪式的言语或咒语具有“实施性话语”的特点，这类话语本身就是一种能使情况发生变化的行动——通过意义的劝导、转换、延伸，巫术活动的效果正是建立在此基础上的。[④]可以看出，他特别突出了巫术语言（咒语）在巫术效力中的关键作用。谐音是建立在语音相同联系基础上的意义的借代转移。

五、占卜巫术

占卜是一种运用超自然手段来预见未来事件或找到潜在信息的技艺或实践，它是一种很普遍的文化现象。在类型上，如果从占卜者的角度看，占卜一般分感应型和非感应型两种。感应型占卜的结果是通过占卜师个人心理或情感的变动而被揭示出来的，如萨满跳神、看水晶球的折光或敲贝听音等；非感应型的占卜又分随机进行

---

①刘宗迪：《今文经学的草根》，《读书》，2000年第1期。

②李安宅：《巫术与语言》，北京：商务印书馆，1936年版，第13—15页。

③（美）S. J. 坦比阿：《论巫术行为的形式和意义》，史宗主编：《20世纪西方宗教人类学文选》，上海：上海三联书店，1995年版，第777页。

④（美）S.J.坦比阿：《论巫术行为的形式和意义》，史宗主编：《20世纪西方宗教人类学文选》，上海：上海三联书店，1995年版，第761—762页。

式和精心策划式，前者主要是在各种临时出现的征兆物上寻找意义，后者则是运用占星术、甲骨卜、手相术、神判之类的手法来进行。[①]我国上古时代的占卜术，根据占卜的方式主要有这么四种：甲骨卜、蓍草占、占星术和圆梦术。[②]在对《仪礼》中的占卜进行分析之前，我们还是先搞清楚占卜的不同叫法以及它们之间的差异。“占卜”，也称“占”，是一个大的、概括性的概念，它可以泛指用各种方式占卜吉凶，包括上面所说的四种主要占卜术。古代用龟甲、蓍草等，后世用铜钱、牙牌等推断吉凶祸福。用龟甲称“卜”，即用火灼龟甲，根据裂纹来判断预测吉凶。用蓍草称“筮”，即用蓍草占卜休咎或卜问疑难的事，两者合称卜筮，亦作“卜簭”。这些解释在典籍中可以得到印证。《礼记·曲礼上》：“龟为卜，筴夹为筮。”《说文》曰：“卜，灼剥龟也，象炙龟之形。一曰象龟兆之纵横也。”“筮，易卦用蓍也，从竹从𢍰，𢍰，古文巫字。”“占，视兆问也。从卜口。”《易·系辞传》：“极数知来之谓占。”龟与蓍两物所以采用为占卜用具的原因，据《白虎通义》云：“此天地之间寿考之物，故用之也，龟之为言久也，蓍之为言蓍也，久长意也。”又：“龟曰卜，蓍曰筮，何卜赴也，爆见兆也，筮也者信也，见其卦也。”卜筮的占卜方式源于何时，尚不清楚。梁钊韬认为，筮，从竹从巫，表示巫以竹占之义，当为殷后之文字，因为殷代只有卜而无筮。[③]殷人占卜，常将占卜人姓名、占卜所问之事及占卜日期和结果等刻在所用龟甲或兽骨上，间或亦刻有少量与占卜有关的记事，这类记录文字通称为卜辞。由于卜辞是刻在龟甲兽骨上的文字，故称之为甲骨文。根据现有的文献及考古发掘的实物，可以证明殷周时代，占卜是极为普遍、极为发达的。《周礼·春官·宗伯》关于占卜的职官就有多种：大卜、龟人、菙人、占人、簭人、占梦、眡祲，又分别介绍了每一种占卜职官的具体分工职责。如“占人”：

> 占人掌占龟。以八筮占八颂，以八卦占筮之八故，以眡吉凶。凡卜筮，君占体，大夫占色，史占墨，卜人占坼。凡卜筮，既事，则系币，以比其命。岁终，则计其占之中否。

①参看史宗主编《20世纪西方宗教人类学文选·巫术、妖术和占卜的解析·导言》，上海：上海三联书店，1995年版，第721—722页。

②徐洪兴：《占卜术与中国传统文化散论》，载《复旦学报》（社会科学版），1990年第3期。

③梁钊韬：《中国古代巫术——宗教的起源和发展》，广州：中山大学出版社，1999年版，第128页。

《仪礼》当中的占卜主要有两种形式，一种是甲骨卜，另一种是蓍草筮，两者均属于非感应型的占卜类型。让我们看看在具体的礼仪当中占卜的应用：

士冠礼，筮于庙门。……（《士冠礼》）

问名，曰："某既受命，将加诸卜，敢请女为谁氏？"

纳吉，曰："吾子有贶命，某加诸卜，占曰'吉'。使某也敢告。"（《士昏礼》）

筮宅，冢人营之。掘四隅，外其壤。掘中，南其壤。既朝哭，主人皆往，兆南北面，免绖。命筮者在主人之右。筮者东面，抽上韇，兼执之，南面受命。命曰："哀子某，为其父某甫筮宅。度兹幽宅，兆基无有后艰？"筮人许诺，不述命，右还，北面，指中封而筮。卦者在左。卒筮，执卦以示命筮者。命筮者受视，反之，东面。旅占，卒，进告于命筮者与主人："占之曰从。"主人绖，哭，不踊。若不从，筮择如初仪。归，殡前北面哭，不踊。（《士丧礼》）

卜日，既朝哭，皆复外位。卜人先奠龟于西塾上，南首，有席。楚焞置于燋，在龟东。族长莅卜，及宗人吉服立于门西，东面南上。占者三人在其南，北上。卜人及执燋、席者在塾西。阖东扉，主妇立于其内。席于闑西阈外。宗人告事具。主人北面，免绖，左拥之。莅卜即位于门东，西面。卜人抱龟燋，先奠龟，西首，燋在北。宗人受卜人龟，示高。莅卜受视，反之。宗人还，少退，受命。命曰："哀子某，来日某，卜葬其父某甫。考降，无有近悔？"许诺，不述命；还即席，西面坐；命龟，兴；授卜人龟，负东扉。卜人坐，作龟，兴。宗人受龟，示莅卜。莅卜受视，反之。宗人退，东面。乃旅占，卒，不释龟，告于莅卜与主人："占曰某日从。"授卜人龟。告于主妇，主妇哭。告于异爵者。使人告于众宾。卜人彻龟。宗人告事毕。主人绖，入，哭，如筮宅。宾出，拜送，若不从，卜宅如初仪。（《士丧礼》）

士行冠礼时，要对加冠的日期进行占筮；士行婚礼之前，要根据女方的姓名、出生年月等进行占卜，如果占卜的结果吉利，就到女方家纳吉、纳征（告知吉利并纳采礼订婚）；士丧礼中的筮宅、卜日最为详尽，为士举办丧礼时，先要用占筮的方法看选择的墓地是否吉利，如果吉利，还要对下葬的日期进行占卜，如果不吉利，还要重新选择，进行占卜；《特牲馈食礼》和《少牢馈食礼》要对所选的祭祀祖先的日期和担任尸代替祖先接受祭祀的人进行占筮，如果不吉利，也要重新选择，重新筮。《聘礼》、《士虞礼》凡用尸祭祀时，也都要进行筮占。从上述情况来看，有时筮，有时卜。《周礼·春官·宗伯》："凡国之大事，先筮而后卜。"郑玄云："当用卜者先筮之，即事断也，于筮得凶，则止不卜。"《左传·僖公四年》记载，晋献公欲以骊姬为夫人，卜与筮并用的史事："初，晋献公欲以骊姬为夫人，卜之不吉，筮之吉。公曰：'从筮。'卜人曰：'筮短龟长，不如从长。'"晋献公最后还是按照有利于自己的筮占行事。《曲礼》云："卜筮不相袭。"郑玄注："卜不吉则又筮，筮不吉则又卜，是渎龟筮也。"究竟在什么情况下用筮占，什么情况下用卜占？两者是否可以互换？同一件事先筮后卜还是先卜后筮？这些问题尚不清楚，后世经学家和学者也争论不休。在筮的过程中，筮卦出来以后，往往还有一个"旅占"或"长占"，根据注，我们只知道是讲究齿序的众占之法。《广雅》曰："占，验也。"《易·系辞上》："以制器者尚其象，以卜筮者尚其占。"《左传·僖公十五年》："龟，象也；筮，数也。物生而后有象，象而后有滋，滋而后有数。"由此可见，龟卜重象，筮占重数，筮是在卜的基础上发展而来的，那么，"旅占"应该是根据筮卦之数做出的集体验证和判断，大概是为了增强结果的信度和效度。

占卜在古人的生活中地位之重要、使用频率之高反映出了他们将占卜当作一种信仰来对待的态度。占卜是人类在没有很好的方式应对自然界和社会的诸种压力、对自身的遭遇或行为的后果难以把握的情况下，所能想到的巫术手段，是希望借助于自然或神灵的某种表象从中引申出对事物的解释和预测，从而达到决疑断惑、求福消灾的目的。说它是一种巫术，主要是因为占卜总是以以往经验中的巧合为依据，将偶然性的象、数等表象和必然性的结果联系起来，并且以短时期内无法验证的结果作为效验或故意夸大已经得到验证的结果，而对事实证明无效的结

果则做出其他的令人可以接受的解释（如在占卜时没有遵守占卜规则）来提高占卜的信力，以至于占卜在相当长的时期内盛而不衰，而且流行于世界各民族之中。

占卜虽然依据的是巫术思维，但并不是说所有的占卜都是虚假不可信的，相反，占卜是先民在漫长岁月中的生活经验以及无数或概率的总结，其中包含有丰富的自然哲学、数理演变逻辑和自然、社会发展规律，数术、历法、阴阳、五行思想的出现可以说和巫术占卜互为因果，互相影响。朱子《周易注疏》云："上古之时，民心昧然，不知吉凶之所在，故圣人之作《易》，教之卜筮，使吉则行之，凶则避之，此是开物成务之道。"所以占卜在一定意义上成为人们行为的指南是可以理解的。即使有些占卜偶然性的因素很大，但是，在客观上也能够符合一定的自然规律。例如，东部印第安最靠北的一个部落纳斯卡比人进行狩猎时的骨卜，与中国的甲骨卜有点类似，在占卜仪式中，他们将准备好的肩胛骨放到极热的煤块上烤，然后根据受热导致的裂纹和灼斑判断猎人寻找猎物应该选择的方向。这种占卜的方式正好可以避免因在同一方向狩猎的成功而持续不断狩猎所导致的猎物资源的枯竭，因此也就避免了行为模式的单一性和固定性，客观上正好提供了 种"随机选择"的工具，从而保证了更大可能性的狩猎的成功。[①]所以占卜在这里发挥了一种潜在的正面功能。中国古代的占卜术如堪舆术、选择日期等都要讲究阴阳二元配合、天地人三才协调、四时适当、五行相生等原则，客观上对应了自然或社会的某些规律，占卜的结果往往是很准确且富有指导性的。

占卜之所以能够长期兴盛不衰还与它的社会功能分不开。《周易·系辞上》云："夫《易》何为者也？夫《易》开物成务，冒天下之道，如斯而已者也。是故圣人以通天下之志，以定天下之业，以断天下之疑。"它能适合统治者乃至平民的需要，成为统一民心、协调社会、组织行动、暗示心理、指导行为的有力武器，以至于从上到下都将占卜看作神明。《礼记·曲礼上》曰："卜筮不过三，卜筮不相袭。龟为卜，筴为筮者，先圣王之所以使民信时日，

①奥马尔·海亚姆·摩尔：《关于占卜的新观点》，李培茱译，史宗主编：《20世纪西方宗教人类学文选》，上海：上海三联书店，1995年版，第810—816页。

敬鬼神，畏法令也；所以使民决嫌疑，定犹与也。故曰，疑而筮之，则弗非也；日而行事，则必践之。”《礼记·表记》：“子言之：昔三代明王皆事天地之神明，无非卜筮之用，不敢以其私，亵事上帝。是故不犯日月，不违卜筮。卜筮不相袭也。大事有时日；小事无时日，有筮。外事用刚日，内事用柔日。不违龟筮。”先秦时期，占卜在政治领域和社会生活中所发挥的作用尤为明显，历史上著名的盘庚迁都、武王伐纣都是假借占卜、梦兆之言完成政治军事行动，维持社会民心安定，《春秋左传》中关于战争、祭祀、婚姻、疾病、丧葬中运用占卜进行决策的记载就更多了。不独古代中国占卜的社会功能突出，维克多·特纳在《痛苦之鼓》中介绍了恩登布人的占卜作为社会调节机制的功能。恩登布人的占卜师是一个很重要的社会角色，他必须在占卜之前就考虑当地特定的社会结构，通过询问闲聊了解清楚受害者、咨询者之间的关系以及与其亲属、村落成员乃至头人的关系，然后在占卜中结合具体事件，将社会结构和一套道德规范及伦理法则在占卜的象征系统中体现出来，这样做出的解释既解决了纷争和紊乱的社会关系，又强调了社会的伦理规范，对于没有集权政治制度的恩登布人的社会来说，占卜与占卜师都是非常重要的。①占卜因其在古代社会中所具有的神圣性，它往往还具有增强合法性和庄严性的功能，例如，古代中国通过占卜选择的结婚日期、祭祀日期、尸祭人选、丧葬墓地等，经占卜所定即为合法有效。

以上用巫术理论分析了《仪礼》中的几种典型的巫术现象，需要说明的是，这几种巫术并不是严格按照一种标准划分出来的，有的是根据巫术的内容性质，有的是根据其主要特点，有的是根据巫术的手段而概括出来的类别。这几种巫术并没有穷尽《仪礼》当中所有的巫术，比如，《仪礼》中在祭祀和丧葬等仪式中都要用到玉②，因为玉器具有通神的巫术作用。《士丧礼》用玉填在死者口中，发展到后世的玉塞九窍乃至于金缕玉衣，究其原因，与玉的巫术性质分不开。伊利亚德在《比较宗教学的范型》一书中指出：“玉体现了宇宙中‘阳’的原则，因此它被赋予集太阳能、帝国、坚不可摧之力于一身的品性。正如金子一样，因为玉本身所包含的‘阳’的特质，它成为一种充满宇宙能量的中心。由于这种‘阳性’包含了多种不同的价值，所以玉被用于诸多随之

---

①（美）维克多·特纳：《作为社会过程之一阶段的占卜》，李培茱译，选自《痛苦之鼓》，史宗主编：《20世纪西方宗教人类学文选》，上海：上海三联书店，1995年版，第804—809页。

②参看第四章“玉器的象征与中国礼文化”，此章写到了在各种祭祀仪式上要用玉礼器。

而来的事项当中。”[①]祭祀中，它所具有的强大的阳气可以通神；丧葬中，它的阳气可以使死尸不朽。上面提出的这些巫术，确实具有典型的代表性，礼仪当中存在着许多巫术的痕迹，证明了礼仪与巫术相生相伴的关系。尽管这些巫术已经经过了礼教的洗礼，但是，巫术作为一种文化现象以及作为一种思维方式，是不会轻易在新的文明方式中消失的，它只能被改造，并以一种更加隐蔽的方式继续存在并发挥潜在的影响。

①Mircea.Eliade.*Patterns in Comparative Religion*，University of Nebraska Press，1996，p.438.

第四章

玉器的象征与中国礼文化

玉器作为一种象征符号，它首先是礼之重器，在玉器背后隐藏着沟通天地的神性和维持秩序的权力，玉器以其神性特征见证了古礼的产生。到了春秋战国时期，儒家先哲看到玉在礼制中的重要地位和它所起的重要作用，以玉比德，赋予玉人格化的美德，再反过来要求佩戴玉的贵族要有玉的品质，使两者相得益彰。玉器还被用于丧葬，表达着希望死者灵魂不死的愿望。通过对玉器的历史回顾，用文化解读的方式，领悟古代玉器的深刻内涵，以古玉证古礼。

中华民族素来以礼仪之邦著称于世，这不仅仅意味着中华民族是一个讲礼节的民族，礼仪之邦的背后更蕴涵着一套博大精深的礼仪文化。关于“礼”，古人有许多精辟的认识。《左传》中说：“夫礼，天之经、地之义、民之行也。”《礼记》中说：“礼也者，理之不可易者也。”“凡人之所以为人者，礼义也。”《荀子》认为：“礼者，人道之极也。”汉以后，人们将礼制高度浓缩总结为“三纲五常”，宋明理学盛行之时，朱熹的看法“礼者，理也”非常具有代表性。可见，对于礼的认识，自古以来并没有一个定论，时代的发展随时都会为礼文化注入新的内容。远古的神权时代，礼充满了神秘色彩和宗教意味；王权时代，礼象征着权力和等级；漫长的封建帝制时代，礼又被作为安邦治国的工具。

儒家先哲孔子在《论语》中有过这样的疑问：“礼云礼云，玉帛云乎哉？”答案当然是否定的，玉、帛不是礼本身，礼也不仅仅是玉帛，但是，正如一滴水可以反映一个世界，玉帛可以反映礼文化的诸多方面甚至能够触及到礼的本质。玉，历来被认为是凝结着天地之精华的宝物，汉代许慎在《说文解字》中将玉定义为“石之美”。自玉被从石头中区分出来并加以运用以后，它从来就不仅仅是作为物质形态存在着，人们赋予了它诸多象征意义和意识形态功能，它被看作是通神的工具、权力的标志、道德的体现、富贵的载体以及对美的最好诠释，玉器已经成为中国传统文化精神的重要象征。作为最早的礼器之一，玉器的使用可以透视出礼文化的内涵及其演变，即所谓以古玉证古礼。

《仪礼》中出现了许多用玉的情况，为我们提供了玉器的象征及其在等级礼制中发挥重要作用的证据。《觐礼》中有这样的记载：

> 诸侯觐于天子，为宫方三百步，四门，坛十有二寻、深四尺，加方明于其上。方明者，木也，方四尺，设六色，东方青，南方赤，西方白，北方黑，上玄，下黄。设六玉，上圭，下璧，南方璋，西方琥，北方璜，东方圭。上介皆奉其君之旂，置于宫，尚左。公、侯、伯、子、男，皆就其旂而立。四传摈。天子乘龙，载大旂，象日月、升龙、降龙；出，拜日于东门之外，反祀方明。礼日于南门外，礼月与四渎于北门外，礼山川丘陵于西门外。

祭天，燔柴。祭山、丘陵，升。祭川，沉。祭地，瘗。

“方明”是什么？为什么要把象征天地四方的六种玉加于其上？《汉语大词典》解释“方明”为“上下四方神明之象。木制，方四尺，设六色六玉。古代诸侯朝觐天子、会盟或天子祭祀时所置”。胡培翚《礼仪正义》：“方明，以方四尺之木为之，上下四方，共有六面。设六色者，每面各设一色，以象其神。设六玉者，每面各设一玉，以为之饰。”方明是在诸侯会盟、朝觐天子、天子祭祀等重要的大型仪式活动中用到的象征天地东西南北之神灵在场的一种木制正方形的重要礼器，[①]涂上六种颜色分别代表上下四方，加设六种玉器也分别对应于它们所象征的六面——天、地、东、西、南、北，这时方明就被当作一种神圣的符号，象征王权统治威力的四通八达，因而具有了神性，接受天子和诸侯的祭拜。接下来《觐礼》还谈到了大型祭祀活动中祭祀不同的对象，祭品和礼器（主要是玉）的不同处理方式：祭天时需要烧掉，祭山时需要悬挂，祭川时需要沉于水中，祭地时需要掩埋。

《仪礼·聘礼》中讲到国君派使节到其他诸侯国访问时，聘问国君及夫人之礼需要用到玉器作挚（见面礼），接着正式赠送礼物叫做享礼，还要在礼物上加放玉器，表示郑重恭敬的态度：拜见公，以圭作聘挚，享礼进献束帛，加放璧，以示恭敬；拜见夫人，用璋作聘挚，享礼进献束帛，加放琮以示尊重。璧、琮分别具有天、地的象征意义，在这里分别对应公及其夫人，阴阳上下的指涉很明确。等到使者回国之前，所到之国的国君还要把用作聘问的圭和璋派人归还使者，原因如《聘礼》所言：“以圭璋聘，重礼也；已聘而还圭璋，此轻财而重礼之义也。诸侯相厉以轻财重礼，则民作让矣。”玉器与等级紧密地联系在一起，体现出玉所涉及的对象的身份地位的高低。

《仪礼·士相见礼》有“凡执币者不趋，容弥蹙以为仪。执玉者则唯舒武，举前曳踵”。讲的是士若执帛币见国君，不应快步走，仪容应当越来越显得恭敬诚实；若执玉见国君，则须安步徐行，迈

① “上圭，下璧，南方璋，西方琥，北方璜，东方圭”代表上下四方神明，为什么上圭代表上，即天，下璧代表下，即地，目前还不清楚。

步的姿势是先举起前脚掌再带动后脚跟，恭敬行事。这里流露出的以玉来规范言行，涉及到玉的道德象征问题。

《仪礼》中的用玉涉及到玉的神性、等级、道德等方面的象征，《仪礼·士丧礼》还有关于玉在丧葬中使用的情况记载。下面分别从几个方面谈玉器的象征。

第一节

史前玉器与礼的起源

关于礼的起源有种种说法，影响最大的一种是宗教祭祀说。这种说法最早可以追溯到许慎的《说文解字》："礼，履也，所以事神致福也。从示从豊。"对"豊"的解释为："豊，行礼之器，从豆，象形。"[①]可以看出，礼与行礼之器密切相关。王国维进一步推进了对"礼"的解释，他认为"豊"像二玉在器之形，是会意字而并非象形字，所以，"礼"的本意应该是"盛玉以奉神人之器"，"推之而奉神人之酒醴亦谓之醴，又推之而奉神人之事通谓之礼"。[②]郭沫若也认为礼与玉有关，他在《孔墨的批判》一文中说："礼是后来的字，在金文里面我们偶尔看见有用豊字的，从字的结构上说，是在一个器皿里面盛两串玉具以奉事于神。"他还举了《尚书·盘庚篇》里的"具乃贝玉"来说明这个意思，认为"大概礼之起源于祀神"。[③]

在古代典籍文献中，有关玉的记载很多，特别是在《尚书》、《左传》中记载了历史上真实具体的礼仪活动用玉的一些情况。但史书记载的已经是玉器发展到比较成熟时期的状况，借助于"三礼"的相关玉论，大致可以推知周代的用玉制度和玉器使用情况。然而，至少在旧石器时代晚期就出现了玉器[④]，在漫长的新石器时代，玉器的最初使用和发展并没有见诸于历史文献记载，我们只能

①许慎：《说文解字》，北京：中华书局，1984年版，第7页，第102页。

②王国维：《观堂集林》第一册卷六《释礼》，北京：中华书局，1959年版，第290—291页。

③郭沫若：《十批判书·孔墨的批判》，《郭沫若全集》历史编第二卷，北京：人民出版社，1982年，第96页。

④辽宁省海城县小孤山旧石器时代晚期洞穴遗址出土的一件玉砍斫器被有的专家认为是中国玉文化的源头（杨伯达《中国古代玉器面面观》，《故宫博物院院刊》，1989年第1期；刘俊勇：《大连出土的岫玉器及有关问题》，《故宫博物院院刊》，1989年第2期），但有人认为这不属于严格意义上的玉器，因为它还属于没有从石器中分离出来的工具（牟永抗、吴汝祚《水稻、蚕丝和玉器——中华文明起源的若干问题》，《考古》，1993年第6期）。

将其想象为长期生产实践和史前特定文化孕育的结果。所幸，考古学在近代中国的兴起为我们研究史前玉文化的发展开辟了新的道路。随着20世纪以来许多史前遗址的发掘，分布广泛的新石器时代大量的精美玉器得以出土面世，弥足珍贵的实物玉器和图像资料——第四重证据[①]——成为我们研究史前时代[②]玉器的重要途径和方法。

新石器时代中晚期是玉器发展成为礼器的非常重要的时期。已知有玉器的新石器时期的遗址主要有距今8000年左右的兴隆洼文化遗址，因内蒙古赤峰市敖汉旗兴隆洼遗址的发掘而得名，出土玉器的品种有玉玦、玉坠、玉珠、玉凿、玉斧、玉锛、匕形器等，主要属于生产工具类型和装饰品类型。距今7000余年的沈阳北郊的新乐遗址也出土有斧式雕刻器和凿式雕刻器。以上实用玉器都很少有使用过的豁痕，证明并非生产工具，而是为特殊目的制作的。巫鸿在谈到“礼器”和“用器”区分时认为礼器为“藏礼”之器，“是将概念和原则实现于具体形式中的一种人造器物”。指出这种观念的最初标志就是出现了对“低廉”用具、日常器皿和日用装饰品的“昂贵”模仿，这里的“昂贵”指的是珍贵原料、专门工艺及大量工时。[③]为什么一定要进行这样“昂贵”的模仿，这就牵扯到和礼有关的观念和原则。从玉锛、玉斧等器形来看，至少在那个时代，已经开始出现农业文明或者在某些地方农业文明和渔猎文明并存着，农业文明所带来的新的思想观念在精神领域中所引发的变革表现在诸多方面，并且直接组成或影响了后世的文化，礼文化即是如此。比如，对生产工具的神性的崇拜，因为“工具并不是作为人体的延伸，因为我们所知的最早加工过的石器，是去执行一种人体结构并不具备的功能，即砍斫（一个完全不同于牙齿的撕扯或指甲的抓搔的动作）的功能”。[④]工具的使用所带来的直接结果是人力难以企及的，所以，

①根据王国维的看法，第一重证据为传世历史文献，第二重证据为考古发掘的地下文献，叶舒宪在此基础上提出了第三重、第四重证据的说法，第三重证据是指跨文化的资料证据或依然活在民间的民俗或口头证据，第四重证据为考古或现存实物及图像资料。见叶舒宪《文学与人类学》，北京：中国社会科学文献出版社，2003年版，第256页。

②按照徐旭生的观点，世界上任何一个民族最初的历史，总是用“口耳相传”的方法流传下来。在古文献中保存有古代传说，而在当时尚未能用文字把它直接记录下来的史料，用这种史料所记述的时代，就叫做“传说时代”。（徐旭生：《中国古史的传说时代》增订本，北京：文物出版社，1985年，第13页）笔者认为这种说法不能概括古史传说之前的时代，因此用“史前时代”指代文字直接记录历史之前的时代。

③巫鸿：《礼仪中的美术》，郑岩等译，北京：三联书店，2005年版，第535页。

④（美）米尔恰·伊利亚德：《宗教思想史》，晏可佳、吴晓群等译，上海：上海社会科学院出版社，2004年版，第7—8页。

在远古人的眼里，工具充满了神性，它所显现的并不仅仅是它的物质方面的价值，还有宗教情怀在里面。所以，用非同寻常、美丽稀少的玉石材料去模仿原初的工具，并在特定的仪式上祭拜或者象征性地使用应在情理之中。另外，土地因其滋育生长万物的能力，经常被隐喻为妇女或妇女的子宫，而犁、斧等农业生产工具则被隐喻为男性的性器官，“犁的发明使得农业劳动与性交等同起来”。[①]叶舒宪先生在《诗经的文化阐释》中曾从神话思维和语源学的角度考证过“斧”的意义与“父”及男性阳具三位一体的关系，又引用人类学神父初开权的旁证材料说明字形像“斧”之形的“王”字一脉相承的权力象征意义。[②]下文所要说的从“斧”等工具演变过来的“钺”、“圭”等玉器在进入父权社会以后具有表示权力的象征性就不足为奇了。

史前玉器的发展水平是很不均衡的，杨伯达先生指出，“中原、西北考古出土的玉器既少又劣，发展水平远不如彩陶。所以仰韶文化、马家窑文化是‘擅长彩陶的部落’”，而“崇尚玉器的部落”包括东方沿海的红山文化、新乐文化、大汶口文化、龙山文化、河姆渡文化、马家浜文化、崧泽文化、良渚文化、石峡文化等组成的半弧状玉器带。[③]其中红山文化和良渚文化分别代表了北方和南方新石器时代玉器的最高成就，下面着重分析这两种文化中富有代表性的玉器种类。

红山文化距今6000—5000年，因1935年在内蒙古赤峰市的红山发掘而得名，属于新石器时代中晚期文化，但直到20世纪70年代红山玉器才正式被发掘，并成为红山文化的主流。红山玉器主要集中在辽宁阜新胡头沟红山文化遗址、辽宁凌源城子山红山文化遗址、辽宁喀左东山嘴红山石祭坛遗址、辽宁建平牛河梁红山文化女神庙和积石冢群遗址等，红山文化玉器的品种主要有：动物类，如玉龙、玉猪、玉鸟、玉龟、玉蝉等；礼器类（神器类），如双龙首玉璜、玉璧、双联玉璧、三联玉璧、兽形玉玦等；佩饰类，如勾云形玉佩、虎形玉佩、鱼形玉佩、马蹄形玉箍、玉环、玉珠坠、兽面纹玉饰、

①（美）米尔恰·伊利亚德：《宗教思想史》，晏可佳、吴晓群等译，上海：上海社会科学院出版社，2004年版，第38页。

②叶舒宪：《诗经的文化阐释》，西安：陕西人民出版社，2005年，第610—632页。

③杨伯达：《中国玉器面面观》，《故宫博物院院刊》，1989年第1期。

棒形玉等。发掘出的玉器精美，工艺独特，代表了辽河流域玉器文化遗存的最高水平，是中国北方玉器的典型代表。红山文化的主要内容是随葬玉遗存，最具特色的是鸟兽形葬玉的出现，在近万平方公里地域内，出土的兽形玉器极为相似，是遵循统一的形态、按比较严格的规矩制作而成，有明显的原始宗教的含义。①

良渚文化是长江下游地区新石器时代晚期的重要文化遗存，由崧泽文化发展而来，距今5200—4000年，因20世纪30年代在浙江省杭州市余杭县发现良渚遗址而得名，主要分布在长江下游的太湖流域地区，良渚遗址是指包括良渚、安溪、长命、北湖四个乡在内的大型遗址群。环太湖流域已发现的良渚文化遗址有100余处，其中发掘的著名的遗址有浙江余杭瓶窑镇的反山、莫角山，安溪下溪村的瑶山，江苏吴县草鞋山，武进的寺墩，上海青浦福泉山等。良渚文化墓葬以随葬玉器为主，占出土文物的80%—90%以上。良渚玉器精美绝伦、技术精湛，礼仪用器璧、琮、玉钺、玉杖首等是良渚文化重器；另外还有神器佩饰，如各种形状（三叉形、倒梯形、半圆形、透雕形）的玉冠、玉牌是良渚文化特有的，一般佩饰类玉器，玉鸟、玉鱼、玉龟等动物玉器和实用工具类玉器等。

从以上的大致介绍中可以看出红山文化和良渚文化的许多玉器和史前的礼仪密不可分，甚至可以说是礼仪产生过程的活见证。《左传·成公二年》所谓“器以藏礼”说的就是礼器隐含礼仪观念、构成礼仪内容的意思。礼仪当是很神圣的活动，体现在参与者态度的虔诚、实施过程的认真以及礼器的讲究，在生产力尚不发达的情况下，先民们制作出非常精美的陶器、玉器、青铜器等礼器，充分说明了礼仪活动之于他们的重要性。而玉器被视为集天地之精华的大自然的恩赐，《淮南子·俶真训》谓玉“得天地之精也”；玉还被认为是与天同格的宝物，《易·说卦》曰：“乾为天，为圜，为玉。”所以史前先民尚玉，视玉为神物，用玉器来祭天、实现与天国神灵沟通或表达最神圣的感情则顺理成章。下面，以红山文化和良渚文化玉器为例，从三个方面说明玉器在礼仪产生之初所起的作用以及与礼仪的关系。

首先，佩戴玉器是礼仪组织者身份的标志。新石器时代的人们天

①姚士奇：《中国玉文化》，南京：江苏古籍出版社，2004年，第53页；何松：《中国史前玉器的主要分布地域与特征及其玉文化》，《宝石和宝石学杂志》，2005年第2期。

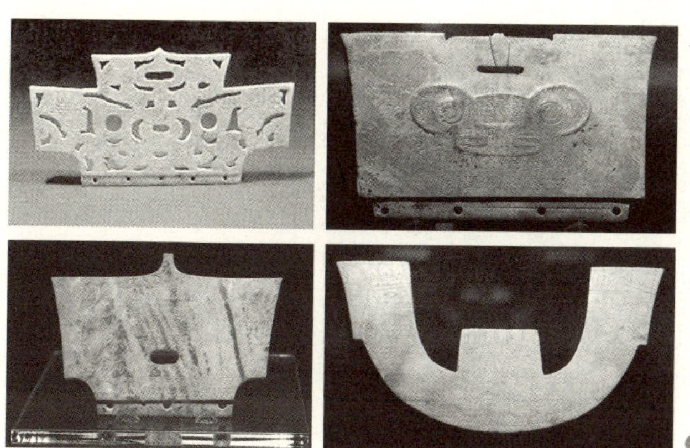
●玉冠（良渚博物馆）

然地与天地自然有着一种依赖关系，播种收获等活动全部依靠天地的恩赐和四时的节律秩序，所以，他们频频举行各种祭祀天地自然、祈求降雨减灾、感谢神灵恩赐的原始宗教活动。这些活动大多是定期举行、必不可少的，而且也成为凝聚集体力量、统一集体意志的重要方式。这样的活动必定要由才智和能力过人的特殊人物来组织，那时能够沟通凡界神界、传达神灵旨意的人非巫觋人员莫属，并且很有可能是才能超众的大巫师同时又身兼部落的军事首领职务。在举行大型祭祀巫术活动时，他们佩戴特殊醒目的佩饰用以威慑服众，增强法术的效力。在良渚文化遗址的许多大墓中，均有玉冠（饰）出土，形制不一，大多同时还有玉钺。玉冠（饰）有倒梯形人首兽面纹玉冠饰、三叉形兽面纹玉冠饰、半圆形兽面纹玉冠饰、镂空透雕式玉冠饰等。在墓中还发现有锥形玉器，很可能是用于固定头发和冠饰的，冠饰大多有圆孔，乃安插羽毛所用。根据反山良渚墓地出土的M12：98号玉琮（号称为“琮王”）的神人兽面纹——被称为良渚“神徽”——上方神人头上宽大羽冠的暗示，可以推知这些冠饰在作法时很有可能是插上羽毛的羽冠。先民们相信天神及其他神灵定是居于天上的，而鸟是上天的使者，可以自由往来于人间天界，头戴羽冠，象征着巫师拥有了鸟的神力，可以沟通神灵。红山文化玉器中，也有一种特殊的箍形玉器，因出土时的位置大都在墓主人的头部附近，因此也被认为是玉冠饰，其下端的两个圆孔是用于固定位置的，长长的圆筒朝上，巫师或萨满的长头发从中穿出，作法时头发随身体甩动，可以增加无穷的魔力。再者，远古先民大多以为人的灵魂是居于人的头部，在举行祭祀或萨满活

良渚文化山形玉冠饰（良渚博物馆）

动中，居于头上的灵魂可以随时出入，神灵也可以随时凭附，玉箍形器那长长的圆筒同时也是灵魂出入的通道。特别值得注意的是，在红山文化和良渚文化的大型遗址所在地，均有土筑或积石祭坛存在，如辽宁牛河梁红山文化“女神庙”与积石冢，辽宁喀左东山嘴遗址红山文化祭坛，江苏张陵山、草鞋山良渚文化高台墓地，浙江反山、瑶山、汇观山良渚文化祭坛等。在高高的祭坛上，祭司、巫师或萨满头戴醒目的冠饰，无疑是他们身份和法力的象征。

其次，玉器是礼仪活动中沟通神灵的工具。在祭祀活动中，祭司或大巫师等神职人员须借助一定的礼器进行礼仪活动，从而达到祭天礼地的目的。《周礼》中关于“苍璧礼天，黄琮礼地”的说法并不是凭空想象突然形成，必定有着悠久的渊源，我们所知道的只是与古人“天圆地方”的宇宙观有关，璧是圆的所以用来礼天，琮是方的所以用来礼地，至于“苍”和“黄”则分别代表着天和地的颜色。这种观念形成之初的具体情形已经模糊不清了，以至于后来的人们对于璧和琮在新石器时代的作用有种种推测解释，至今仍无定论。关于璧，有认为取象于月[①]，有认为取象于女阴表示生殖崇拜[②]，也有认为由环状斧或纺轮等器物演化而来[③]，但大多数学者认为缘于古人的天圆地方观，“璧圆像天”[④]。另一种与璧形制相似，叫做玉璇玑，又叫牙璧，表示的是圆天绕极运

①刘子芬：《玉说汇编·古玉考》，日本人日下部四太郎的观点，北京：书目文献出版社，1993年版，第12—13页。

②陈逸民：《红山玉器收藏与鉴赏》，上海：上海人民出版社，2004年版，第125页。

③宾田耕作：《古玉概说》，北京：中华书局，1940年版。

④周南泉：《论中国古代的玉璧——古玉研究之二》，《故宫博物院院刊》，1991年第1期。

行旋转的形态[①]，可视为璧的变体，也可旁证玉璧象征天圆说。另外还有一个有力的旁证：龙是可以飞到天上的神，所以下文要谈到的龙璧合二为一的现象也绝不是偶然的，“虽用以礼天，但其意在祷旱”。[②]可见龙璧（又叫“珑”）用于求雨，璧则是祭天时必不可少的礼器。红山文化和良渚文化都有玉璧，良渚文化中璧的数量大大增加。但是，一个奇怪的、令学界至今困惑不解的现象是红山文化遗址中到目前为止并没有发现玉琮，而良渚文化遗址中玉琮的数量之多、品种之丰富、雕刻之精致都使其成为良渚文化出土礼器的主角。玉琮究竟来自哪里？为什么良渚时期突然出现那么多玉琮？它的用途到底是什么？如果是用于礼地的重器，那么红山文化时期是用什么礼器来祭祀土地的？

张光直先生的论文《谈“琮”及其在中国古史上的意义》[③]影响很大，他认为琮的内圆像天、外方像地，琮的最重要的特征是把方和圆通串起来，也就是把天地贯通起来，是贯通天地的象征和法器。他还认为上面所刻的动物形象是帮助巫师贯通天地的。但是，在良渚文化遗址中还有另一种形制的玉琮——圆筒玉琮又该作何解释呢？既然玉琮是贯通天地的，那么有没有专门的礼器是祭祀土地的？除了张光直先生的贯通天地说以外，在其他诸多研究玉琮的论著中，都谈及了玉琮作为礼器的祭地功能，但并没有告诉我们它的具体位置、来源演变以及在仪式上的使用情况。让我们再把目光锁定到红山文化的祭坛上，辽宁牛河梁遗址分别由两个石块垒砌的方形祭坛和一个石柱圈成三层叠起的圆坛组成，辽宁喀左东山嘴遗址则是在一个大型的方形基址上建造有几个石圆形台址。这种方圆不同形制的祭坛应与“天圆地方”的观念有关，祭天祭地应分别在相应位置举行。有意味的是在牛河梁遗址的平台上发现了“女神庙”和女神雕塑，被学者认为是建立在农业经济发展基础上祈求丰年、对大地母神的崇敬[④]，而在祭坛的出入口处的两侧，各有一排彩陶筒形器依次排列开来，像两扇打开的大门。这些显然不是实用器的筒

①李新伟：《中国史前玉器反映的宇宙观》，《东南文化》，2004年第3期。

②刘子芬：《玉说汇编·古玉考》，北京：书目文献出版社，1993年版，第8页。

③张光直：《谈“琮”及其在中国古史上的意义》，《文物与考古论集》，北京：文物出版社，1986年版。

④孙守道、郭大顺：《牛河梁红山文化女神头像的发现与研究》，《文物》，1986年第8期。

形彩陶上下贯通，筒身绘有花纹，有横条纹、水波纹、绳纹等。按照叶舒宪先生《中国神话哲学》的推论，水代表地下的冥界①，同样有理由推测，水纹也代表地下，相间的横条纹表示的是一层一层的地界。根据纹饰、女神像的暗示以及彩陶摆放在祭坛的出入口处排列为大门的形状可以判断，这种筒形彩陶器应该是祭祀大地的礼器，上下相通象征着大地母亲生产万物的子宫通道，摆放成大门的形状意味着祭祀活动是进入大地深处举行，人们在这里祈愿大地母亲能够丰产、赐予收成，活动完毕出来则意味着即将获得新的收获。对大地母神的崇敬与信仰是史前神话类比思维进入农业时代的遗留，这种思维将大地生产万物与女性的生育繁殖等同起来看待。关于门和入口的象征，维克多·特纳在《象征之林》中对恩登布人的成年入会礼的描述中有精彩的分析，新入会者经过用木头搭建的“穆科雷库”（门、入口）时，将儿时的衣物丢弃悬挂在门楣上，这样一来，门就象征着将“不纯的”幼儿期和受过割礼的成年期分开的界限。②而在祭祀土地时，筒形陶器象征地之门。

有理由推断，筒形陶器很可能是玉琮的前身。在敖汉旗博物馆收藏有一件赵宝沟文化的石筒形器，赵宝沟文化距今已有6800年的历史，是介于兴隆洼文化和红山文化之间的一种文化类型。这件石筒形器的年代比红山文化陶筒形器的年代早。这就说明，人类制作上下相通的筒形器，最早的是石器。这并不奇怪，因为石器也是人类最早从自然界

●红山筒形陶器

●赵宝沟筒形石器

①叶舒宪：《中国神话哲学》，北京：中国社会科学出版社，1992年版，第17页。

②维克多·特纳：《象征之林》，赵玉燕等译，北京：商务印书馆，2006年版，第207页。

●良渚圆筒形玉琮

获取的工具，而陶器的制作一定要在火的使用之后，所以，之后才有红山圆形陶筒。良渚文化遗址中也出现了圆筒形玉琮，但更多的是外方内圆的玉琮。为什么这两种玉琮会同时出现在良渚文化遗址中？笔者以为圆形玉琮应该是一种由圆形石筒、陶筒（琮的最初形式）到外方内圆玉琮（琮的定形）的过渡形式，其中不变的圆形象征着大地的生产之门。随着古人宇宙观念的不断完善，特别是进入农业文明有了地之四极的观念之后，代表大地的琮才被做成外面是方形——用来对应四极。《尔雅·释地》有对四极的具体地理地名的解释，《列子》中也有四极的说法，四极宇宙观的形成应当不是在先秦一下子出现的，之前肯定有一个长期渐渐形成的过程。良渚文化时期，外方内圆的、质料更好的玉琮终于诞生，与四极观念应当不无关系。由此可以推知，琮的出现是先石后陶再而为玉，先为圆筒形后为外方内圆形，演变轨迹为：赵宝沟文化的石筒形器——红山文化的陶制圆筒形——良渚文化的玉制圆筒形玉琮——良渚文化的玉制外方内圆形玉琮。琮的器形演变过程，恰恰反映了游牧文明到农业文明先民宇宙观念的逐渐演变，材质的变化也与人类文明的进程保持一致。器物的材质和器形随着时间在演变，器物的功能在文明的进程中保持着相对的稳定性，即在祭祀中象征着地之门、与大地沟通的媒介。器物是传递观念的媒介，以琮礼地其实从红山时期（甚至更早）就已经开始了，只不过那时是陶制的圆筒形琮罢了。这种器形的玉器在红山时期少见的原因与当时大型玉料的稀少有关，至今发掘的红山文化玉器除了玉箍形器以外，没有太大的器形。

最后，玉器所表征的神物乃是人们崇拜的对象或承载着特定的观念。在遥远的新时期时代，世界很多地方都有图腾崇拜的现象，人们将图腾绘在旗帜上或雕刻在石头、柱子上，以标示氏族部落之间的区分或用以唤起共同的缅怀祖先的感情和集体的凝聚力。用珍贵稀有的玉石雕刻出图腾形象或在玉礼器上雕刻图腾图案的现象分别在玉文化发达的红山文化和良渚文化考古区有所表现。红山文化玉器中的玉鹰和玉猪龙就是经常见到的图腾玉雕，在幅员辽阔的东北红山文化考古区，这两种玉雕动物都分别表现出形制的高度一致。郭大顺在《玉器的起源与渔猎文化》一文中谈到了红山文化地区玉器的起源大多与此地区早期的狩猎采集型和渔猎型的经济有关，[①]那里的图腾玉器当与渔猎文化有关。鹰雕玉器是红山文化发现最多的玉器种类之一，红山文化区处于整个辽西和内蒙古东部，草原上雄鹰翱翔，鹰在扑食过程中的矫健和凶猛，是红山先民崇拜的偶像，他们把鹰作为聚落的图腾，因而在玉器中大量琢制鹰的形象。玉猪龙也是红山文化玉器中较多的动物型器，除了玦形龙外还有C形龙和弧形龙，它们共同的特点就是有一双大大的耳朵、大大的眼睛，还有一个向前伸出、拱起的嘴巴。玦形玉猪龙在红山文化出土的玉器中比较常见，相互之间差异不大，也属于图腾性质的玉器，它保存着红山狩猎部落与野猪长期打交道的过程中对野猪之凶悍、

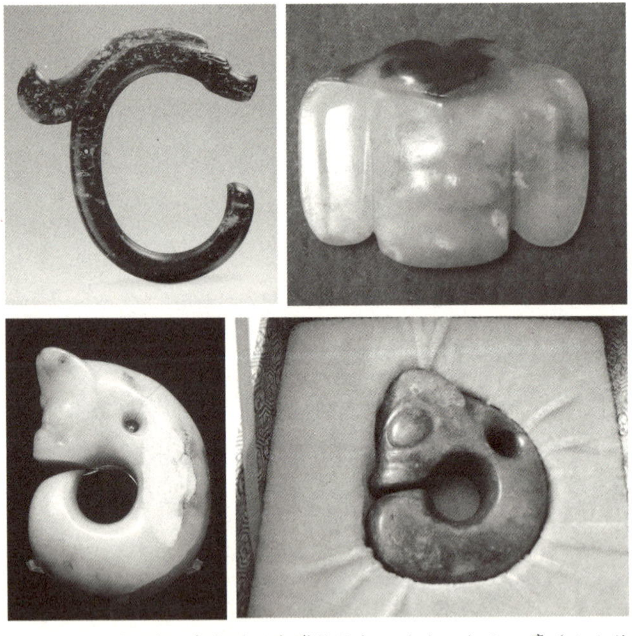

●左上：三星他拉C字龙（国家博物馆），右上：红山玉鹰（私人收藏），左下：红山玉猪龙（巴林右旗出土），右下：红山玉猪龙（翁牛特旗张军收藏）。

①郭大顺：《玉器的起源与渔猎文化》，载《北方文物》，1996年第4期。

威猛崇拜的文化记忆。这里存在一个问题：为什么猪的身体不采用写实的手法塑造，偏偏被塑造成卷曲的圆形，整体看像是猪首和玦（璧）的二形合一？李新伟在《中国史前玉器反映的宇宙观》一文中引用冯时先生的观点，认为猪与北斗星有关，引用《春秋说题词》的说法“斗星时散精为彘”，从而推论北斗星像猪首的侧视，斗柄部正像猪的长吻。[①]北斗星一年四季绕天极旋转，是抽象的天最具体的代表，这样，猪与天就有着局部代表整体的关系，所以，将猪雕刻成代表天的玉璧的圆形是有道理的。有学者认为猪龙是龙的起源——随着猪的驯化饲养食用，为避免图腾禁忌，猪图腾渐渐为龙图腾代替。[②]如果这个说法能够成立，也就不难理解后来为什么一璧往往仅雕一龙——古人称之为“珑”的现象了。良渚文化中的玉鸟及雕刻在玉琮、三叉形玉冠饰等器物之上的鸟的形象很突出，良渚文化所在地被认为属于东夷的所在地[③]，夷人以鸟为图腾。巫鸿先生考证也认为可以将它们称为“阳鸟”，是东夷族的“徽识”。[④]

除了以上谈到的具有图腾标示功能的玉器之外，还存在大量的象形或者抽象的玉器，在特定的场合使用，被赋予特定的精神观念和愿望，如红山文化出土的多种勾云形玉佩，具体的作用已不可考，但是具有象征意义是毫无疑问的。各种玉器在“葬玉与上古中国人的丧葬观”一节将会谈到。

从以上几个方面的分析中可以看出，玉器在礼产生的过程中扮演了极其重要的角色，成为礼仪形成的物质见证、礼制运行的工具手段和重要保证。但是，需要明确的是，礼产生于宗教祭祀但并不等于宗教祭祀，许多论者往往就此止步，仿佛说到玉和祭祀有关也就等于玉和礼的起源有关，至于它们之间究竟有怎样的实质性的内在逻辑关系，没有清楚的、令人信服的分析论证。礼从一开始甚至后来一直与宗教祭祀活动连在一起，它是在各式各样的宗教祭祀活动中渐渐形成的种种行为模式，并从行为活动中剥离出来的关于各种秩序的理念以及组织凝聚群体的精神手段，此乃《礼记·乐记》中

---

①李新伟：《中国史前玉器反映的宇宙观》，《东南文化》，2004年第3期。

②陈逸民：《红山玉器收藏与鉴赏》，上海：上海大学出版社，2004年版，第37页。

③傅斯年：《夷夏东西说》，《庆祝蔡元培先生六十五岁论文集》，南京：中央研究院历史语言研究所，1935年，第1093—1134页。

④巫鸿：《礼仪中的美术·东夷艺术中的鸟图像》，郑岩等译，北京：三联书店，2005年版，第20页。

所谓“礼者，天地之序也”，《荀子·礼论》所谓“礼者，人道之极也”。礼一经形成，就会超越一时一地的风俗，在一个较广的文化区域和较长的时间段里发挥作用，并随着社会活动内容的丰富慢慢发生变化，逐渐扩大它的内涵。在礼的执行过程中往往需要借助礼器等物质手段来实现礼的精神价值，礼器具有形制规范、质料考究、制作精致的特点以及包藏观念、提示规范、礼仪教化的作用，玉在所有的礼器中很好地体现了这些特点和作用，用于礼仪之“玉器的设计制作，不是随意出之，而是遵循着严格的规则，受着一定的观念形态的制约”。[1]所以礼不仅区别于宗教祭祀而且还因为强大的精神统一的力量，隐藏礼制的作用而与一般的习俗区分开来。

①孙守道、郭大顺：《论西辽河流域的原始文明与龙的起源》，《文物》，1984年第6期。

第二节

玉器的使用与礼的等级秩序

如果说在漫长的神权时代礼表现为对神灵的崇拜，那么在王权时代礼的核心本质则表现为一套井然有序的等级秩序。在《易·序卦》中就有对礼义秩序的朴素描述："有天地然后有万物，有万物然后有男女，有男女然后有夫妇，有夫妇然后有父子，有父子然后有君臣，有君臣然后有上下，有上下然后礼义有所错。"孔子在答齐景公问政时曾说过这样的话："君君、臣臣、父父、子子。"（《论语·八佾》）这也是对礼的秩序的高度概括。《礼记·乐记》中说："礼者天地之序也。"为什么在王权时代礼会表现出这样的等级秩序？还要从传说中的五帝时代的一项重要宗教变革说起。

远古时代，神具有至高无上的绝对权威，大大小小的祭司和巫师代表人类和神灵沟通，这种人神不分的情形在各种事务逐渐复杂的社会形势下就显得杂乱不堪，无法管理。颛顼时，实行了一项大胆的改革措施"绝地天通"，"命南正重司天以属神，火正黎司地以属民"。《国语·楚语下》、《史记·历书》都有记载。将社会事务和宗教事务分开并由专人进行管理，这样就出现了最初的特权阶级，政权意识开始萌芽，并垄断控制了宗教事务（神权）。后来王权渐渐从神权中分离出来，当然这是一个相当漫长的分离过程，夏代可以说是第一个王权时代。不过，夏商的王权还没有完全摆脱神权的影子，《吕氏春秋·顺民篇》有："昔者汤克夏而正天下，天大旱，五年不收，汤乃以身祷于桑林……于是剪其发，磨其手，以身为牺牲，用祈福于上帝。民乃甚说，雨乃大至。"说的就是商王商汤兼祈雨大巫师的情形，但是，那时王权已经发展成为一套比较成熟的，以神权为辅助手段的政治运作体系。当然，政权的产生也和部落兼并、军事战争直接联系在一起，部落酋长必然勇武过人，他们在率领氏族征战拼杀的过程中拥有了权力。他们最早使用的武器莫过于石斧、石凿等，后来，在平时不作战打仗的时日，尤其是重要的祭祀和庆典活动中，他们依然需要手持刀斧，以象征至高无上的权力和君临其众的威仪，此时，从石器中分离出来的具有神性的玉器就成为最佳选择。玉钺取制于石斧，玉圭取制于石凿，“圭之体制似斧凿，盖古人之制器物必有所取象”。[①]在良渚文化的墓葬中就出土有玉钺，在有了金属利器之后，玉钺、玉戈、玉斧、玉圭等更是在象征意义上成为君王在仪式上彰显权威，拥有生杀予夺权力的器具。《尚书·牧誓》中有“武王左杖黄钺”的记载。良渚文化反山、瑶山大墓中出土的玉钺均在死者的左手边，与史书记载正相吻合。《左传·成公十三年》有“国之大事，在祀与戎”的说法，祭祀、庆典等礼仪活动成为统治者凝聚集体力量的一种重要形式。在长期的礼仪活动中，渐渐形成了一些规范和模式，什么样的礼仪活动使用什么礼器，礼器在不同的礼仪场合中象征什么意义，这些都属于礼仪的内容。

有了权力自然就会出现标志权力大小的等级，而秩序是维护权力等级的最佳方式，它主要体现为一套严密的礼仪系统。或者反过来说也成立，礼仪最集中地表现在等级秩序中，这就是礼仪和等级秩序紧密结合在一起的历史原因。玉器的使用是祭祀等大型礼仪活动中的重要内容，在使用中被赋予了意识形态的功能，因此，它顺理成章地成了权力等级的象征和标志。早在良渚文化墓葬当中，就有体现等级序列的墓葬群。姚士奇在《中国玉文化》中说到的瑶山墓葬群就非常典型。瑶山良渚墓葬群遗址坐落在浙江余杭县安溪乡瑶山山顶的祭坛上。祭坛被建造在距离天最近的山顶上，象征大地形状的正方形中央土台约46平方米，四周有围沟，围沟之外还有土围台，总面积约有400平方米。有意味的是，在中央红土台的偏南部位，发掘了11座墓葬群，按东西走向，分南北两列均匀分布。根据出土玉器的多寡及种类不同，可以判断出这些墓葬主人的等级主从关系。M12号墓位于南列居中，被盗，后来征集到该墓出土的玉器344件，其中有7件玉琮。紧邻M12东面的M7号墓出土148件玉器，其中有一套挂着小玉琮的玉钺。另外6件玉钺和6件三叉形器（玉冠）均出自南列的墓葬中，每墓各一套，11座墓葬中，出土倒梯形

①刘子芬：《玉说汇编·古玉考》，日本人日下部四太郎的观点，北京：书目文献出版社，1993年版，第15页。

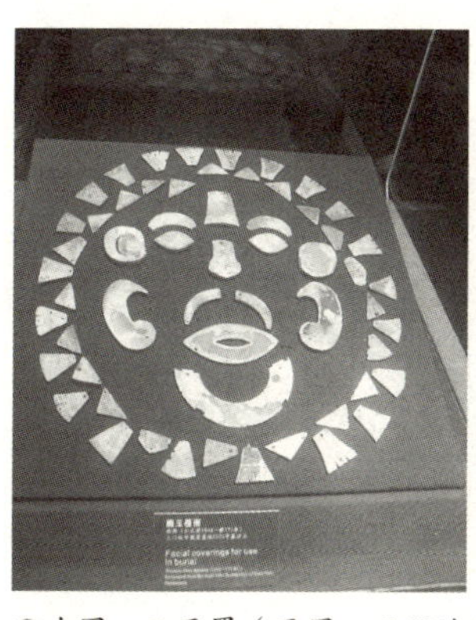

●左图：玉面罩（西周，三门峡虢国墓M2001出土），右图：虢季列鼎M2001。

玉冠状饰11件，每墓各一件。从出土的玉器看，M12墓主应该是最高首领，M7墓主极有可能是军事酋长，南列6墓的墓主级别显然尊于北列5墓墓主，但这11座墓的墓主都是有资格佩戴玉冠的，他们墓中的玉器，标志着他们所具有的统治者的地位以及权位的高低秩序，表明“在原始社会末期已经出现具有上层地位的社会集团或政治阶层”[①]。

夏、商、周三代已经进入王权统治和国家政治阶段，从已经出土的三代墓葬玉器中，也明显地反映出贵族统治阶层的等级秩序。1975年至1976年，在河南安阳发掘的商代妇好墓是迄今为止发掘的最完整的殷商王室大墓，共出土755件玉器，分为礼器类160余件、仪仗类60余件、工具与用具类60件、装饰品及其他300余件[②]，玉器数量之多、玉质质量之好、工艺之精湛，都令人叹为观止，因为它们属于王室规格的礼葬，符合妇好作为商王武丁之妻兼商朝军事将领的身份。1990年至1991年，在河南三门峡上村岭发掘了西周晚期大型墓葬虢国国君墓。其中，M2001号墓是国君墓，墓中不仅出土了结构形制迄今最为完备的缀玉瞑目，而且还有一组七联璜玉佩，也是目前出土的周代组玉佩中形制规格最为完备精美的玉璜组配。墓中同时出土的还有七件一套的列鼎，符合西周严格的列鼎制：天子用九鼎，诸侯七鼎，卿大夫五鼎，士三鼎。西周晚期到春秋战国，由于礼崩乐坏，列鼎制的执行不那么严格了，往往出现僭越行为，国君墓出土的时时有九鼎的情况，虢国墓地的M2009号就如此。

①姚士奇：《中国玉文化》，南京：江苏古籍出版社，2004年版，第263—264页。

②《安阳殷墟五号墓的发掘》，《考古学报》，1977年第2期，北京：科学出版社。

M2012号墓是一贵族妇女墓，墓中出土有一组五联璜玉佩，所出列鼎为五鼎，应为国君夫人墓。由此看来，七鼎配七璜，五鼎配五璜，在象征权力身份时，鼎和玉有异曲同工之效，鼎用于区分等级，但却不能随时随身携带，只有玉组佩，平常能够佩戴在身上，明确无误地用以表明身份。

“玉”和“王”的字源纠葛也能很好地说明权力代表者和玉之间的内在关联。古文字中，“玉”的写法本没有一点，与“王”的写法很类似，《说文解字》中，“玉”写作“王”，解释为：“石之美有五德……象三玉之连，丨，其贯也。凡玉之属皆从玉。”①“玉”本是一根绳子贯穿着三块美玉的意思。甲骨文中的“玉”写作“丰”。“王”在《说文解字》中写作“王”（上面两横离得近一些），解释为：“天下所归往也。董仲舒曰：‘古之造文者，三画而连其中谓之王。三者，天、地、人也。而参通之者，王也。’孔子曰：‘一贯三为王。’”②段玉裁在注释中说，引董仲舒的说法是为了说明字形，引孔子说是为证董说。③看来，对“王”字的解释是按儒家的观念进行解释的，而董仲舒对字形的解释显然更多地属于意识形态化的附会。《尔雅》对“王”的解释为：“林、烝、天、帝、皇、王、后、辟、公、侯，君也。”这个“君”，肯定不是一般君子的“君”，而是掌握着权力的“君”，一开始是神权，后来渐渐拥有了政权。正像上文所显示的，他们是凭借手中特殊的器物——玉——与上天、神灵沟通，显示权威，以后又将玉作为权力等级的象征，所以，玉之于这样的“君”意味非同寻常，是君之所以为君的根本和要害。有了“玉”，就可以成为“君王”了。所以，君王的“王”自然就借用了古“玉”（“王”）字。文字使用频率逐渐增多以后，为了避免混淆，区分二者，就在玉（“王”）的右下方加了一点，表示凡玉皆有瑕的特点，“玉”与原来的“王”没有相差很多，又获得了两全其美的效果。玉所赋予君的至高无上的权力从文字的历史中可略见一斑。

周代是一个礼制被极度规范化的时代，玉器的使用也被纳入到严格的礼仪系统中。什么样级别的人在礼仪活动中使用或佩戴什么样的玉器有严格的规定。《周礼·春官·大宗伯》云：“以玉作六瑞，以等邦

①许慎：《说文解字》，北京：中华书局，1963年版，第10页。
②许慎：《说文解字》，北京：中华书局，1963年版，第9页。
③段玉裁：《说文解字注》，杭州：浙江古籍出版社，1998年版，第9页。

●明代谷纹白圭、青圭（首都博物馆）

国。王执镇圭、公执桓圭、侯执信圭、伯执躬圭、子执谷璧、男执蒲璧。”六瑞是朝廷命官的凭证，标示了不同等级官员的身份，郑玄注曰：“人执以见曰瑞，礼神曰器。瑞，符信也。”《古玉考》谓“圭之似斧凿，亦非以圭为杀也，所以示王者有生杀之权而不用也”。六瑞的尺寸大小也有规矩，《周礼·冬官·考工记》曰：“玉人之事：镇圭尺有二寸，天子守之。命圭九寸，谓之桓圭，公守之。命圭七寸，谓之信圭，侯守之。命圭七寸，谓之躬圭，伯守之。”甚至，连佩挂什么颜色的丝绳也有讲究，《周礼·典瑞》说：“王晋大圭，执镇圭，缫藉五彩五就以朝日。公执桓圭，侯执信圭，伯执躬圭，缫皆三彩三就……以朝觐宗遇会同于王。”《礼记·玉藻》：“天子佩白玉而玄组绶。公侯佩山玄玉而朱组绶。大夫佩水苍玉而纯组绶。世子佩瑜玉而綦组绶。士佩瓀玟而缊组绶。”圭的名称也被赋予了与其拥有者地位职责相当的象征意义。郑玄注：“镇，安也，所以安四方；镇圭盖以四镇之山为瑑饰，圭长尺有二寸。公，二王之后，及王之上公。双植谓之桓；桓，宫室之象，所以安其上也；桓圭盖亦以桓为瑑饰，圭长九寸。信当为身，声之误也；身圭、躬圭盖皆象以人形为瑑饰，文有粗缛耳，欲其慎行以保身；圭皆长七寸。谷所以养人，蒲为席所以安人；二玉盖或以谷为瑑饰，或以蒲为瑑饰；璧皆径五寸。不执圭者，未成国也。”

什么样的玉器在什么祭祀场合使用也有严格的规定。《周礼·大

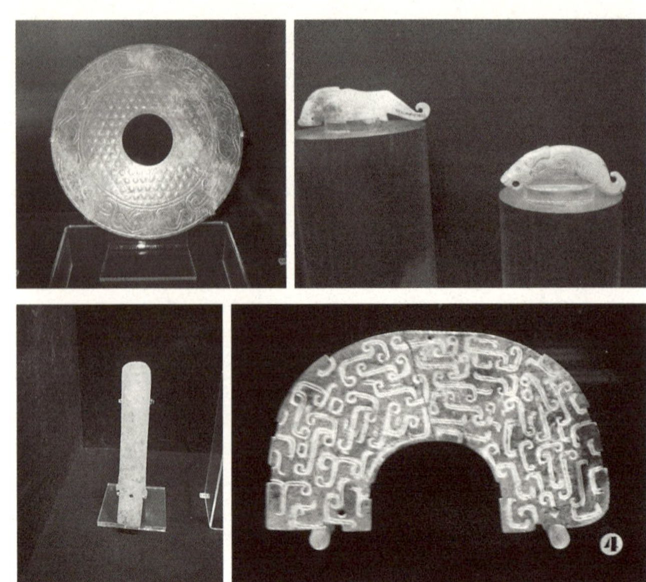

●左上：汉代玉璧（首都博物馆），右上：玉琥（殷墟博物馆），左下：新石器时代玉璋（首都博物馆），右下：战国玄璜（河南省博物院）。

宗伯》中关于“六器”的使用有这样的说法：“以玉作六器，以礼天地四方。苍璧礼天，黄琮礼地，青圭礼东方，白琥礼西方，赤璋礼南方，玄璜礼北方。”郑玄注：“礼神者必象其类：璧圜象天；琮八方象地；圭锐象春物初生；半圭曰璋，象夏物半死；琥猛象秋严；半璧曰璜，象冬闭藏，地上无物，唯天半见。”《周礼·典瑞》曰：“瑑圭璋璧琮缫皆二采一就，以兆见聘。四圭有邸，以祀天，旅上帝，两圭有邸，以祀地，旅四望。祼圭有瓒，以肆先王，以祼宾客。圭璧以祀日月星辰，璋邸射，以祀山川，以造赠宾客……”《周礼·大宰》曰：“赞玉几，玉爵。”《周礼·玉府》曰：“若合诸侯，则共珠盘玉敦。”《礼记·明堂位》曰：“灌用玉瓒大圭。荐用玉豆，雕篹，爵用玉盏，仍雕，加以璧散璧角。”《玉说》总结《周礼》及经传用玉云：“诸侯封国以玉，礼天地四方以玉，朝聘会盟以玉”，“明堂之中玉几玉爵，飨宾礼也。决拾既齿，飨射礼也。圭瓒玉罄，祀先礼也。大朝覲搢、执圭，祀天地明堂，垂旒充耳，王侯礼也。礼服佩玉，衡（珩）璜锵锵，王公与士大夫共焉者也”。[①]《古玉考》云：“古代帝王，率以口语为命，令其行事，概不用公文书。其有口语不能宣达之处，则凭信物而执行之。如召

①李遹宣、张承鋆合辑：《玉说汇编·玉说》，北京：书目文献出版社，1993年版，第50页。

人则以瑗。征守及恤凶荒则以珍圭。和难、聘女则以古币。治德、结好则以琬圭。易行除恶则以琰圭。治兵守、起军旅则以牙璋。牙璋之制，变为后世之兵符，沿用至汉唐而不替。琰圭之制，变为后世杀人之令箭，沿用至前清末年而始止。”①

后世用玉依然有象征身份、地位的功能。汉代，葬玉除保留九窍塞和玉瞑目，又在此基础上进一步发展为以奢华铺张为特色的“金缕玉衣”、“银缕玉衣”、“铜缕玉衣”。西汉文景及其以后的皇帝和贵族，死时穿玉衣入葬，它们是用许多四角穿有小孔的玉片，用金丝、银丝或铜丝编缀起来，金缕玉衣是汉代规格最高的丧葬殓服，用于汉代皇帝和高级贵族，《西京杂记》中记载的汉代帝王下葬用的“珠襦玉匣”，形如铠甲、用金丝连接的，就是我们所说的“金缕玉衣”，古人叫“玉匣”。1968年河北满城出土的中山靖王刘胜的金缕玉衣（现藏河北省文物研究所）是目前出土的同类玉衣当中最完美的。殓葬用玉衣除了反映当时人们迷信玉能够保持尸骨不朽的观念外，更反映出玉是一种高贵的礼器和身份的象征。到三国时期，魏文帝曹丕下令禁止使用玉衣，从此玉衣在中国历史上消失了。此后，玉器从内容到形式都发生了很大的变化，除了在极个别的场合还有约定俗成的身份地位象征之外，它所象征的宗教礼仪意义渐渐为世俗化、审美化的趋势所代替，它成为富贵的标志、服饰和生活中美的点缀、案头及手中把玩的古董。

巫鸿先生在《礼仪中的美术》一书中谈到玉时认为礼器与用器的区分“第一个标志是出现了对一些‘低廉’用具、日常器皿和日用装饰品的‘昂贵’模仿”，拥有者权力的获得是“因为它象征了拥有者控制和‘挥霍’具有专门手艺的玉器工匠的巨额精力的能力，从而成为权力的形象化象征”。②笔者不能完全认同这种看法，因为权力的获得固然有着占有他人大量劳动的因素，这个说法与马克思的剩余劳动学说很接近，就像资本家对劳动者及其劳动的占有一样，权力是靠实力或资本，对人、事物或行为的一种占有和垄断，但是权力最典型的形式是通过赋予这些人、事物或行为以符号象征意义，在此基础上，使自己在这个象征系统中占据一个特殊的地

①刘子芬：《玉说汇编·古玉考》，北京：书目文献出版社，1993年版，第16页。

②巫鸿：《礼仪中的美术》，郑岩等译，北京：三联书店，2005年版，第535—536页。

位。如前所示，天地人三才系统中“王”被认为是能够贯通三者的符号象征，君王就是这个符号的替身；又如，将整个一个国比喻为一个家，君王就像是这个大家的父王一般，在家的隐喻中实现了对国的统治。在玉器的符号象征系统中，同样是拥有玉器，君王拥有的玉器在规格上、颜色上、名称上象征意义不同于一般，“王执镇圭”，镇圭赋予王安镇四方的意义与权力。在《核心、王者和魅力：权力符号的反照》一文中，吉尔兹认为任何一个复杂的社会的政治核心中的统治精英总是以一系列的符号形式去表达他们的统治权力和所谓的“魅力”，他用了一个很妙的比喻：“他们标记下其符号，恰如狼或老虎在它们的领地放出它们的气味，作为它们拥有其域的实体性标示。”[①]很多情况下王者是通过仪式或符号象征赋予其特殊的地位，传达确立其对王土的支配权力。如伊丽莎白通过巡游等仪式将自己置入一种新教构筑的道德理想的框架中，以一个代理人的身份，实现上帝制定的贞洁，从而在新教道德的寓意中增加自己的魅力。尽管吉尔兹侧重于分析王者的魅力，但实际上王者精心营构的魅力是权力的一种外化和变相的显示，所以权力也如同魅力一样，是一场精心策划的用符号表现亲合力与特殊性从而将自己的意志置换为整个王国意志的阴谋。

①（美）克利福德·吉尔兹：《地方性知识》，王海龙、张家瑄译，北京：中央编译出版社，2004年版，第164页。

第三节 玉的人格化与道德礼教

玉器从一开始作为礼器的时候，并没有外加其上的道德诉求，有的只是沟通神灵、祈福祛灾的功能，由于它的神性和灵性，人们赋予它的更多是一种“神格”或者“灵格”，从“灵”的古字中我们还可以看出一些蛛丝马迹。“灵”，古体字为“靈”或“靈”，许慎《说文解字》解释为：“靈巫，以玉事神，从玉，霝声。”[①]段玉裁注引《谥法》曰：“极知鬼事曰靈，好祭鬼神曰靈。”巫以玉事神，玉在远古人心中是很有灵性的。及至玉被作为权力的象征，它又被赋予了许多抽象的哲学内涵和人格化的意义。前者如天圆地方的宇宙观体现在玉器上就是以圆形的玉璧礼天，以方形的玉琮礼地；又如分别以青圭、赤璋、白琥、玄璜、黄琮礼四方和土地，对应着古人的四时、五行观，“东方属木，主生，其色青，故以青圭礼东方。南方属火，主长，其色赤，故以赤璋礼南方。西方属金，主杀，其色白，故以白琥礼西方。北方属水，主藏，其色黑，故以玄璜礼北方。中央属土，其色黄，故以黄琮礼地”。[②]《尔雅·释天》曰：“春为青阳，夏为朱明，秋为白藏，冬为玄英。”我们看到，玉被纳入到一套严密的哲学体系中，而且严格地对应着春夏秋冬四时、金木水火土五行、青赤（朱）白黑（玄）黄五色、东西南北上下六方。为什么会出现这些范畴相互之间的对应？因为这样可以体现将宇宙自然的一切范畴纳入到一种有序的状态中，而通过玉，又可以将自然的有序与人类社会的礼制联系起来。有了秩序，权力的运作就可以有条不紊地进行了。人格化的意义是将理想的人格赋之于玉，比如在“六瑞”中，镇圭、桓圭、信圭、躬圭，从名称上前文引郑玄注，都有拟人化的象征意义，不同身份的掌权者手

①许慎：《说文解字》，北京：中华书局，1984年版，第13页。

②刘子芬：《玉说汇编·古玉考》，北京：书目文献出版社，1993年版，第7页。

执玉器，就会不断被手中的玉圭提醒应具有相应的品格。玉器的人格化的象征被演绎到极致就是后来以孔子为代表的“比德于玉”说，这一学说加快了道德观念被大量引进礼制内容中的步伐。

春秋战国时期，出现了诸侯竞相争霸、礼崩乐坏的局面，“礼乐征伐自天子出”变为“礼乐征伐自诸侯出”，诸侯僭越礼制之事屡屡发生。这种动荡的局势实际上是社会发生变革、转型的征兆。由于铁器的使用，生产力得到了极大的发展，大大小小的奴隶主纷纷开垦土地据为己有以增强实力，依靠征发民力耕种公有土地的井田制被按亩征收实物的“税亩制”和“用田赋”所代替，[①]社会上出现了大量的新兴地主阶级，他们要求打破建立在原有生产关系基础之上的宗法礼制等旧的政治体制，重新分配包括权力、土地等在内的各种利益。外交斗争、军事战争、礼崩乐坏、百家争鸣只不过是新旧势力之间的斗争在不同方面的反映而已。

在服务于不同群体的各家学说中，以孔子为代表的儒家学说最为强调恢复周礼，因此和玉文化的关联也最为密切，所以下面要着重考察一下儒家玉论的主要方面。在孔子看来，周礼代表了礼乐文化的最高典范——有序和谐，他主要是想通过道德建设来克制私欲、修身养性，从而达到“克己复礼”、“天下归仁”的理想。与殷夏相比，周代礼制在注重吸取夏商灭亡教训的前提下比较重德，《周书·召诰》曰：“我不可不监于有夏，亦不可不监于有殷。我不敢知曰，有夏服天命，惟有历年；我不敢知曰，不其延。惟不敬厥德，乃早坠厥命”。“王敬作所，不可不敬德”。“王其德之用，祈天永命”。《周书·武成》曰：“惇信明义，崇德报功。垂拱而天下治。”王国维认为：“周之制度典礼乃道德之器械。”[②]孔子秉承了周人重礼重德的余风，自我评价道：“志于道，据于德，依于仁，游于艺。”（《论语·述而》）他对制作周礼的周公推崇有加，甚至将不梦见周公作为衰老的标志：“甚矣吾衰也！久矣吾不复梦见周公！”（《论语·述而》）子曰：“为政以德，譬如北辰，居其所而众星共之。”（《论语·为政》）原因是：“周监于二代，郁郁乎文哉！吾从周。”（《论语·八佾》）可惜，从礼仪、礼节到礼制都极为严密规范的周礼的强盛时代到孔子生活的春秋时期已经变

①晁福林：《论“初税亩”》，《文史哲》，1999年第6期。

②王国维：《观堂集林·殷周制度论》，北京：中华书局，1959年版，第477页。

形了，礼仪的形式遭到了破坏，而礼的实质——在当时被称为“礼义”——经过改造被统治者重新利用。因此，重振礼制的呼声不仅在旧有贵族阶层中存在，新兴地主阶级也需要重新建构符合他们政治利益的“礼”。孔子所作的主要是从礼仪规范和道德规范上恢复周礼，以期整顿当时已经乱了纲纪的秩序。他对礼在道德方面的建设表现在将宗周的宗法制伦理道德规范拓展为精神道德规范，即在规定宗法制伦常关系的道德要求之外提出个人内在精神品质修养的道德要求，并创造性地通过玉器的象征来实现这个目的。这些抽象的道德范畴怎样才能既容易又愿意被人们接受？这就存在一个道德中介与转化的问题，玉器责无旁贷地充当了这样的中介。

儒家先哲看到玉在礼制中的重要地位和它所起的重要作用，赋予玉人格化的美德，再反过来要求佩戴玉的贵族要有玉的品质，使两者相得益彰。玉本有质而无所谓德，但是由于它的来源珍贵、观感温润亮洁，人们自然会将它与美好的人或事物联系起来，进而又将它与美好的品德联系起来。《诗经·召南》有“有女如玉”的诗句，《诗经·卫风》中还将女子的笑容比作鲜亮的美玉：“巧笑之瑳，佩玉之傩。”《诗经·秦风》中有“言念君子，温其如玉”的说法。《荀子·劝学》：“玉在山而草木润，渊生珠而崖不枯。”《荀子·天论》：“在物者莫明于珠玉，在人者莫明于礼仪。”汉代戴德《大戴礼》：“玉在山而草木润，玉生川而岸不枯。”《尔雅·释天》云：“四气和，谓之玉烛。”晋代傅咸《玉赋》序：“玉之美，与天和德。”

孔子“以玉比德”学说不但有周礼重德贵玉的基础，还有广泛长久的玉文化基础，所以他的“比德于玉”的提出绝非来自偶然的臆想，而是属于自觉的理论建构。在《礼记·聘义》中记载了孔子的学生子贡向老师请教有关玉的一次对话：“敢问君子贵玉而贱碈（同‘珉’，似玉的石头）者，何也？为玉之寡而碈之多与？”孔子曰：“非为碈之多故贱之也，玉之寡故贵之也。”之所以“贵玉贱珉”不是多寡的问题，而是品德的问题，孔子说：

君子比德于玉焉：温润而泽，仁也；缜密以栗，知也；廉而不刿，义也；垂之如队，礼也；扣之其声清越以长，其终诎然，乐也；瑕不掩瑜，瑜不掩瑕，忠也；孚尹旁达，信也；气如白虹，天也；精神见于山川，地也；圭璋特达，德也；天下莫不贵者，道也。《诗》云："言念君子，温其如玉。"故君子贵之也。（《礼记·聘义》）

孔子按照玉的特点，提出了11种美好的品德。《荀子·法行》引孔子言："温润而泽，仁也；栗而理，知也；坚刚而不屈，义也；廉而不刿，行也；折而不挠，勇也；瑕适并见，情也；扣之，其声清扬而远闻，其止辍然，辞也。故虽有珉之雕雕，不若玉之章章。"这里面有七德。《说文》："石之美有五德。润泽以温，仁之方也；鳃理自外可以知中，义之方也；其声舒扬，尃以远闻，智之方也；不挠而折，勇之方也；锐廉而不技，洁之方也。"其中包括五德："仁"、"义"、"智"、"勇"、"洁"。这些品德在汉代经过董仲舒的总结提炼，演绎成了礼教的基本内涵"三纲五常"（五常：仁、义、礼、智、信）的重要组成部分。在玉的自然本性之上经过引申和合理想象汇聚而成的玉德，是古代君子需要比照和学习的最高境界，所以就有了"古之君子必佩玉"（《礼记·玉藻》）的说法，"君无故玉不去身"（《礼记·曲礼下》），只有在特殊的情况下，比如太子在国君面前不佩戴玉，以表示自己无德，君子在服丧期间也不佩玉，以尽孝道。（《礼记·玉藻》）董仲舒在《春秋繁露》中指出了比德于玉的缘由："公侯贽用圭，玉润而不污，至清洁也，故君子比之于玉。玉有瑕秽，必见于外，故君子不隐所短。"

佩玉除了表示追求像玉一般的美好品德之外，还有一个重要原因是让玉发出美妙的声音，以美玉之声象征君子的光明磊落：

古之君子必佩玉，右徵、角，左宫、羽。……周还中规，折旋中矩，进则揖之，退则扬之，然后玉锵鸣也。故君子在车，则闻鸾和之声，行则鸣佩玉，是以非辟之心，无自入也。（《礼记·玉藻》）

君子迈步前进的时候，身体微微前倾，后退时身体稍稍后仰，转身如圆规，转弯如方矩，迈右步发出徵声、角声，迈左步发出宫声、羽

声，君子坐在车上能听到鸾和的铃声，君子行走时，能听到他身上玉佩所发出的声音，因此邪念就无从侵入。君子这般的光明磊落，难怪穿好朝服、佩戴上玉，准备出门时会容光焕发、神采奕奕呢，“既服，习容观，玉声，乃出，揖私朝，辉如也，登车则有光矣”（《礼记·玉藻》）。孟子在评价孔子时，也用金声玉振形容孔子智慧的高超：“孔子之谓集大成。集大成也者，金声而玉振之也。金声也者，始条理也；玉振之也者，终条理也。始条理者，智之事也；终条理者，圣之事也。”（《孟子·万章下》）

我们看到，经过“圣人”孔子的提倡，又经过儒家后学和后世儒学大师的阐释和完善，玉文化乃至礼文化当中不仅增加了新的内容——人格化的“玉德”说，而且，随着儒学被作为历来统治阶级加以利用提倡的主流文化，“玉德”说也得到推广，贵玉心理在整个中华文化中得以长久保持，佩玉之风在先秦之后突破了仅贵族有权佩戴的限制而在整个社会逐渐得到普及。一直到今天，我们还把玉作为美好的象征，祈福辟邪的祥瑞，以至于许许多多表示美好的词都和玉有不解之缘，形容人品或容貌好有“冰清玉洁”、“金相玉质”、“花容玉貌”、“如花似玉”、“亭亭玉立”等，比喻思想价值高用“金声玉振”、“金玉良言”、“抛砖引玉”等，表示美酒有“玉液佳酿”、“玉露”等，表示美好的生活有“金玉满堂”、“锦衣玉食”，还有许多词如“金枝玉叶”比喻身份高贵，“金科玉律”形容条规完美不容更改等，语言中透露的是玉文化在历史中的作用和辉煌。

第四节 葬玉与上古中国人的丧葬观

葬玉是指葬礼中使用的玉器，放在死者体内、身上或棺椁之中，一同入土。狭义的葬玉是指那些专门为保护尸体而制作的玉器，也叫殓玉，主要包括玉唅、玉握、玉塞（九窍塞）、脚趾夹玉、缀玉瞑目（玉面罩）、玉衣等。葬玉或葬玉制度是生者礼遇死者的表现，属于礼文化很重要的一部分，它不仅反映了死者享受的待遇以及在生前的社会地位，还反映了人们对待死亡的态度、观念。中国自古就有“君子生则敬养，死则敬享（祭祀）”（《礼记·祭义》）、“事死如事生，事亡如事存”（《礼记·中庸》）的思想，但是不同时代的人们，其丧葬观也是不同的，从出土的葬玉中，可以略见一斑。①

神权时代的葬玉体现出让死者重生的愿望，这在红山文化玉器中表现得最为明显。上文中说到猪是红山先民崇拜的具有神性的动物，玦形玉猪龙、C形龙和弧形龙都是由猪的头部和卷曲形或半圆形的身体构成，红山玉为墓葬玉（部分为祭祀掩埋玉），死者将其带入阴间出于什么样的目的？除了让他们视之为神物的玉猪龙继续护佑他们之外，更多的密码需要借助生物学和考古人类学的知识来解读。猪龙的身体很像猪在胚胎初期时的形状，其实动物在胚胎初期时的形状是很相似的，很可能是先民们在宰杀动物时发现的，用表示所崇拜的动物特征的头部与胚

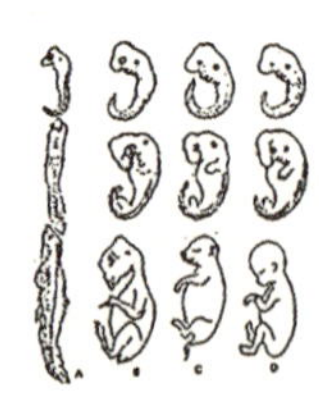

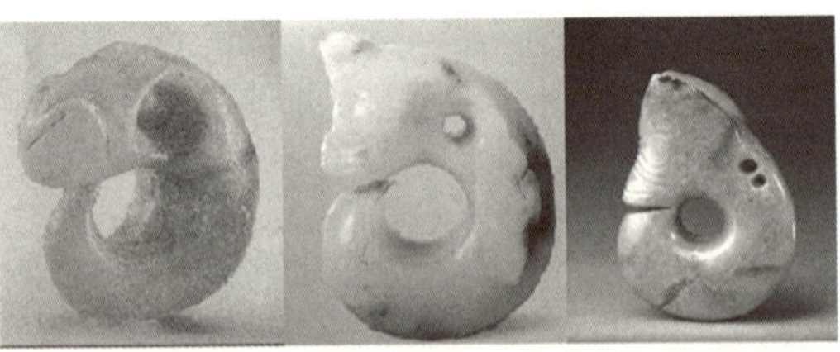

●左图：玉猪龙与胚胎发育比较图，右图：红山玉猪龙（猪首龙身）。

①本节主要从广义的葬玉概念出发，考察上古时期（史前到先秦）中国人的丧葬观念。

胎的身体组合，象征着该动物所具有的凶猛以及再生的生命力，将这样一件重新组合富有创新意义的玉器随死者放入墓葬，是希望死者能够像胚胎一样得到重生。参照瓮棺葬习俗和屈肢葬习俗的人类学意义，更容易理解这一点。在仰韶文化北首岭遗址、半坡遗址、仰韶遗址，湖南澧县城头山等地发现了瓮棺葬的现象，大多是将儿童（也有个别成年人）的尸体放入瓮或陶罐之类的容器里，一般使用两个陶器合扣在一起埋葬，这种墓葬形式按照精神分析学的象征谱系解释为重新回归大地母亲的子宫，按照伊利亚德比较宗教学的解释应为重返创世前的生命力之源——混沌或葫芦。[1]世界很多地方的史前时代都发现有屈肢葬的习俗，安葬死者时，将其四肢摆放成婴儿在母胎里的屈肢姿势，头部朝向象征万物复苏的东方，意味着重返大地母体，希望能够像婴儿一样得到重生。[2]红山文化墓葬中往往同时随葬的还有玉蛙、玉蝉、玉熊、玉龟、玉鱼等肖生动物。蛙从蝌蚪形状演变成幼蛙，再演变成青蛙，在史前人类眼中，这种生命形态的转换意味着一种生命形态的结束是下一种生命形态的开始，生命是循环的。同样，蝉从幼虫、蝉蛹再到蝉也具有同样的生命循环能力。熊的冬眠意味着暂时的死亡，春天冬眠结束，熊从洞中出来同时又带来新的生命，玉熊也是重生的象征。龟因其寿命长本身就是长生不死的象征，鱼有旺盛的生殖力和很强的生命力，也意味着生命的不朽。良渚文化墓葬中也有玉蛙、玉龟、玉蝉、玉鱼等动物。神权时代的丧葬观念主要是以类比为主的神话思维模式起作用的结果。

进入王权时代，人的意识和权力的意识开始觉醒，人们希望自己的灵魂能够不死，在另一个世界得到延续。那时普遍认为人的灵魂是居住在头颅里面的，只要堵塞头上的孔窍，灵魂就可以聚在头脑中不至于散去，殓葬时开始使用七窍玉塞，之后又出现了缀玉面罩和玉握，在西周的大型墓葬中这些都可以看到。如西周时期虢国墓地出土的玉瞑目（玉面罩），形制精美，栩栩如生。葬玉的直接目的则是保护尸体不腐烂，葛洪在《抱朴子》中说："金玉在九窍，则死者为之不朽。"《玉经》曰："服金者，寿如金。服玉者，寿

①叶舒宪：《庄子的文化解析》，西安：陕西人民出版社，2005年版，第196—197页。

②（英）凯伦·阿姆斯特朗：《神话简史》，胡亚豳译，重庆：重庆出版社，2005年版，第4—5页。

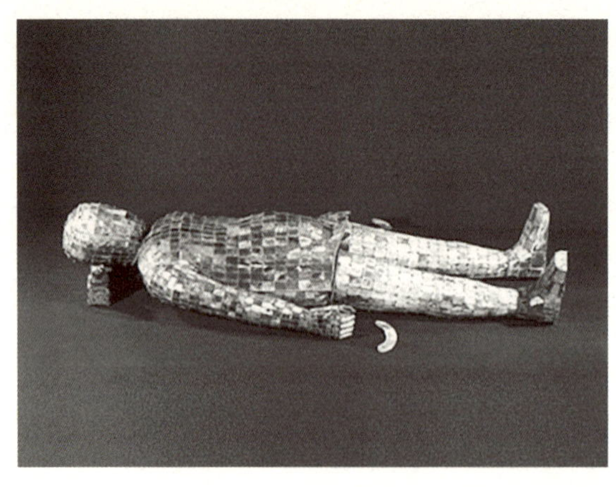

●汉代金缕玉衣

如玉也。”古人把玉作为长生不老的药饵，认为玉为阳物之精，生服之可延年益寿。死后含在嘴里或放在身上自然也能够像玉一样不朽。人死后的另一个世界被认为是生者世界的复制，墓葬中还随葬有大量的礼器和生活用品，甚至还有人殉陪葬。

西周是礼制包括丧葬制度极其完备的时代，玉器也被纳入到丧葬制度。《周礼·春官·典瑞》曾有殓玉的说法：“大丧，共饭玉、琀玉、赠玉。”（“大丧”是指天子、国君丧，“共”通“供”。）“驵圭、璋、璧、琮、琥、璜之渠眉，疏璧琮以敛尸。”郑玄注：“以敛尸者，于大敛焉加之也。驵读组，与组马同，声之误也。渠眉，玉饰之沟瑑也，以组穿联六玉沟瑑之中，以敛尸，圭在左，璋在首，琥在右，璜在足，璧在背，琮在腹，盖取象方明，神之也。疏琮璧者，通于天地。”虽然目前考古出土的墓葬还没有发现像郑玄所说的这么规范使用玉器的墓葬，但殓玉与等级制度、宗教祭祀有密切关系，应是生前所享受的等级秩序在阴间的延续，君王依然享有最高等级的权力，甚至连死后的某些特殊祭祀权依然保留着，手握玉豕，象征着死后还可以祭祀。

到了汉代，由于礼教思想盛行，丧葬礼俗将儒家的孝道演绎到极致。随葬极尽奢华，贵族殓葬用玉极其奢侈，上文已从等级秩序的角度谈到了金缕玉衣、银缕玉衣、铜缕玉衣，他们还将以前的七窍玉塞发展为九窍玉塞，依然固执地认为玉器可以防止尸体腐烂，并按照生前生活空间格局来布置阴间的墓葬结构。汉代由于受道教成仙思想的影响，大贵族不惜大量用玉随葬，妄想达到死后成仙的目的，以为只要尸体保存完好，某一天就会飞升成仙。《西京杂记》记载了汉帝使用金缕玉衣的情况：“汉帝送死皆珠襦玉匣，形如铠甲，连以金缕；武帝匣上皆镂为

蛟龙鸾凤龟鸟之像，世谓为蛟龙玉匣。”

《礼记·礼运》曰：“故夫礼，必本于天，殽于地，列于鬼神，达于丧、祭、射、御、冠、昏、朝、聘，故圣人以礼示之，故天下国家可得而正也。”礼正是这样在政治、宗教、军事、生活、外交等社会活动的各种礼节中体现出来，借助于礼器的使用，通过器类名称、形制、颜色、数量、质地及组合方式的不同，标示出礼的内容实质，从而彰显礼的等级秩序以及人们对待礼的态度。玉器在“器以藏礼”、实现礼的文化内涵方面扮演着主要角色，演绎出一部博大精深的玉文化篇章，组成礼文化不可缺少的重要内容。通过玉器在宗教、政治、道德、丧葬等几个方面的分析，可以看到，玉器不仅是属于精神领域的礼落到实处的物质手段，而且它也通过自身不断被赋予的象征意义而使礼文化的内涵得到丰富，当然，前提是社会生活的发展所带来的人的意识的丰富。在礼的形成、发展、完善过程中，玉器自始至终是一个重要的符号，符号背后的象征是打开礼文化密码的线索。

第五章

《仪礼》的权力话语叙事

『天子九鼎、诸侯七鼎、卿大夫五鼎、元士三鼎』。礼仪中的物，其大小、形制、质料、部位、获得的难易程度等，都可以用来象征地位和等级的高低，身份的贵贱。本章从仪式控制的角度分析论证礼仪的等级分层特征，结合祖先祭祀仪式研究探寻古代政治权威以及主流话语是如何利用仪式的信仰系统、符号象征系统、展演过程对仪式进行操控，从而达到控制社会群体和个人的目的。家族范围的祖先祭祀是国家政治的缩小隐喻，家国同构的特征以及作为『国家宗教』的普遍性，证明了权力控制的广度和深度。

仪式由于具有历史文化的记忆功能和它所具有的象征、表演的特性，往往记录着权力在其中起作用的痕迹，以及权力对仪式的利用和改造，另一方面，仪式一经确定，它也会成为一种规范和传统，起着社会控制的作用。“权力理论”对“权力”的定义有两种：一种认为权力属于一种影响力，另一种认为权力是“强加于他者的力量”。前者被理解为一种固有的、非特别控制性的；后者被认为是故意的、特别的和威胁性的。权力对社会和文化的作用有两种相互连带的特点和发生关系，即权力的存在和实现与符号的表述密切相关，而权力的符号化又与相应的机构和机制联系在一起，权力的背后意识形态始终在起着作用。[①]意识形态的存在和作用需要借助符号化的表述加以实现，这样，权力的符号性表达也就成了福柯所说的“话语”。[②]“话语”（discourse），并非指一般意义上的语言或谈话，而是借用当代的话语分析理论（discourse analysis theory）的概念，专指文化意义建构的法则。“这些法则是指在一定文化传统、社会历史和文化背景下所形成的思维、表达、沟通与解读等方面的基本规则，是意义的建构方式和交流与创立知识的方式。”“说得更简洁一点，话语就是指一定文化思维和言说的基本范畴和规则”。[③]仪式的权力话语叙事，主要指权力在仪式中的文化痕迹以及权力在仪式中的言说表达方式，也包括仪式对社会的控制，当然也包括笔者对仪式的权力话语的理解与阐释。由于政治权力对仪式的利用和操控，仪式就成为了解权力话语的场域和有效的方式。

①S.Power Lukes:*A Radical View*. New York: Macmillan,1974. pp.21—33. 参见彭兆荣《人类学仪式的理论与实践》，北京：民族出版社，2007年版，第148—149页。

②（法）米歇尔·福柯：《知识考古学》，谢强等译。北京：三联书店，1998年版，第23页。

③曹顺庆：《中外比较文论史·上古时期》，济南：山东教育出版社，1998年版，第335页；曹顺庆：《比较文学论》，成都：四川教育出版社，2002年版，第392页。

第一节 权力对仪式的操控

自从有了权力，就开始了对仪式的操控，一开始是神权，后来是王权。颛顼时代之前，原始巫术相当流行，巫祝和祭祀活动非常随意混乱，人人都可以通过占卜祷告祈求上苍的旨意，传达天意。宗教上的混乱必然带来社会的混乱，颛顼果断地实行了“绝地天通”的政策，将祭祀活动和民事活动分开，由专人专行祭祀占卜事宜，“民神分开的实质就是实行神权政治的垄断。垄断了神权就是垄断操纵了意识形态大权”。[①]《国语·楚语下》记载有这样一段历史：

> 古者民神不杂。民之精爽不携贰者，而又能齐肃衷正，其智能上下比义，其圣能光远宣朗，其明能光照之，其聪能听彻之，如是则明神降之，在男曰觋，在女曰巫。……于是乎有天地神民类物之官，是谓五官，各司其序，不相乱也。民是以能有忠信，神是以能有明德，民神异业，敬而不渎，故神降之嘉生，民以物享，祸灾不至，求用不匮。及少皞之衰也，九黎乱德，民神杂糅，不可方物。夫人作享，家为巫史，无有要质。民匮于祀，而不知其福。烝享无度，民神同位。民渎齐盟，无有严威。神狎民则，不蠲其为。嘉生不降，无物以享。祸灾荐臻，莫尽其气。颛顼受之，乃命南正重司天以属神，命火正黎司地以属民，使复旧常，无相侵渎，是谓绝地天通。

绝地天通的目的就是将宗教神权垄断在少数人手里，掌握了神权，也就意味着掌握了统治权。在生产力极其低下，人在自然面前

①徐旭生：《中国古史的传说时代》（增订本），北京：文物出版社，1985年版，第76—77页；姚士奇：《中国玉文化》，南京：江苏古籍出版社，2004年版，第95—96页。

无能为力之时，神当然是至高无上的，除了生产劳动、捕获食物之外，人们所做的就是事神祈福，神事被视为关系到劳动收获、生命攸关的最重要的事情，巫术、祭祀等宗教仪式自然掌握在拥有神权的大巫师手里。但是民事和神事的分开，为以后高度集中的国家政权的产生作了准备。随着私有制的出现，神权之后逐渐过渡到一个王权和神权合一的时期，王往往也就是最高的巫，商代国王不只是政治的首领，并且是宗教的首领，《吕氏春秋·顺民篇》说："昔者汤克夏而正天下，天大旱，五年不收，汤乃以身祷于桑林……于是翦其发，磨其手，以身为牺牲，用祈福于上苍。民乃甚说，雨乃大至。"商王自剪其发，磨去指甲，拿自己作牺牲，祷祀上苍，及至商朝快要灭亡，商纣还说"我生不有命在天"（《尚书·商书·西伯戡黎》）。显然，商王时代，还可以看出神王合一的情形，那时，王权的行使还需要以神权的名义进行。到了封建王朝的西周时代，随着人的自主意识的觉醒，王权已经足够完善强大到支配神权的地步，宗教活动变成了政治的辅助手段，与夏商统治者相比，周公已经开始有意识地通过治礼来治国，宗教祭祀活动依然是生活中的大事，但是已经被纳入到礼制的轨道中。《礼记·表记》曰："殷人尊神，率民以事神，先鬼而后礼，先罚而后赏，尊而不亲，其民之敝。荡而不静，胜而无耻。周人尊礼尚施，事鬼敬神而远之，近人而忠焉，其赏罚用爵列，亲而不尊，其民之敝，利而巧，文而不惭，贼而蔽。"而礼主要是通过仪式体现出来。《左传·成公十三年》曰："国之大事，在祀与戎。"《礼记·曲礼下》云："君子将营宫室。宗庙为先，厩库为次，居室为后。凡家造，祭器为先，牺赋为次，养器为后。无田禄者不设祭器；有田禄者，先为祭服。君子虽贫，不粥祭器；虽寒，不衣祭服；为宫室，不斩于丘木。"可见祭祀仪式之于统治者的重要性，所以，他们千方百计地保证宗教祭祀在社会生活中的优先权，祭祀成为政治生活的一部分。

仪式的权力操控还明显地表现在各级统治者及上层士大夫是相应仪式的控制者。天子有天子的礼仪，诸侯有诸侯的礼节，士阶层也有士阶层的礼，什么时候该行什么礼，礼的规格怎样等都是有规矩的，不能逾越。但是，对于百姓，一般"礼不下庶人"。《礼记·曲礼》说："天子祭天地，祭四方，祭山川，祭五祀，岁遍。诸侯方祀。祭山川，祭五祀，岁遍。大夫祭五祀，岁遍。士祭其先，凡祭，有其废之莫敢举

也，有其举之莫敢废也。”同是社祭，因为掌控者不同，社的叫法及其祭祀内容也各不相同，《礼记·祭法》曰：“王为群姓立社，曰大社。王自为立社，曰王社。诸侯为百姓立社，曰国社。诸侯自为立社，曰侯社。大夫以下，成群立社曰置社。”祭祀祖先，天子七庙、诸侯五庙、大夫三庙、士一庙[①]，看起来像是一个严格的等级制，其实是一个资格的问题，什么样的人，有权操控多大规模的祭祀也是有具体规定的。在其掌控的范围内，他的权力和地位可以得到充分的展现。尽管，仪式的举行，往往交给一个具体的祭司或臣属去办、去主持，但是，那个真正“有资格”的人是仪式的幕后操纵者，是他决定了仪式应享有的规格和祭品、祭器的数量规模等。

仪式的权力操控还有一个表现就是统治者可以根据自己的利益对仪式进行改造。与文化生活的其他方面相比，礼仪具有高度的规范性和遵循传统的沿袭性，尤其是报本反始的特性，使礼仪保存了大量的古朴生活习惯的记录，但是，与过去相比，礼仪总是在遵循常规中变化、发展。子曰：“殷因于夏礼，所损益，可知也；周因于殷礼，所损益，可知也。其或继周者，虽百世，可知也。”（《论语·为政》）《礼记·表记》进一步将各个时代的特点概括为：“虞夏之质，殷周之文，至矣。虞夏之文不胜其质；殷周之质不胜其文。”夏商周三代礼制不同，其中一个原因固然在于其族源发源于不同的地域且几乎是平行发展的几个族系，各自有其独特的地域特点及民族习性，但是，主要的原因应该在于政治和权力的需要。强大的殷商为周武所克，周统治者自然要总结殷商灭亡的教训，并思考自己统治的策略和立足点。《尚书》中总结道：“天降丧于殷，罔爱于殷，惟逸。”（《周书·酒诰》）“惟不敬厥德，乃早坠厥命。”（《周书·召诰》）既然殷灭亡的教训在于安逸和失德，那么，周统治者就将德治放在很重要的位置：“同力，度德；同德，度义。”（《周书·泰誓上》）“至治馨香，感于神明。黍稷非馨，明德惟馨尔。”（《周书·君陈》）他们意识到感动神明的不光是散发馨香的祭品，更重要的是能够明德的治理之道，同时，他们还意识到以人为本的道理：“惟天地万物父母，惟人万物之灵。”（《周书·泰誓上》）《礼记·檀弓上》记孔子和弟子议

①见《礼记·祭法》，这里的士是指中士和下士，上士二庙。

论死者入殓后停柩待葬的位置时有一段话：

> 夏后氏殡于东阶之上，则犹在阼也；殷人殡于两楹之间，则与宾主夹之也；周人殡于西阶之上，则犹宾之也。

这段话描述了夏商周三代在丧葬仪式中关于殡殓的位置的变化，反映了不同时代对待鬼神的态度的变化。东阶是主人的位置，夏人死后入殓被停放在东阶，证明死者的灵魂还享受被当作主人的礼遇；殷人死后的地位就明显不同了：两楹之间，就是介于宾主之间的位置；周人干脆将死者的灵魂当作宾客，放在比人次要的位置上，体现出了周人对人的地位的重视和让鬼神服务于人的思想。事实上，周代的许多仪式就是围绕着当时的政治进行的，比如射箭礼仪的目的之一是要为统治者选拔人才，《聘礼》、《觐礼》本身就是政治、外交活动，《燕礼》、《公食大夫礼》、《乡饮酒礼》是各级宴飨、应酬的礼节，可以看作是政治活动的促进剂。“仪式对于政治变化很重要，恰恰是因为它的保守的特点，新的政治制度借用了旧的制度的合法性，通过培育旧的仪式形式，重新导入到新的目标当中去。”①一个组织很大程度上是要靠象征表达自己的，它往往在象征符号上标示自己与过去组织的不同，仪式就是它首选的使代表自身符号象征合法化的方式。

统治者为了使自己操控仪式的资格变得合理有效，还创造了一套哲学解释系统，典型的有阴阳二元说、天地人三才说、五行说等。阴阳观念最早体现在《周易》中，但是阴阳观念的形成却远在《易经》成书之前。用阴、阳的抽象概念概括事物的属性和类别，来自人们对男女两性交感化生类比联想而生发的天地交感化生万物的解释，以及由此引申的对光明与黑暗、强大与弱小、太阳与月亮、上与下等诸多对立统一现象的观察和概括，阴阳成为人们用以说明事物变化的基本概念之一，被纳入到以“道”为核心的宇宙观当中。阴阳二气被视为世界本原，然后世界万物才不断衍生、发展，即《易经·系辞》所说的“一阴一阳之谓道”、“太极生两仪，两仪生四象，四象生八卦”。这时阴阳还只是组成万物的两种不同物质和事物的分类，并没有等级高下之分，后来随着阴阳观念在筮占活动中的运用和邹衍五德终始说在战国时期的形成，阴

①David I. Kertzer, *Ritual, Politics and Power*. New Hanen: Yale University Press, 1988, p.42.

阳概念渐渐被纳入到政治范畴，带上等级色彩。三才说最早也出自《周易》：“《易》之为书也，广大悉备。有天道焉，有人道焉，有地道焉。兼三才而两之，故六。六者非它也，三材之道也。”天地人三才各有其道，人处在和天地平衡的关系中，人道往往要模仿天地自然，《周易·说卦》曰：“是以立天之道曰阴与阳，立地之道曰柔与刚，立人之道曰仁与义。”周以后，人的地位得到强调，被放在天地之心的位置，《礼记·礼运》说：“故人者，其天地之德，阴阳之交，鬼神之会，五行之秀气也。……故人者，天地之心也，五行之端也。”并且三才又与政治教化连在一起，天之经、地之义成为行使教化的借口：“夫孝，天之经也，地之义也，民之行也。天地之经，而民是则之。则天之明，因地之利，以顺天下。是以其教不肃而成，其政不严而治。”（《孝经·三才章》）五行说的发生源于原始朴素的五行观，是原始时代万物有灵和自然崇拜的结果[①]，它的主要思想是将水、火、金、木、土视为构成万物的五种主要元素。[②]以《尚书·洪范》为代表的夏、商、西周时期的五行观还是一种对自然事物特性的认识，“五行：一曰水，二曰火，三曰木，四曰金，五曰土。水曰润下，火曰炎上，木曰曲直，金曰从革，土爰稼穑。润下作咸，炎上作苦，曲直作酸，从革作辛，稼穑作甘。”在《管子》中，五行的顺序变为木、火、土、金、水，这个顺序反映了五行相生的关系，《管子》又将五行与许多事物联系搭配，与木、火、土、金、水相应的五方为：东、南、中、西、北；五色有：青、赤、黄、白、黑；五味：酸、苦、甘、辛、咸；五声：角、羽、宫、商、徵；五时：春、夏、夏秋之交、秋、冬；还有五数等，这些建立在神话思维基础上的搭配作为古人的朴素信仰和基本常识得到社会的公认。《管子·幼官》还将五行原则初步地引向社会政治领域，要求国君居于明堂，按照五行原则衣食住行。这种思想直接开启了以邹衍为代表的五德终始说，这种学说进一步将五行的相生相克运用到王朝的更替和政治制度的变革中，朝

①臧振：《略论五行思想的起源、演变与影响》，载《陕西师范大学继续教育学报》，1999年第3期。

②王珏、胡新生认为：水、火、金、木、土一开始被视为统治者建立国家必须首先控制的五种基本资源。参看《论邹衍五德终始说的思想渊源》，载《理论学刊》，2006年第12期。胡新生认为最早的五行观只是一种政治观念而不是自然观或世界观，后来才发展成为具有普遍意义的哲学概念的构成万物的五种元素。参见胡新生《政治意识笼罩下的原始五行观——对〈洪范〉“五行”概念的性质及其思想史意义的再认识》，载《山东大学学报》（社会科学版），1998年第2期。

代的兴替与五行的演变相对应，统治者要适时行事，顺应自然的启示，效法与自己朝代对应的五行中相应的德，有目的地采取措施。这样五行生克观念和五行配物观念就与社会政治、历史融为一体，社会与自然均处在一个有序、变革、循环的体系中，阴阳五行说终于在邹衍这里成熟，后来被广泛地运用到政治、礼教、阴阳占卜、道教练身等领域。顾颉刚先生说："五行是中国人的思想律，是中国人对于宇宙系统的信仰，两千余年来，它有极强固的势力。"[①]上述阴阳说、三才说、五行说虽然并未完全摆脱神秘主义，但已经蕴涵着一定的理性逻辑思辨，并且已经伦理化，与礼仪文化的发生相互作用。在这样的哲学思想和文化背景下，这些学说往往被用来强调最高权力的天然合法性，统治者在此基础上对于礼仪的建构以及礼仪中的等级分层就变得容易理解了，这可以说是仪式中权力话语的前文化语境。

①顾颉刚：《五德终始说下的政治和历史》，《古史辨》第五册，上海：上海古籍出版社，1982年版，第404页。

第二节 仪式是一种等级分层

在无文字或文字不发达的时代，掌权者的权力等级关系主要依靠仪式或者仪式内外器物服饰、方位顺序等符号象征来确定。除了上文谈到的不同权力等级的统治者有不同规格的礼仪之外，这里重点谈谈同一个仪式当中，是怎样区分出不同等级的。一是以方位席位定尊卑。以《仪礼·燕礼》为例，参加国君宴请的人的地位等级从席位上就可以判断出来。国君的席位设在阼阶之上，居于整个礼仪的主位。仪式开始时，唯有国君一人上堂，独自面朝西而立，其余的人都站在堂下。等国君就位之后，卿、大夫、士、士旅食者等在小臣的引导下进入寝门，国君下堂，站在阼阶东南，面朝南，依次接见卿、大夫、士，卿、大夫、士的队列分立于东、南、西三面，围拥着国君。君臣的这一方位，正是燕朝之位，所以这一程序含有定君臣之位的意思。在燕礼进行的过程中，宾和卿大夫先后要登堂入席，他们在堂上的席位也预先作了安排：宾的席位在堂上的户、牖之间；上卿的席位在宾席的东侧，上卿中的尊者席位在东首。大小卿的席位在宾席的西侧，其尊者的席位在西首，靠近宾席；大夫的席位接着小卿的席位往西排，如果大夫的人数较多，西侧排不下，可以在西序之前折而往南坐。席位安排的原则是，地位越尊，离国君的距离越近。士没有资格在堂上就座，席位安排在庭中的东方。[①]二是以挚（求见人时所持的礼物）看尊卑，以《士相见礼》为例，“士相见之礼。挚，冬用雉（野鸡），夏用腒（风干之雉）”，“下大夫相见以雁”，“上大夫相见以羔”。这里说的挚见礼与《周礼·春官·宗伯》所记是一致的：“以禽作六挚，以等诸臣：孤执皮帛，卿执羔，大夫执雁，士执雉，庶人执鹜，工商执

①彭林：《中国古代礼仪文明》，北京：中华书局，2004年版，第169页。

●列鼎制，五鼎（山西省博物馆）

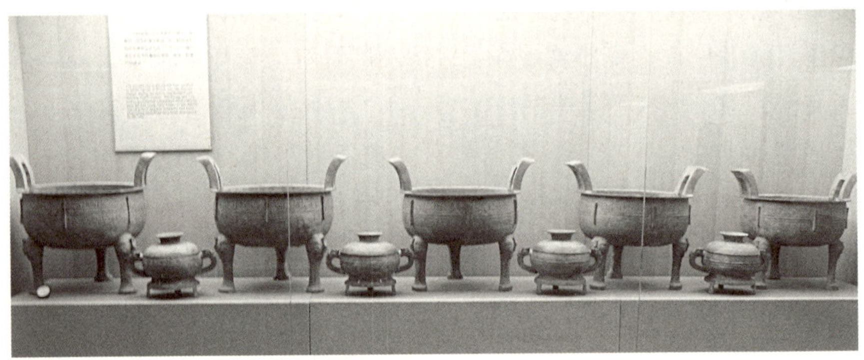

●列鼎制，五鼎四簋（河南省博物馆）

鸡。”不同等级身份的人，去拜访别人，要带与自己身份相符的礼物。《春官·宗伯》还记载了贵族官员在重要的礼仪场合相见，“以玉作六瑞，以等邦国：王执镇圭，公执桓圭，侯执信圭，伯执躬圭，子执谷璧，男执蒲璧”。郑玄注曰：“人执以见曰瑞，礼神曰器。瑞，符信也。”三是通过使用不同数量、规格的器物表明不同的身份等级。西周时期的列鼎制规定，祭祀中使用的鼎数，天子九、诸侯七、卿大夫五、士三，配以相应的双数之簋，规格从大到小依次排列。诸多考古发掘报告也证实了这一点。饮酒器的使用也是如此。《礼记·礼器》云：“宗庙之祭，贵者献以爵，贱者献以散，尊者举觯，卑者举角。”献酒时，尊贵者用爵，地位低者用散；饮酒时，尊者举觯，卑者举角。使用酒器如同贵族佩戴或执握的玉器一样，有标示身份地位的作用。祭祀祖先的庙祭，卿大夫用少牢馈食礼，即用羊、豕二牲作牺牲叫少牢，士用特牲馈食礼，即只用一种牲畜羊或豕作牺牲。也有人认为，特牲，豕也。牛羊豕三牲俱备谓之太牢，诸侯祭祀祖先用太牢。《清史稿·礼志一》：“太牢：羊一、牛一、豕一。”亦有专指牛为太牢者，《大戴

礼记·曾子天圆》：“诸侯之祭，牛，曰太牢。”尽管太牢所指的内容说法不一，但是太牢和少牢具有明显的区分等级的意义。四是仪式中的服饰能够标明身份。最典型的是反映在《丧服》中，为不同亲属关系的死者服丧，丧服质料的精粗、制作的方法、穿戴的时间都有差别，服丧者与死者的亲疏关系，从丧服的质料做法上就可以一目了然。丧服等级越重，则布料越粗疏，制作方法越简陋。斩衰之服的布料用刀斩断后，不再缝边，故名斩衰裳。因为孝子骤然遭遇大丧，哀痛欲绝，无心修饰，丧服的制作，当然处处从简。齐衰是次一等的丧服，哀痛之心稍减，所以衰裳的边缘就缉了边，显得比较整齐，所以叫齐衰。丧服等级越轻，布料制作越精细。丧服的等级轻重、粗疏精细表明了服丧者与死者的亲疏远近关系，这种关系其实与他的社会地位是一致的，因为在古代，政治关系由共同的血统组成，社会地位主要是基于他们的宗族血统来源决定的。五是通过执行某项行动的顺序来区分行为者或行为对象的地位等级高低。比如《燕礼》，是国君宴请臣下之礼。宰夫代替国君献酒，担任主人，国君指名让一名大夫担任宾，让宰夫和大夫去周旋揖让。主宾的献酬礼完成之后，由国君自上而下地为臣下进酒劝饮，即所谓“旅酬”，顺序如下：“献君，君举旅行酬；而后献卿，卿举旅行酬；而后献大夫，大夫举旅行酬；而后献士，士举旅行酬；而后献庶子。”《仪礼·乡饮酒礼》中也有旅酬，旅酬是尊者酬于卑者，也是自上而下的劝酒，旅酬的顺序是：宾酬主人、主人酬介、介酬众宾，众宾再依年齿长幼依次相酬。另外，礼还通过赋予神灵自然以等级意义，来体现人间的等级分层。本来，自然、神灵的等级就是人间等级的投射，但是，它反过来又成为人间等级合法性的依据。《礼记·祭法》：“天子祭天地，诸侯祭社稷，大夫祭五

●左：爵（青铜器，西周早期，首都博物馆），中：铜觯（殷墟博物馆），右：角（青铜器，殷墟博物馆）。

祀；天子祭天下名山大川，五岳视三公，四渎视诸侯；诸侯祭名山大川之在其地者。”

仪式中，有的等级序列是不言自明、社会共同遵守的，主要包括官位等级、年龄齿序，相对于某个显赫人物而言血缘关系的亲疏远近。这些等级序列在仪式中都能够得到适当的表现，是贯穿仪式的潜规则。

> 昔者，有虞氏贵德而尚齿，夏后氏贵爵而尚齿，殷人贵富而尚齿，周人贵亲而尚齿。虞夏殷周，天下之盛王也，未有遗年者。年之贵乎天下，久矣，次乎事亲也。是故，朝廷同爵则尚齿。七十杖于朝，君问则席。八十不俟朝。君问则就之。而弟达乎朝廷矣。行，肩而不并，不错则随。见老者则车徒辟，斑白者不以其任行乎道路，而弟达乎道路矣。居乡以齿，而老穷不遗，强不犯弱，众不暴寡，而弟达乎州巷矣。（《礼记·祭义》）

这一段说的是不同时代，在等级序列中人们看重的内容有所不同，有虞重德，夏后重爵，殷重富贵，周重血亲，无论哪个时代，对齿序年长的崇尚是共同的，以至于尊重年长者是仅次于事亲的事，在爵位同等的情况下也要看齿序的长幼。仪式中的等级关系体现了社会中的等级序列，是日常生活等级制的反映。在作为社会生活的“浓缩形式”仪式中能够很好地默认、遵循这些等级序列，就能够将其扩大到社会生活中。但问题是，这里面存在着许多冲突的、不平衡的因素，难道这些权力的等级天生就存在吗？怎样才能使人们心悦诚服地接受这些不平等的规范？诚然，如涂尔干所言，仪式提供了一种强有力的方式，用这种方式，人们的社会依赖能够得以表达。但是，在社会依赖和等级分层之间必须寻找一个制衡点。这个制衡点需要从宇宙观和哲学思想方面寻找解释，前述战国时代邹衍等人的神秘的阴阳五行观就是为适应这种解释系统应运而生的，从而将统治者的统治归因于先天的、超自然赋予的结果。除此之外，等级分层还要求文化界定。关于等级的文化界定，大卫·科尔泽提出了一个非常重要的概念“迷惑”（mystification），他认为仪式中意义的迷惑特别普遍，权力持有者试图阻止人们意识到自己的从属地位，因此，权力持有者往往从社会权力属性的象征符号的错

误表述中获得利益。他借用了马克思主义者的“虚假意识”（false consciousness）的概念，说明在资本主义国家，这种错误表述往往将个人的权力位置归因于他的个人美德，如智慧、勤奋、努力，而不是由经济制度本身创造的不平等造成的。这种权力关系的迷惑是权力等差合法性发生的一个重要的方式，越是广泛深入地接受这种迷惑，政治等级分层的稳定性也就越大，而需要维护强权位置的胁迫也就越小。[①]这种迷惑也同样普遍存在于中国古代的仪礼当中，其中最大的迷惑就是年龄齿序等级的迷惑。尊老尚齿、长幼有序在古代仪礼中是一条不需要证明的规则，其实质是一个年龄的等级制，即人人皆可以凭年龄的增长而获得社会尊重的等级次序，这种等级次序以其机会均等且含有人伦美德而获得社会的普遍认可和赞赏，它的推论模式为：凡年长者，因其经验丰富、见多识广等原因，皆为值得尊敬的对象。权力持有者以及维护礼制等级的宣传阐释家只须用类比的方式将符合政治需要的权力（爵位）等级、宗法血缘亲疏等级套入现成的齿序等级模式中，就可以用彼之公平合理掩盖此之不公平、不合理，从而一并获得天经地义的合法性。因为在年龄等级、爵位等级、亲疏等级之间，存在着一定的交叉类似关系，这样所作出的推理，其中含有迷惑性的权力策略，最终达到一种持权者表达等级秩序和普通人寻找社会依赖的平衡。人们大部分时间都生活在一个等级秩序森严的社会中的事实，产生了压抑的紧张情绪，而这需要得到定期释放。在某种程度上，人们必须表达他们与其他人的统一，这要通过仪式才能发生，致使权力的迷惑成为可能。这种权力策略类似于费孝通先生在《乡土中国·无为政治》中所说的“同意权力”，它不同于“横暴权力”，[②]即在乡村中国存在着一种有别于强制统治的乡村自主“无政府”的社会模式，是一种自动的秩序，一种“无治而治”的社会，是历史上礼仪观念在民间的遗留。费孝通先生认为这两种权力对应于“礼治”和“人治”，认为这个形容更准确。他对“礼治”的定义是：

礼是社会公认的行为规范。合于礼的就是说这些行为是

①David I. Kertzer. *Ritual, Politics and Power*. New Haven: Yale awiversity press, 1998, p.48—49.
②费孝通：《乡土中国》，北京：北京出版社，2005年版，第86—87页。

做得对的，对是合适的意思。如果单从行为规范一点说，礼和法律无异，法律也是一种行为规范。礼和法的不相同的地方是维持规范的力量。法律是靠国家的权力来推行的。“国家”是指政治的权力，在现代国家没有形成前，部落也是政治权力。而礼却不需要这有形的权力机构来维持。维持礼这样的规范的是传统。[1]

可见，礼治是经过权力的迷惑和权力的策略建构的结果。

①费孝通：《乡土中国》，北京：北京出版社，2005年版，第70—71页。

第三节
仪式的权力叙事方式：信仰、象征、表演

“仪式是现代社会不可分割的一部分，很难想象没有仪式，政治制度该怎样进行。”[①]对于法治还没有发展健全的古代社会而言，仪式对政治更加重要。政治权力对仪式的利用并不是赤裸裸的，而是要通过一些特殊的方式达到目的。神圣化、象征、表演是仪式当中经常运用的权力叙事方式。

一、信仰

仪式往往假定在现实世界存在着一个超越性的世界，仪式则是由现实世界通往超越世界的桥梁，它将神话、宗教信仰潜藏在仪式过程的背后，在仪式过程中时时实现着和神话力量、宗教信仰的对话，宗教和神话是政治权威借以维护自己的最有力的形式。部族历史的神话化和神化祖先的做法除了定期回归宇宙创生时那一神圣时刻的精神需求之外，还有一个重要的原因就是可以在神圣谱系中为本部族的存在及其统治者的统治找到一个合法的依据，英雄祖先既然是神的一员，作为其后裔的天子当然有资格作为上天（神界）的代表行事，他在人间的统治权就具有了合法性。几乎每一个部族的祖先都有一个神秘的感孕而生的诞生神话，今本《竹书纪年》记载有：“太昊庖牺之母，居华胥之渚，履巨人迹，意有所动而生太昊。”又载：“帝挚少昊母女节，见星如虹，下流华渚，既而梦接，意感生少昊。”“黄帝母附宝，见大电绕北斗，枢星光，照郊野，感而孕。”“帝颛顼高阳母见摇光之星，贯目如虹，感己于幽房之宫，生颛顼于若水。”《春秋元命苞》载：“炎帝神农氏，母

---

①Devid I. Kertzer.*Ritual, Politics and Power,* New Haven: Yale awiversity press, 1998, p.3.

安登游华阳，有神龙首感之于常羊，生神农。”《帝王世纪》载：“帝喾，姬姓也，其母不觉，生而神异。”《诗经》和《史记》都记载有“天命玄鸟，降而生商”和“履帝武敏歆”生后稷的神话故事，这些英雄神话的共同特点是意在强调祖先的神性身世及其后裔长治而存的天意所然，天子乃代表上天的旨意行事。为了使其统治变得更加令人信服，在其祖先的神圣出身之上，又附加了许多文化功德和道德力量，这样他们就成为世代享受赞颂和祭祀的不容置疑的真正有资格的统治者：“夫圣王之制祭祀也：法施于民，则祀之；以死勤事，则祀之；以劳定国，则祀之；能御大灾，则祀之；能捍大患，则祀之。是故，厉山氏之有天下也，其子曰农，能殖百谷；夏之衰也，周弃继之，故祀以为稷。共工氏之霸九州也，其子曰后土，能平九州，故祀之以为社。帝喾能序星辰以著众，尧能赏均刑法以义终，舜勤众事而野死。鲧障洪水而殛死，禹能修鲧之功。黄帝正名百物，以明民共财，颛顼能修之。契为司徒而民成，冥勤其官而水死。汤以宽治民而除其虐，文王以文治，武王以武功去民之灾。此皆有功烈于民者也。”（《礼记·祭法》）《国语·鲁语上》中也有类似的说法。布洛克（Maurice Bloch）认为宗教是政治权威的极端形式，他还论证了仪式可以用来维护社会的等级地位，人类的暴力可以转嫁到具有超越力量的人物身上，其中包含了两个关键因素：“（1）创造不是人类行为的产物，而是归因于一个超越的力量，它由权威人士所代表；（2）这一事实使接近超越的祖先的上等人对下等人的暴力征服变得合法化。”[①]张光直也认为：“如果说祭祀及有关的物事如祖庙、牌位和礼器有加强和叮咛的作用，并作为氏族凝聚的象征，神话则赋予氏族典章，以证明其存在的合理性。英雄神话几乎总是千篇一律地讲述宗族祖先的公德行为，他们正因此而在祭祀时受人赞颂。”[②]仪式中的英雄神话是一个民族共同体成员共同认可的，在某种意义上，神话就是信仰。神话在开始阶段和宗教是相互渗透的，神话本身即反映着人们的信仰。德国哲学家卡西尔认为神话是一种无意识的虚构，在神话的想象中，总是暗含着一种相信的活动，没有对它的对象的实在性的相信，神话就会失去它的根基。[③]“宗教在它的整个历史过程中始

①Maurice Bloch. *History and Ideology in the Circumcision Ritual of the Merina of Madagascar*. Cambridge and New York: Cambridge University Press, 1986, p.189.

②Kwang-chih Chang, *Art, Myth, and Ritual: The Path to Political Authority in Ancient China*, Cambvidge: Havard University Press, 1983, p.42.

③（德）恩斯特·卡西尔：《人论》，甘阳译，上海：上海译文出版社，1985年版，第94—96页。

终不可分解地与神话的成分相联系并且渗透了神话的内容。另一方面，神话甚至在其最原始最粗糙的形式中，也包含了一些在某种意义上已经预示了较高较晚的宗教理想的主旨。神话从一开始起就是潜在的宗教。”[①]正因如此，祭祀中，具有神话色彩的英雄先祖享有特殊地位，祭天时，以其丰功伟绩、文化资格来配祭天，充分证明了在天地宇宙中他们的神圣位置。“故有虞氏黄帝而祖颛顼，郊尧而宗舜；夏后氏禘黄帝而祖颛项，郊鲧而宗禹；商人禘舜而祖契，郊冥而宗汤；周人禘喾而郊稷，祖文王而宗武王。”[②]在宗教祭祀中显然渗进了神话内容，才会出现这样的祭祀方法。统治者总是通过制造信仰来行使权力，达到特殊的目的。在卡西尔看来，文化是人类自我意识和主体意识的高度体现，各种文化形式或象征形式——神话、语言、宗教、巫术、艺术等——都是人类自我意识的自觉或不自觉的赋形化，即“语言、神话、艺术，都从自身创造出自己的形式世界，只能被理解为精神自主性的表现。……在这个意义上，神话的神所表征的不外是神话意识连续的自我显现”。[③]精神自主性以及神话意识的自我显现都灌注着权力意识和政治目的。涂尔干在《宗教生活的基本形式》当中也表明了类似的看法，神话是宗教生活的基本要素，很多人对神话的信仰比对自身感觉的信任还要坚定，他们的行为就是以神话为基础的。神话的所有基本主旨都是人的社会生活的投影，神不过是对社会的形象表达，所谓的宗教往往是社会赋予某种道德权威的力量以及以社会舆论的方式而将世俗生活中的某些部分神圣化，很多情况下是通过仪式或者聚会的形式，从而使个体成员服从于这种神圣的宗教道德威力。“舆论在根本上是一种社会事务，是权威的来源；甚至可以设想，舆论是所有权威之母”。[④]在中国古代，舆论主要是靠礼教实现的，礼教的内容主要包括道德、伦理、规范、秩序等方面，不光体现在礼经的阐释、官

①（德）恩斯特·卡西尔：《人论》，甘阳译，上海：上海译文出版社，1985年版，第112页。

②《国语·鲁语上》。《礼记·祭法》中的说法稍有不同：“有虞氏禘黄帝而郊喾，祖颛顼而宗尧。夏后氏亦禘黄帝而郊鲧，祖颛顼而宗禹。殷人禘喾而郊冥，祖契而宗汤。周人禘喾而郊稷，祖文王而宗武王。”

③（德）恩斯特·卡西尔：《神话思维》，黄龙保、周振选译，北京：中国社会科学出版社，1992年版，第328页。

④（法）爱米尔·涂尔干：《宗教生活的基本形式》，渠东、汲喆译，上海：上海人民出版社，2006年版，第201页。

方和民间的教育机构的学习内容和社会的价值体系当中，还体现在仪式进行过程中的身体力行、言传身教中，以至于履行礼规、践行礼仪成为举办仪式的一个重要的目的，而其本来目的则成为一种必须例行的常规了。比如冠礼，是男子到了一定的年龄（20岁）进入成年必须举行的社会仪式，而在仪式中，三次加冠的顺序、每次加冠冠服所代表的意义以及每次加冠的祝词都是接受冠礼的人受教育的重要内容。《礼记·冠义》说："冠者礼之始也。""礼义之始，在于正容体，齐颜色，顺辞令。容体正、颜色齐、辞令顺而后礼义备，以正君臣，亲父子，和长幼。君臣正、父子亲、长幼和而后礼义立。"可见，冠礼作为成年礼的性成熟的标示目的并不明确，但接受相应社会责任的教育目的尤其突出。射礼也是如此，标志技术水平的是否射中目标只是要考察的一项内容，射礼中能够正确地践行进退揖让之礼并将音乐的和谐与身心的和谐恰到好处地体现在射箭礼仪的过程中，才算真正达到技术和修养结合的最佳境界。

某一特殊群体中的成员关系及其地位的标明，习惯上是通过共同的仪式规章来体现的，诸如对共同祖先荣誉的崇拜，对某种力量或秩序的默认，或者对某些禁忌的遵守。禁忌在宗教中是一种特殊的形式，属于心理、习惯上的一种信仰。禁忌在将人的生活限制在消极状态的意义上说，尽管有其一切明显的缺点，但卡西尔认为在人类文明的初级阶段，这个词包括了宗教和道德的全部领域，"它是人类迄今所发现的唯一的社会约束和义务的体系。它是整个社会秩序的基石。社会体系中没有哪个方面不是靠特殊的禁忌来调节和管理的。……对宗教来说，取消这种禁忌体系是不可能的"①。弗洛伊德《图腾与禁忌》一书认为，禁忌包含着双重含义：一是崇高的、神圣的，唯其崇高神圣故而凛然不可侵犯；二是神秘的、危险的、不洁的、禁止的，既然神秘当然敬畏。②禁忌有很强的约束力和社会整合力，一切不利于神圣或权威的不吉利的言行、事物均在禁忌之列，仪式中禁忌大多被制度化、礼仪化，并以繁琐规定的形式表现出什么应该是被禁忌的。社群首领（酋长）或者神权的代表人物（巫师）"有权宣布任何事物为禁忌"③。一旦禁

①（德）恩斯特·卡西尔：《人论》，甘阳译，上海：上海译文出版社，1985年版，第133页、第138页。

②（奥）弗洛伊德：《图腾与禁忌》，车文博主编：《弗洛伊德文集》（第8卷），长春：长春出版社，2004年，第17页。

③（英）詹·乔·弗雷泽：《金枝》，徐育新等译，北京：大众文艺出版社，1998年版，第185页。

忌形成之后，就具有了类似于法律的不可抗拒的约束力量。古人对于圣人、君师、亲长之名是要避讳的，对于朋友，也不直呼其名而该称字，以示尊重。郑振铎在《释讳篇》中认为，这是受到远古巫术（魔术）信仰之遗风的影响，远古之人，将名字当作人自身的一部分，且和生命有着不可分离的关系，名字被人知道，就有受到危害的危险。[①]笔者认为，远古巫术遗风确实是禁忌依然留存的一个重要原因，但是，随着时代的变化，避讳、禁忌的原因也随之发生变化，和当时的社会、文化背景相互牵连。避讳君亲圣贤之名更重要的原因是出于对权威地位尊严的慑服，崇高、神圣之人是不可冒犯的，名字作为他的一部分，也是不可冒犯的。在祭祀和丧葬仪式中，也有许多禁忌，有的禁忌是以严格规定的形式出现的，冒犯或逾越就是触犯了禁忌。比如，《礼记·丧大记》载："男子不死于妇人之手，妇人不死于男子之手。君夫人卒于路寝，大夫世妇卒于适寝，内子未命，则死于下室，迁尸于寝，士之妻皆死于寝。"郑玄曰："言死者必皆于正处也。寝、室通耳，其尊者所不燕焉。君谓之路寝，大夫谓之适寝，士或谓之适室。"古有死必于正寝的说法，这段文字是说国君夫人死在路寝，大夫及其受有爵命的夫人死在适寝，卿之未正式受爵命的妻子死在燕寝，小殓后再将尸体迁至正室，士之妻皆死在正室。清人孙希旦言："不言男子死处者，死于适室，《士丧礼》有明文，则大夫以上亦从可知。惟妇人之礼未显，故特言之。"[②]《礼记·檀弓》说："君子非致斋也，非疾也，不昼夜居于内。"这里的"内"，是指正寝，可见正寝只有斋戒和生病时才用。清人黄以周曰："有疾斋于正寝，所以正其性情也。不必为死，而死自正其终焉。然则居适寝者，以养生为始义，正终为余义。斯义不明，而适寝之礼有难行于人子矣。"[③]所以，自古有"寿终正寝"之说。

①郑振铎：《释讳篇》，《二十世纪中国民俗学经典·社会民俗卷》，北京：社会科学文献出版社，2002年版，第86页。

②孙希旦：《礼记集解》，北京：中华书局，1989年版，第1131页。

③黄以周：《礼书通故》，北京：中华书局，2007年版，第436页。

二、象征

社会现实、政治权力相当一部分是通过象征手段创造的。通过对象征符号的操纵，持权者可以巩固其权威，人们也可以通过象征符号，辨识强大与弱小，权位之高低。“象征是在某种文化环境或语境中，某种物件或形象，某种情境或情节，某种观念或思想，成为表达另一种意义的手段。”[①]

“象征”在英文中是symbol，这个词也可译为“符号”，这一事实现象恰好道出了象征的特点，即象征总是通过可感知的符号表示出来的。建立在索绪尔（Ferdinand de Saussure）普通语言学基础上发展起来的符号学将符号分为能指和所指（Signifier and Signified）两部分（也叫意符和意指），能指（意符）是符号的语音、直观等可感知的形象，所指（意指）是符号所指涉的意义概念部分。由两部分组成的一个整体，称为符号。语言的意符和意指两者之间的关系是武断性（arbitrariness）的，没有必然的关联，要靠约定俗成的习惯将两者联系在一起。而广义的符号与所指物体的关系，根据查理斯·皮尔士的分类，有图像符号（icon）、指示符号（index）和抽象符号（symbol），图像符号与其所指有很大的相似性，指示符号通过与所指物的因果关联而指称该物，而抽象符号与所指对象之间的关系完全是约定俗成的。[②]我们所研究的象征在很大程度上属于第三种较复杂的符号象征或复合象征，它首先要有一个相对于所象征的意义而言可以感知的显形之物或指示标志，即所谓的象征符号。其次，还要有一个所要表现的意义或者事物，即象征意义。象征符号的背后有文化建构的支撑，离开了特定的文化，象征就变得不可思议。格尔兹认为象征符号“是概念的可感知的形式，是固化在可感觉的形式中的经验抽象，是思想、态度、判断、渴望或信仰的具体体现”。在这个意义上，“文化行为，即对符号形式的建构、理解和运用”。[③]由此看来，象征的核心问题乃是意义的问题，由制造意义、理解意义到解释意义。难怪德国社会学家马

①李幼蒸：《理论符号学导论》，北京：中国社会科学出版社，1993年版，第194页。

②Charles.Peirce.S. *Collected Papers*. C. Harsthorne, P. Weiss and A. W. Burks, eds. Macmillan Press,1931, p.60.

③（美）克利福德·格尔兹：《文化的解释》，韩莉译，南京：译林出版社，1999年版，第112页。

克斯·韦伯（Max Weber）把人比作悬挂在由他们自己编织的意义之网上的动物，因此，对意义的探求就是对文化的分析，文化研究就是通过对符号行为或一组符号行为的分析，进而分析社会话语。[①]仪式当中充满了象征，维克多·特纳（Victor Turner）认为仪式就是一个符号的聚合体。[②]这些符号是可以被创造出来的，同样在仪式中也是可以被利用的。

符号一个最显著的特点就是意义的不在场，据此，仪式中的名物器具、空间方位、时间顺序、行为现象、语言歌舞等在仪式中只要表达了超出本身的意义，或代表其他意义，都可以是仪式的象征符号。我们来看权力持有者是如何利用象征符号进行权力叙事的。在上一节"仪式是一种等级分层"中，已经结合具体的仪式分析了一些象征符号代表等级分层的一般情况，在这里，主要结合具体的社会文化背景分析象征符号和意义之间的关系以及综合利用象征符号的情况。首先是形象象征。礼物挚见、器物牺牲、服饰佩戴等都属于形象的符号，符号与意义之间的关系主要是相似类比的关系，通过事物的大小、形制、质料、部位、获得的难易程度等来象征使用者或拥有者的地位等级高低或者身份贵贱程度。比如使用鼎制的大小规格、数量标志着使用者的地位身份，丧服的形制、质料、服期的长短说明服丧者与死者的亲疏远近关系，"以禽作六挚，以等诸臣"的挚见礼以获得的难易程度与持礼者的身份等级成正比，酬劳乡学贤能的乡饮酒礼中宾（选乡学贤良中最优者担任）、主人（乡大夫担任）、介（乡学贤良次优者）的俎上所载的肉食脊、胁、肺相同，但不同的是宾俎上载肩、主人俎上载肫、介俎上载胳，是按肉所在骨体的前后上下部位来区分尊贵与否。前肢上部为肩，后肢上部为肫，肫下为胳，乡大夫尊宾，所以宾在乡饮酒礼中最为尊贵。以上都是通过能够看得见的、具体可感知的物体来象征等级贵贱的。

其次，还有抽象的象征。空间方位、时间先后顺序、行为语言等，符号本身不是特别直观，甚至有些抽象，与所要表达的意义之间的关系主要靠文化建构和约定俗成，权力叙事充分地利用这个建

①（美）克利福德·格尔兹：《文化的解释》，韩莉译，南京：译林出版社，1999年版，第5页，第33页。

②Victor Turner,*The Drums of Affliction: A Study of Religious Processes Among the Ndembu of Zambia, oxford:* clarendon for the International African Institute, 1968, p.2.

构的过程并施展着操控的威力。空间方位本来是表示方向的，但是在方位之上额外地附加了尊卑等级的意义就变成权力的象征了，阼阶是大堂前东面的台阶，天子、诸侯、大夫、士皆以阼为主人之位。《礼记·冠义》："故冠于阼，以著代也。"加冠之后，就可以在主人的位置，行使主人的权力了。孔颖达疏："阼，是主人接宾之处。"《士昏礼》新妇在新婚第二天早上要行拜见姑舅（婆婆公公古时称姑舅）之礼，姑舅回礼，礼毕，"舅姑先降自西阶，妇降自阼阶"。《礼记·昏义》解释为"以著代也"，新妇从东阶下来，表示从此代替婆婆成为家庭的主妇。时间顺序本来是表示早晚先后的，但是，权力话语在其上附加了尊卑地位的意义，也使其变成一种权力的象征手段。前文举了敬酒的先后顺序是由尊到卑，在有些情况下，出场的顺序是卑者先出，尊者在后，比如《乡射礼》正式比赛时，先由乡学中选出的六名弟子匹配的三耦射箭，然后再由宾和主人、大夫和士、众宾之耦续射。除了众宾在后面陪衬之外，射箭的顺序基本上是尊者在后，这样一种顺序表现了乡大夫的礼让姿态，体现出射箭的本意乃在于习礼，乡大夫当然要率先垂范。射箭已经牵扯到行为的象征了，射箭行为的背后，实际上包含着习礼的意义。这里已经涉及到第三种象征——综合的象征了。

综合的象征是较为复杂的、一系列或多种象征组合在一起的象征，经常是行为、语言、音乐、物件等组合在一起。仪式中语言的象征经常和物件或行为联系在一起，借助语言共同完成象征意义。比如，王公贵族在正式场合会见，要用玉圭作为表明身份的信物，《周礼·冬官·考工记》曰："镇圭尺有二寸，天子守之。命圭九寸，谓之桓圭，公守之。命圭七寸，谓之信圭，侯守之。命圭七寸，谓之躬圭，伯守之。"从圭的大小形制上已经有了等级身份的区别，为了进一步区分信物主人的身份，还需要从名称上作出具体的命名，并赋予其相应的意义，这些语言的命名帮助明确了它的意义，从郑玄注可以看出："镇，安也，所以安四方；镇圭盖以四镇之山为瑑饰，圭长尺有二寸。公，二王之后，及王之上公。双植谓之桓；桓，宫室之象，所以安其上也；桓圭盖亦以桓为瑑饰，圭长九寸。信当为身，声之误也；身圭、躬圭盖皆象以人形为瑑饰，文有粗缛耳，欲其慎行以保身；圭皆长七寸。"有了物的象征，还要加上名称语言的象征，有其名，必有其实。这里存在一个名实问题，名实自古以来就是权力建构的重要策略，《礼记·祭法》有"黄帝正名百物以明民共财"的说法。名是指各种事物的名称，实是名所指称的对象。只有名实相当，名正言顺，社会才能稳定有序，否则名实散乱，思想就会出现混乱，社会就会紊乱不治。春秋战国时期，社会变革，礼崩乐坏，原有的名实关系出现了相背相离的现象，名实问题成为一个突出的社会问题，因此也就有了名实之辨。名实之辨的目的是要通过正名，来统一思想，从而达到一种有利于政治稳定的局面。在《论语·子路》中子路问他的老师孔子："卫君待子而为政，子将奚先？"子曰："必也正名乎！"子路接着问为什么要正名，孔子云："名不正，则言不顺；言不顺，则事不成；事不成，则礼乐不兴；礼乐不兴，则刑罚不中；刑罚不中，则民无所错手足。故君子名之必可言也，言之必可行也。君子于其言，无所苟而已矣。"在孔子那里，正名的指向已经不是停留在简单的事物的名称和具体对象的对应上面了，而是指向抽象的道德伦理、价值观念、社会秩序问题，比如他的"君君、臣臣、父父、子子"的思想将家庭的父子关系推衍到社会政治领域，变成一种类比式的社会伦理等级秩序；又比如，他赋予"玉"以抽象的"德"的观念，即所谓"君子比德于玉"，并将他理想中的11种美德比附于玉，要求君子佩玉时以玉德来自省，完善自己的修养。《管子·九守》曰："名实当则治，不当则乱。"名实的"当"与"不当"的背后，有一个权力意志的标准，并且可以通过"正名"来进行调节，其中名实之间可以言说和建构的约定性空间就是权力话语和意识形态的空间。《荀子·正名》说："故知者为之分别，制名以指实，上以明贵贱，下以辨同异。"又说："名无固宜，约之以命。约定俗成谓之宜，异于约则谓之不宜。名无固实，约之以命实，约定俗成谓之实名。"约定俗成的指归是以符合统治者要求为标准的，仪式将这一切变得合乎逻辑。维克多·特纳认为象征符号一个很重要的特点在于它的意义的两极性，即意义的"理念极"和"感觉极"，前者指向社会秩序、法律、道德规范，后者指向情感。仪式之所以将"应该做的"转换成"想要做的"就是因为仪式是一个具有转换功能的机制，"它将这种应尽的规范和责任周期性地转换成想要做的规范和责任"①。

①（美）维克多·特纳：《象征之林》，赵玉燕等译，北京：商务印书馆，2006年版，第28—29页。

三、表演

象征符号不一定是表演，但表演却是一系列的象征符号的连续组合，是一个大的象征体系。权力对表演的操纵依然是建立在对象征符号的综合操纵上，即上文谈到的在综合的象征中权力意志的作用，只不过在仪式的表演中，权力话语突出地体现在对仪式规则、程序、模式、规模等的控制上。维克多·特纳认为仪式如同一个社会剧，社会剧的说法认同了仪式的表演性质，但从整体上也是一种象征的说法。特纳的社会剧，强调的是仪式的转换功能，但是，中国古代的仪式，更多的是另一种样态的社会剧，它与现实有一种同构或者隐喻的关系。这种关系本身就是持权者通过仪式所要达到的干预、引导现实的目的。彭兆荣教授将“权力场域”引入到仪式关系中，认为仪式不仅是辅助社会角色提高社会声望的工具，而且仪式本身也是建构权力话语的过程，换言之，仪式本身就是一个“建构性的权力话语”。[①]在“作为表演的礼仪”一章中，我会谈到仪式的表演特性以及仪式作为表演的一般功能和文化、社会意义。在这里，结合古代的祭礼着重将仪式作为一个整体来探寻权力在表演过程中的作用。祭祀的对象有天地自然、四方百物、先祖人鬼等，《仪礼》中重点记载的是对先祖人鬼的祭祀。下面，以《特牲馈食礼》、《少牢馈食礼》及其下篇《有司》祭祀祖先的仪式为例进行分析。

《特牲馈食礼》为诸侯之士祭祀祖祢之礼，《少牢馈食礼》为诸侯之卿大夫祭祀祖祢之礼。“特牲”，言祭祀等级，一牲曰特，羊、豕二牲曰少牢，牛、羊、豕俱全谓之太（大）牢。清人胡培翚《仪礼正义》引官献瑶云：“大夫曰少牢馈食，所以别于天子国君之大牢也；士曰特牲馈食，所以别于卿大夫之少牢也。”[②]士阶层的特牲馈食礼的主要程序是：占日，筮尸，请宾，器具、牺牲、祭品的准备，迎尸，尸祭先人，主人请尸进食（九饭），主人、主妇、宾依次三献酳尸（向尸献酒），主妇主人互相献酒、宾献主人、主人答宾，长兄弟、众宾长向尸献加爵（另外献酒），利成送尸、馂尸之余（分食尸吃剩

①彭兆荣：《人类学仪式的理论与实践》，北京：民族出版社，2007年版，第149—150页。
②胡培翚：《礼仪正义》，文渊阁《四库全书》本。

的食物）。卿大夫的少牢馈食礼在程序上和士的特牲馈食礼大致相同，只不过在参加的人数上和器具、用牲、供品的数量规模上更加浩大，礼仪的细节上更加繁琐细密讲究，比如，主妇要头戴假发、盛装参加祭祀，请尸进食的品种程序更加复杂，尸进食十一饭，飨尸之后的酬酢更加繁多，主人、尸、祝的言辞更加文饰华丽。不同阶层的人在祭祀祖先的名称和级别规模上首先就有了区分，在各自的许可范围内演绎着自己的权限，在某种程度上说，拥有仪式举办权本身就是权力的一种表示，仪式的级别规模对应着权力等级的大小高低。再者，祭祀仪式程序的规范化也成为施展权威和强制的一种有效动力，因为规范就是惯例，仪式总是以传统和惯例的名义将一切争辩和质疑拒之门外，使人们在沿袭传统的过程中不知不觉地就范于持权者编织好的有利于统治和权力运行的规范模式中，即特纳所谓的“理念极”的意义转换成“感觉极”的自愿行动，所以，规范和传统常常是行使权力的借口。彭兆荣教授说：“在很大程度上，仪式的权力性和权威性来自于程序性。”[①]坦姆比亚在《仪式的表演方法》一书中认为，仪式并不是“感情的自由表达”（free expression of emotion）而是“正确态度”的有规矩的彩排（a discipline rehearsal of“right attitudes”）[②]。其实，在仪式中不光是正确态度，还应该包括正确行为，所谓的“正确”，是指符合权力话语的要求，所谓的彩排，意指仪式就是一种表演，而且是有预谋、有规划的一遍又一遍的表演。从某种意义上说，仪式中包含着明显的“权力话语”，仪式也有助于凸显权力和权威，而这些权力和权威——无论是有形的还是无形的，都使仪式烙上了“霸权”和“主控叙事”（master narrative）的特征。[③]

让我们再来分析一下祖祢祭祀仪式中的模式，模式也可以用结构来解释。象征人类学大师维克多·特纳在对赞比亚恩登布人多年的田野调查基础上，对仪式的结构进行了典型的分析概括，他的结构理论是建立在范·根纳普对通过“仪式研究”的基础上的。范·根

①彭兆荣：《人类学仪式的理论与实践》，北京：民族出版社，2007年版，第68页。

②S. J. Tambiah, *A Performative Approach to Ritual*. The British Academy and Oxford University Press, 1979, p.126.

③C. Bell. *Ritual Theory, Ritual Practice*. Oxford University Press, 1992, p.125. 转引自彭兆荣：《人类学仪式的理论与实践》，北京：民族出版社，2007年版，第64页。

纳普（Van Gennep）认为“在神圣世界和世俗世界之间，存在着一个很大的不相容，人们要想从一个世界过渡到另一个世界必须要经过一个中间状态”[①]，他将许多仪式都包括其中，如季节性的节日、献祭、朝圣等，都展现了相同和基本的模式：分离、过渡、融合。特纳在此基础上，对仪式结构的中间状态阈限期进行了深入的研究，并在此有独到的理论建树，他认为阈限的实质在于非此亦非彼的模棱两可和不确定性，阈限前、阈限期、阈限后的仪式过程是一个结构—反结构—结构的过程，社会结构代表着社会的等级关系和秩序，处于阈限阶段的反结构的特点特纳用“交融”（communitas）来表示[②]，“交融以阈限的形式，进入到了结构的缝隙之处；……交融逾越或化解了那些掌控‘已经建构’和‘制度化’了的关系的规范，同时还伴随着对前所未有的能力的体验。”[③]它打破了常规，使人们从日常的结构中被释放出来，为重新融入日后的结构注入了活力。在研究仪式过程时，特纳还提出了“社会剧”（social dramas）的概念，简单地说，社会剧就是社会中固有的冲突通过群体的仪式行为在仪式过程中进行表达演出，经过仪式的阈限阶段的融合，使社会安排的改变合法化，冲突得以消解。[④]它为人们社会身份的转换和社会矛盾的解决提供了一个表演的场域，演出了复杂的社会意涵。特纳的结构理论，强调社会冲突，强调仪式的转换功能。而中国古代的祭祖仪式，展示的是一种人与神（祖先）之间的依从关系，这种关系实际上是对人间现实社会结构的一种模拟和象征。汉学人类学者马丁（Emily Martin）在1981年出版的《中国人的仪式与政治》一书中说到中国民间祭祖仪式是一种交流模式，交流的两方分别是人和神。神俨然如帝国朝廷的官员，是皇帝下属的诸侯或“权贵”，而祭拜的人犹如向官府提出告诉、请求的百姓或臣民。实际上，中国民间仪式中所用的摆设、道具、体态语汇等，均与旧时代臣向皇帝、民向官人汇报尘

①Van Gennep. *The Rites of Passage*, Chicago The University of Chicago Press, 1960, p.1.

②关于阈限阶段反结构的特点的论述参阅了王建民：《维克多·特纳与象征和仪式研究》，见（美）维克多·特纳：《象征之林》，北京：商务印书馆，2006年版，译序，第9页。王建民将communitas翻译为“公共域”。还参阅了维克多·特纳：《仪式过程》，黄剑波等译，北京：中国人民大学出版社，2006年版，第128页；（英）菲奥纳·鲍伊：《宗教人类学导论》，金泽、何其敏译，北京：中国人民大学出版社，2003年，第192—195页。这两部书分别译为“交融”和“融合”。

③（美）维克多·特纳：《仪式过程》，黄剑波等译，北京：中国人民大学出版社，2006年版，第129页。

④对“社会剧”的解释，参阅了王建民：《维克多·特纳与象征和仪式研究》，维克多·特纳：《象征之林》，北京：商务印书馆，2006年版，译序第7页。

世之事，请求庇佑的方式相类似。[1]仪式中，神高高在上，人匍匐在神的脚下，人神关系象征着现实社会中的臣民和君王官员的关系。另外，仪式中的人与人之间的关系也象征着社会中尊卑有别、长幼有序的上下级或齿序关系。祭天仪式只有天子可以举行，象征着天子乃自然神的上天或人格神的天帝唯一的儿子，可以拥有人间最高权力。祭祀仪式中隐含着强烈的权力话语，《礼记·祭统》说："凡治人之道，莫急于礼，礼有五经，莫重于祭。"统治者将对现实的预设借助于宗教仪式进行模拟示范，使臣民在反复参加仪式的过程中，潜移默化地接受了这样的权力话语预设的道德规范和价值观念，礼教在仪式的展演中得以推行。《周易·上经·观卦》说："圣人以神道设教，而天下服矣。"《祭统》云："祭者，教之本也。"依靠礼而把共同体凝聚到一起的秩序并不只是一种仪式性的秩序，还是地地道道的社会政治秩序，它包括等级制、权威与权力在内。[2]

祖先祭祀礼仪作为一种官方的象征性的表演一经形成，对于民间社会就具有样板和示范作用，经过儒家在理论上对伦理孝道的宣传，民间的祖先崇拜就成为一种普遍的宗教现象，莫里斯·弗里德曼所描述的中国家族普遍存在的两种祖先崇拜方式——家庭膜拜（domestic cult）、宗族膜拜（lineage cult）就是这一情况的反映。[3]长期以来，祖先崇拜一直是中国人的"俗世宗教"，马克斯·韦伯认为这种俗世宗教"乃是一种对祖灵神力的信仰及崇拜"，在政治上维护此种信仰甚至比对民生的关怀更重要，子女对父母的孝被转化到所有的从属关系里，孝是对履行官僚体制最重要的等级义务——无条件的纪律——的考验与保证。[4]如果说仪式的权力话语体现在权力对仪式的掌控和仪式对社会的控制两个方面，前者我们已经讨论得足够多，那么仪式对社会的控制就是通过祖先崇

①Emily Martin, *Chinese Ritual and Politics*, Cambrige: Cambridge University Press,1981.参考王铭铭《象征的秩序》，《读书》，1998年第2期。

②（美）本杰明·史华兹：《古代中国的思想世界》，程钢译，南京：江苏人民出版社，2004年版，第69页。

③（英）莫里斯·弗里德曼：《中国家族的仪式状况》，金泽等译，史宗主编：《20世纪西方宗教人类学文选》，上海：上海三联书店，1995年版，第869页。

④（德）马克斯·韦伯：《儒教与道教》，洪天富译，南京：江苏人民出版社，2005年版，第119页，第130页。

拜和祭祖仪式成为全社会的价值观念和共同信仰实现的。从这个角度讲，祖先崇拜确实成为中国的“国家宗教”，“高高在上的神则是人类秩序中普世性的君王在宇宙秩序中的对应者”，在祖先崇拜中发现的社会秩序，其强有力的典范作用深刻地影响了整个“精英文化圈中的”社会政治秩序和宇宙秩序中的宗教观[①]，也影响了世俗百姓的生活秩序和价值观念，人们在社会中完好地扮演着各自的角色，家庭成为贯彻权力意志和政治观念的基本细胞。因此，礼教和封建统治有了广大而深厚的民间基础，朝代可以更替，但是几千年封建秩序从不改变也就变得可以理解了。

回到《仪礼》中来，其中的许多社会礼仪都贯穿着上述权力意志和政治观念，但是仪式理论并不能完全概括中国古代仪式的特殊情况，中国古代礼仪中的权力始终强调的是秩序、伦理，并与宇宙观中的天地阴阳五行等对应起来，赋予其天经地义的先在性。而西方的仪式理论大多摆脱不了神圣与世俗的框架，中国礼仪已经深入到世俗生活的深处，在实施的过程中，始终贯穿着神圣的信仰与宇宙观。

① （美）本杰明·史华兹：《古代中国的思想世界》，程钢译，南京：江苏人民出版社，2004年版，第30页。

第六章

作为表演的礼仪

『戏源于祭』是中外学者、理论家都论证过的事实，基于此，仪式先天性地具有表演的特征，仪式情境的戏剧化表明，通过仪式展演，仪式可以获得诸多的功能和意义，例如，沟通人与超自然、人与人、人与社会的关系，起到告知公示的作用，赋予仪式事件合法性地位，升华和强化群体成员之间的感情。不仅如此，仪式作为人类社会一种特殊的文化现象还具有文化表演的意义，因此，它还具有社会—文化批评的理论向度。仪式成为文化展演的大舞台，各种象征符号在仪式中展示自己的特殊意义，各个阶层在仪式中要表明自己的身份，利用仪式实现现实的目的。

仪式与表演自古以来就有着瓜葛和联系，不仅因为戏剧——一种纯粹的表演艺术在中外理论家（例如古希腊的亚里士多德，中国的苏东坡、王国维等人）看来起源于仪式，从而使仪式天然地具有表演的特性，而且，即便从表演学的角度以表演的概念来衡量，仪式情境的诸多因素也具有戏剧化的特点。如果不论仪式自身的构成和过程，从研究者的角度来看，仪式作为人类社会一种特殊的文化现象还具有文化表演的意义，这样就将仪式从狭义的表演范畴解脱出来，使其具有一种社会—文化批评的理论向度，格尔兹、特纳、谢克纳等人类学家和人类表演学理论家已经在这方面作出了卓越的理论探讨，他们的理论贡献拓展了仪式研究的领域和路径。

第一节 从戏剧起源看仪式的表演特性

自人类学诞生以来的一百多年，对仪式的研究可谓成果丰富，要想从中找出一个适用范围广泛且具有阐释价值的定义并非易事。不过，仪式可以从不同的纬度来体认，其中，将仪式看作一种表演，在人类学中极具影响力。

表演性是仪式和戏剧共有的特点，正是从这个意义上，中外都有理论家和学者提出戏剧来源于仪式的说法。最为著名的当属亚里士多德在《诗学》中提出悲剧来源于对酒神祭祀仪式模仿的理论。悲剧的得名即与祭祀仪式有关，悲剧在希腊语中为Tragōidia，字面意思为“山羊歌”。山羊为祭祀时的祭品，在古希腊，祭祀时伴有歌队的歌唱，歌唱时，歌队是围绕着祭品山羊而唱，还是由扮作山羊的歌队演唱，到亚里士多德时代已经有不同的解释了。亚里士多德说，典型意义上的悲剧大约公元前534年产生于雅典的大型祭祀活动——狄俄尼索斯庆祭活动，悲剧首次成为该活动的一部分。[①]亚里士多德的这一“仪式假定”成为影响后世哲学、文学、美学等领域的理论传统，按彭兆荣教授的说法，此假定成为后世学者“在讨论仪式命题时候不能回避的学术原点”。[②]受此理论影响，弗雷泽与19世纪“剑桥学派”的其他学者，也相信古希腊悲剧及由此派生出的西方戏剧起源于仪式。

戏剧起源于仪式的观点在中国也可以得到印证。宋代苏轼《东坡志林》曰：“祭必有‘尸’，无尸曰‘奠’，始死之奠与释奠是也。今蜡谓之祭，盖有尸也。猫虎之尸，谁当为之？置鹿与女，谁当为之？非倡优而谁？葛带荆杖，以丧老物；黄冠草笠，以尊野服。皆戏之道也。”苏轼指出了祭祀中以“尸”扮神而受祭及其装

①亚里士多德：《诗学》，陈中梅译注，北京：商务印书馆，1996年版，第248页。

②彭兆荣：《人类学仪式的理论与实践》，北京：民族出版社，2007年版，第165页。

扮服饰的情况，直接道明了祭祀扮神是“戏之道”。王国维在《宋元戏曲史》中考察戏曲之起源认为：“古之祭也必有尸。宗庙之尸，以子弟为之。至天地百神之祀，用尸与否，虽不可考，然《晋语》载‘晋祀夏郊，以董伯为尸’，则非宗庙之祀，固亦用之。《楚辞》之灵，殆以巫而兼尸之用者也。其词谓巫曰灵，谓神亦曰灵，盖群巫之中，必有象神之衣服形貌动作者，而视为神之所冯依：故谓之曰灵，或谓之灵保。……是则灵之为职，或偃蹇以象神，或婆娑以乐神，盖后世戏剧之萌芽，已有存焉者矣。”他认为在祭祀中巫对神的扮演（尸）或巫的乐神歌舞当为戏剧之萌芽。到后来，又有巫优之分，就有了戏剧。“巫觋之兴，虽在上皇之世，然俳优则远在其后。”“要之，巫与优之别，巫以乐神，而优以乐人；巫以歌舞为主，而优以调谑为主；巫以女为之，而优以男为之。……后世戏剧，当自巫、优二者出。”①

上述戏剧产生于祭祀仪式的追溯，说明最古老的祭祀仪式中本身存在着很多表演性的戏剧成分，而且这些表演，源于扮神或者娱神的需要。远古先民震慑于自然的威力，感到自身力量的渺小，无法操纵自身及其之外的世界，设想各种超自然的神灵在控制着人类社会及自然的变换，所以他们想尽办法举办各种仪式来供奉祭祀并取悦这些神灵，扮演神灵、歌舞表演就成为必不可少的与神交流的手段。随着人的自我意识的渐渐觉醒，原来纯粹取悦神、专门演给神看的仪式的表演开始加入娱乐人类自身的成分，这时，演给观众看的戏的成分才出现，而且，往往和仪式掺杂在一起同时进行。后来随着人们精神世界的丰富、审美需要的提高，真正意义的戏剧终于诞生。闻一多对这个过程有一段话概括得很精辟：“这些神道们——实际是神所‘凭依’的巫们——按照各自的身分，分班表演着程度不同的哀艳的或悲壮的小故事，情形就和近世神庙中演戏差不多。不同的只是在当时，戏是由小神们做给大神瞧的，而参加祭礼的人们是沾了大神的光而得到看热闹的机会；现在则专门给小神当代理人的巫即变成了职业戏班，而因尸祭制度的废弃，大神只是一支‘土木形骸’的偶像，并看不懂戏，于是群众便索兴把他撇开，自己霸占了戏场而成为正式的观众了。”②

那么，源于娱神的仪式表演的实质是什么呢？在这个问题上，人

①王国维：《宋元戏曲史》，上海：东方出版社，1996年根据商务印书馆1934年版编校再版，第2—3页。
②闻一多：《神话与诗》，上海：上海世纪出版集团-上海人民出版社，2006年版，第218页。

类学家的看法可谓见仁见智。涂尔干认为神话和仪式均是表达神圣宗教的组成部分，只不过神话是以语言表达的，而仪式则是以行为表达的，涂尔干的理论奠定了仪式行为包括表演的宗教范畴。美国历史学派代表人物博厄斯（Franz Boas）认为一个仪式就是一个神话的表演，“人类学分析表明，仪式本身是作为神话原始性刺激产物”。[①]

谢克纳（R. Schechner）将仪式的表演和戏剧的表演从背景和功能等方面作了一个详细的区分，他认为，在一个连续体的两端，一端是“功效”（能够产生转变的效果），另一端是“娱乐”。假如一个表演的目的在于功效，那么它就是仪式；假如它的目的在于娱乐，那么它就是戏剧，仪式和戏剧的边界是可以改变的。谢克纳绘制了一个图表来说明它们之间的关系：

功能与娱乐和表演的其他方面的联系[②]

功效	⟷	娱乐
仪式		戏剧
结果		乐趣
与不在场的他者相联系		仅与在场的人相关
象征的时间		强调现在
演出者神灵附体，处于狂喜中		演出者知道他在做什么
观众参与		观众观看
观众信仰		观众欣赏
不允许批评		以批评为炫耀
集体的创造		个人的创作

但他又指出“戏剧”和“仪式”并不是截然地一分为二的两个对立观念；反而，它们只不过是处于一个连续体的两端，在两者之间，存在着不同的表演类型和形式，所以，它们的边界是可以转换的。[③]正如日本学者田仲一成在《明清的戏曲》中所言“祭中有戏，戏中有祭”。[④]谢克纳将人类生活中的表演活动扩大到戏剧范围之

①彭兆荣：《人类学仪式的理论与实践》，北京：民族出版社，2007年版，第39页。

②Richard Schechner.*The Future of Ritual: Writing on Culture and Performanve*. Routledge, 1995. p.120.

③Richard Schechner, “From Ritual to Theatre and Back”,*Ritual, play and performance: Reading in the Social Sciences/ Theatre, ed.* Richard Schechner and Mady Schuman,Seabury Press, 1976. p.196—222.

③田仲一成：《明清的戏曲——江南宗族社会的表象》，北京：北京广播学院出版社，2004年版。

外，将表演的概念渗透到其他领域中，包括戏剧、舞蹈、仪式、日常生活和游戏等，表演与其说是一个戏剧概念，不如说是一个人类学概念。[③]谢克纳认为表演可以从两个层面言说，一是确定一个行为是不是表演，要看是不是按照事先策划好的程序有意识地在展示自己的行动，还要依据特定的文化、特定的时间地点；二是可不可以把一定的行为当作表演的问题，虽然有些行为不一定是有意识地展示，但是，看的人可以把那种行为当作或视为表演，并对其进行研究。[④]后一个层面将表演从狭义的概念中解脱出来，扩展到社会和人类生活的其他领域，作为观察和研究社会、文化的手段，在宽泛的甚至是比喻的意义上言说表演，并将其变成一种社会—文化批评理论。这一点，和文化人类学的关于表演的另一个概念“文化表演”（cultural performance）有不谋而合之处，对文化表演的内涵及其意义将在第三节继续探讨。

《仪礼》中的十七篇四类吉、凶、宾、嘉之礼，就是一场场仪式的展示和表演：《特牲馈食礼》、《少牢馈食礼》及其下篇《有司》等三篇是祭祀鬼神、祈求福佑之礼，属于吉祥的祭祀祖先的表演；《丧服》、《士丧礼》、《既夕礼》、《士虞礼》等四篇记述丧葬之礼，属于殓葬、纪念死者的悲伤的表演；《士相见礼》、《聘礼》、《觐礼》等三篇是记宾主相见、相交接之礼，属于访问性、礼节性的彬彬有礼的表演；《士冠礼》、《士昏礼》是在人生紧要关头、为实现重大转折而举行的仪礼，属于纪念性、告知性的展演；《乡射礼》、《大射礼》是技艺和尊礼行礼的完美结合的表演；《乡饮酒礼》、《燕礼》、《公食大夫礼》则是燕飨之礼，属于宴请宾客的宴会性的表演。下面，结合这些具体的礼仪来分析其表演特性。

①Richard Schechner: *Theatre and Anthropology*. Philadelphia: University of Pennsylvania Press, 1985.

②（美）理查德·谢克纳：《什么是人类表演学》，孙惠柱译，《戏剧艺术》，2004年第5期；（美）理查德·谢克纳：《人类表演学的现状、历史与未来》，孙惠柱译，《戏剧艺术》，2005年第5期。

第二节 仪式情境的戏剧化

一个完整的、公开的群体仪式，总是在一个特定的时间、环境、场景中的一系列行为的综合展现，我们可以把这样一个在特定时空环境中综合展现出来的仪式的情形称作“仪式情境”。[①]仪式情境中充满了表演成分和表演因素，可以称仪式情境为戏剧化的情境。要想说明这一点，先看仪式情境的构成及其表演性的特征。

仪式情境既包含具体的可见的组成部分，也包括抽象的不可见的东西。这里，借用薛艺兵在《神圣的娱乐》一书中分析仪式所用的“结构—过程”两维分析法来说明仪式情境。结构是指事物的构成形式或构成因素、构成层次之间的共时关系；过程是指事物的进行方式、进行阶段、进行顺序之间的历时关系。仪式结构又分为实在的形态结构——具体的构成要素以可感知的形式和样态组合而成，抽象的关系结构——仪式的一系列构成因素的配置方式和它们之间的相互关系。仪式的过程表现为仪式进行的时间流程行为的动态序列。[②]这一节主要从实在可感知的仪式结构—过程中分析仪式情境的戏剧化特点，并将它进一步分为仪式空间、仪式角色、仪式行为、仪式媒介、仪式过程几个主要的方面，至于在仪式表演动态的过程中表现出来的抽象的关系结构及其意义将在下一节阐述。

一、仪式空间的戏剧化

仪式空间主要指仪式举行或发生的地点、场景。仪式总是在一定

①薛艺兵：《神圣的娱乐：中国民间祭祀仪式及其音乐的人类学研究》，北京：宗教文化出版社，2003年版，第23页。

②薛艺兵：《神圣的娱乐：中国民间祭祀仪式及其音乐的人类学研究》，北京：宗教文化出版社，2003年版，第139—157页。

的场所举行的，特别是大型仪式，都有专门的仪式场地，如祭天礼地的祭坛、祭拜祖先的庙宇等，以往学者更多地将目光投向对仪式本身的研究，而对仪式发生的场所没有给予足够的重视。一般祭天要在用土石堆砌而成，高出地面的圆形祭坛上进行，所谓“封土为坛”，祭地用方坛，古代典籍中称为“方丘”，天圆地方，各象其类。当然在具体的祭祀中也有变化，《礼记·郊特牲》中记载的郊祭祭天礼，就是“扫地而祭”：“郊之祭也，迎长日之至也，大报天而主日也。兆于南郊，就阳位也。扫地而祭，于其质也。”《周礼·春官·宗伯》：“冬日至，于地上之圜丘奏之，若乐六变，则天神皆降，可得而礼矣。……夏日至，于泽中之方丘奏之，若乐八变，则地示皆出，可得而礼矣。”冬至于圆坛祭天，夏至于方丘祭地。诸侯觐见天子，也在坛上：“诸侯觐于天子，为宫方三百步，四门，坛十有二寻、深四尺。”（《仪礼·觐礼》）到目前为止的考古发现中，有圆形祭坛，也有方形祭坛，如距今5000余年的辽宁喀左县东山嘴遗址，北部有一座大型方形基址，南部有一座小型圆形台址和另两座较早的圆形台址，基址周边均为砌石墙基，是目前发现的我国最早的祭坛之一；还有辽宁建平牛河梁遗址，右侧是圆形祭坛，左侧是一个方形的祭坛，这个祭坛是用粉红色的圭状的石头组成的。这些应当是古老的祭祀天地仪式的活见证，北京的天坛、地坛是这一礼俗在后世更加完善的延续，直到清代还发挥着祭天礼地的作用。《礼记·祭义》中有“祭日于坛，祭月于坎，以别幽明，以制上下”之说，由于日为阳，祭祀在高起的坛台上进行，月为阴，就“掘地为坎”，祭祀在低于地面的平坎中进行。这是自然神祭祀的特点，用特别的方式标示出一个神圣的空间，以和世俗生活中的空间区别开来，预示着这块神圣的空间将要有一场不同凡俗的仪式（戏）上演。有时，在不具备这种明显标示的情况下，往往会采取一种变通的方式来将神圣空间和世俗空间区分开来，比如，考古发现有用小石子围成圈、田猎献获的临时祭祀，有司在现场寻一块空地，四周插立小旗子做标志，叫“旌表位”。[1]等到人格化的神出现了，比如祖先神，初民就会想象鬼神和人一样，需要居息的地方，于是就高规格地按照宫殿的模式建造了祖庙，陈列上祖先的神主，定期祭拜供奉，对待他们的神灵如同祖先们活着一样，他们是在当真地“假装”，在这个神圣庙宇里上演的一幕又一

①詹鄞鑫：《神灵与祭祀》，南京：江苏古籍出版社，1992年版，第188页。

幕的祭祀，是认真地演给祖先神灵的。最初，祭祀土地的祭坛是露天的，但是，随着土地神的人格化，出现了土地庙、城隍庙，这些地方后来都成为民间节庆集会表演游观的地点。

坎坛方丘、神圣庙宇，应该说是最初的舞台。尽管最初的观众是自然神和祖先神，尽管最初的演员还没有意识到自己是在演，但是这些与世俗区别开来的神圣空间确实为一些特殊的角色诸如巫师、祭司、国王、君主等提供了向神“展现”人类诚意与本领的场所。后来，宇宙创生的神圣时刻在时间上越来越远离人们的生活，这些神圣空间继续为人们提供重返原初神圣的仪式场所，但是，世俗化的内容也加入其中，人们不光只是为了娱神而展示，也为了人自身，安慰自己或者让人从中寻找到乐趣，“展示”加入了有意识的成分。随着神在生活中的隐退，仪式的展演渐渐转换为给人，给更多的观众观看，如国王的登基仪式、侯爵的授衔仪式等，这些礼仪都需要一个与正常生活区别的空间。甚至是从仪式中脱胎而出纯粹娱乐的戏剧，舞台都还没有多大的改变，今天最常见的舞台就是一个庙宇的模型，唯一改变的是面向了外部的观众而不是原来面向庙宇深处的神灵（神主、神像）。《乡射礼》、《大射仪》中的射箭比赛仪式，就是一组一组轮流登上庙台，向院子里的张开的侯（靶子）射去，射箭的技艺和射箭过程中对礼仪的娴熟遵循在“台上”得到了展示，观看的对象也完全是世俗生活中的人。祭祀祖先之礼、加冠之礼、婚礼时的庙告都以祖庙为舞台进行相应的仪式。除了庙宇式的舞台，今天还存在露天舞台或戏台，应该说是从圆坛方丘演变而来的，其中中间环节的链接当为民间的傩仪傩戏。在傩俗文化当中，有一个专门的术语叫“傩坛”，它的意思并不是指表演傩仪的台坛，而是指以“傩”的名义，进行活动的民间祭祀表演的社会组织，但是此意的获得却与“坛”的原始意义有关。坛，原指祭场，用土夯成的高台，因为傩事活动经常要在坛上举行，所以将傩事活动的组织称为傩坛。据钱茀考证，“坛”这个词，除了指祭场之外，还有多种含义：（1）神位，亦称“龛”或“坛”；（2）各种法事，各种祭祀表演活动，也称为“坛”；（3）各种祭祀表演团体，也称为“坛”或“坛门”。[①]其中，两个义项都与表演有关。

①钱茀：《傩俗史》，南宁：广西民族出版社，2000年版，第69页。

从以上分析可以看出，从祭祀场所到后来的舞台，大致分为主流和民间两条路径，包括面向观众开放的庙宇式的舞台和露天舞台两种。

二、仪式的角色扮演和行为表演

仪式的角色扮演是从人的角度而言的，行为表演是从动作的角度而言的，由于人和动作是紧密连在一起，不可分割的，所以要放在一起来考察其表演特征。仪式具有表演性的特征，并不是参与仪式的每个人，每时每刻都在表演，表演必然牵扯到角色的装扮和表演的行为，从这个角度看，只能说仪式中包含很多表演性因素和成分，而不完全等同于表演。如果按照谢克纳将娱乐的戏剧和有功效目的的仪式当作是一个连续体的两端的观点来看《仪礼》中的诸种仪式，它们所包含的表演成分也是不一样的，而且有的偏重角色装扮，有的偏重行为展演。角色的装扮一个很重要的因素是心理的换位，在感情上和心理上要求自已到位，这是一种潜在的因素。更直接的方式是靠服装、服饰来装扮。典型的艺术表演的角色应该是“完全不是他自己”，仪式中这种情况很少，只有“尸”祭中的“尸”角色装扮意味最浓，前文引苏东坡“以尸扮神”的“戏之道”和王国维的“以巫而兼尸”，“象神之衣服形貌动作者”的戏剧之萌芽说，都指出了仪式中角色扮演的表演特点。《仪礼·特牲馈食礼》中说“尸如主人服”，尸所穿的乃是所扮演的已经逝去的主人的衣服或象征主人的身份地位的衣服。《周礼·春官·宗伯》记载有专门掌管王室祭祀中尸祭服装的官员：“守祧掌守先王、先公之庙祧，其遗衣服藏焉。若将祭祀，则各以其服授尸，其庙则有司修除之，其祧则守祧黝垩之。既祭，则藏其隋与其服。”虽然“尸”扮演祖先神和其他神祇在仪式中已经可算是具有典型的戏剧特点了，但是，毕竟与戏剧还有很大的距离，王国维的戏剧萌芽的定位是很准确的。

●晋宁石寨山尸祭雕像局部

上面谈的是仪式中角色装扮不是自身的情况，更常见的情况是，角色还是其自身，没有装扮成其他角色。这种情况又分两类：一类是通过装扮，身份转换了；另一类身份并没有改变，但是确实还是在展示、在表演。前者最典型的是《士冠礼》。在冠礼中，要为行成年礼的男子依次加冠三次，并换上与冠相配套的服装和服饰，三次加冠主要的装扮为："始冠，缁布之冠也"，"服玄端爵韠"；再加，"受皮弁，服素积素韠"；三加，"受爵弁，加之，服纁裳韎韐"。三加完毕，见过母亲和兄弟姑姊等家人之后，要换上玄冠和第一次加冠的服饰，在社会上亮相，以示成人："乃易服，服玄冠、玄端、爵韠，奠挚见于君。遂以挚见于乡大夫、乡先生。"缁布冠是一种较原始的斋戒之冠，行冠礼时第一次加这种冠表示报本反始、不忘其初，冠礼结束，就不再戴了。玄冠是周代的礼帽、朝服，与玄端（通常的礼服）合称"端委"或"委端"，《左传·哀公七年》子贡说："太伯委端以治周礼。"行冠礼第二次加的是皮弁，积素以为裳，《白虎通·绋冕》说皮弁素积"征伐田猎，此皆服之"。第三次所加的是爵弁，穿相应的服装，《白虎通·绋冕》说"爵弁者，周人宗庙之冠也"，应是一种祭服。由此杨宽先生总结三次加冠的寓意，穿戴什么样的服饰出场，就意味着具有了与此服饰相对应的身份和责任："初次加冠，无非表示授予贵族'治人'的特权；再次加皮弁，无非表示从此要参加兵役，有参与保护贵族权利的责任；三次加爵弁，无非表示从此在宗庙中参与祭祀的权利。因为当时'国之大事，惟祀与戎'（《左传·成公十三年》）。"[①]之所以加三次冠，按照《礼记·冠义》的解释为励志："三加弥尊，谕其志也。"《礼记·冠义》解释冠礼的意义为："责成人礼焉者，将责为人子、为人弟、为人臣、为人少者之礼行焉。""故孝弟忠顺之行立，而后可以为人，可以为人，而后可以治人也。故圣王重礼。"《士昏礼》中的新妇也明显存在着角色身份转换的问题，这种转换同样与服饰的装扮象征分不开。女子成年许嫁时要将头发用笄挽起来，从身份上以示成年，和少女时代区别开，可以结婚了："女子许嫁，笄而醴之，称字。"《礼记·内则》："女子十有五年而笄。"郑玄注："谓应年许嫁者。女子许

①杨宽：《古史新探·冠礼新探》，北京：中华书局，1965年版，第252页。

嫁，笄而字之。其未许嫁，二十则笄。”女子出嫁时，装束和平时不同，“女次，纯衣𫄸袡，立于房中，南面”。次为假发，头上用假发来修饰，穿着镶有𫄸边的丝衣在房中面朝南等待新郎来迎接。临走时，父母都要训话，“母施衿结帨”，“庶母及门内，施鞶，申之以父母之命，命之曰：‘敬恭听，宗尔父母之言。夙夜无愆，视诸衿鞶！’”胡培翚《仪礼正义》：“衿，衣小带。”帨，为佩巾。郑玄注：“鞶，鞶囊也。男鞶革，女鞶丝，所以盛帨巾之属为谨敬。”母亲和庶母（父亲的妾）都在女子出嫁时送上特别的佩饰，作为对出嫁女遵从妇德的提醒。特别的装扮、精致的衣服，与平时的自己、与其他处于常态的女子区别开来，可谓盛装出嫁。这些装饰和临别赠送的佩饰，表明了女子特别的角色与身份转换，从此以后，她由女子变成了人家的“妇”，要履行另一套相应的规则。新郎的装饰也有类似帮助转变角色的作用，但没有新妇那么明显。

现在再来看身份没有改变的一类，主要是指在仪式中也有特别的装扮，但是与以前相比，角色的身份地位并没有明显的改变，他还是原来的自己。这种情况在《仪礼·丧服》的五服制中表现得最为典型。五服是古代根据社会及亲属关系的亲疏远近为死者服丧时的丧服习俗惯制。古时丧服分为五种：斩衰、齐衰、大功、小功、缌麻，统称即为五服。斩衰，用粗麻布做成的丧服，左右和下边不缝，在五服中最粗糙，但表达的哀伤感情最重，关系最为亲近。臣为君、儿子和未出嫁的女儿为父、妻子为丈夫、儿媳为公婆等服斩衰，丧期通常达三年（实际为27个月的时间，跨了三个年头）。齐衰，也用粗麻布做成，但衣边缝齐，衣服的形制上比斩衰整齐，寄寓的哀伤仅次于斩衰，亲属关系就较斩衰要疏一些。同样是服齐衰又据亲疏而在时间上有所区分：子为母、为继母服齐衰三年，孙为祖父和祖母、丈夫为妻子服齐衰一年，曾孙为曾祖父和曾祖母服齐衰五月，玄孙为高祖父和高祖母服齐衰三月。大功，用熟麻布做成，缝边，布质较齐衰细，时间期限为九个月，它所涉及的亲属关系又疏远了一步。小功和缌麻的服饰依次越来越精细，亲属关系越来越远，服丧的时间也越来越短。被划归为同一服别类型的亲属基本上穿着统一形制的丧服，服丧的时间也基本保持一致。这同一类别的亲属到底存不存在扮演的问题？一般而言，表演艺术当中所谓的扮演，是指角色和本人有较大的距离。而在丧服礼仪中，人们虽然隆重地穿上符合相应亲疏远近关系的衣物服饰，在仪礼中的角色对于他本人身份并没有发生变化，那么这些装扮是不是表演？谢克纳认为“有意识地展示自己的行动，那就是表演”[①]，在这里，应该改为“有意识地展示自己的装扮，也是表演”。虽不能说是扮演，但这些穿着不同类别等级丧服的人之间及其与其他类别的人之间确确实实存在着一个认同与识别的强调问题，强调了在一个复杂的社会关系（丧服中包括君臣关系）和宗族亲属关系中的具体的某一个的角色：他与死者的关系（或远或近）、他与其他亲属的关系（是否处在同一重要程度）、他在这个庞大的关系网络之中所处的位置（或重或轻），这一切都是靠丧服的类别形制标志出来的。所以，这里服饰装扮的作用并不见得比前两类（指角色改变和角色不变但身份改变）次要。同样，《乡射礼》和《大射仪》分别为乡间和王室举行的射箭演练比赛仪式，根据射中的多少、行为是否符合揖让礼仪以及射箭的容体是否符合音乐的节拍（志体和）来评判并向上推举人才。射箭时，不仅要根据射手的身份和技艺两两一组（耦）进行搭配，而且，什么时候要脱去左臂衣袖，袒露胳膊，什么级别的射手射什么样的侯（天子熊侯，白质；诸侯麋侯，赤质；大夫布侯，画以虎豹；士布侯，画以鹿豕）都有规矩，不同的人员搭配，不同的射侯标志以及服装穿着的改变，强调了射手的身份，也表明了射手是否遵循射礼的规范。所以，这些服饰及配件之于仪式中的角色而言，虽然不能说是为扮演的需要，但也是在配合表演。表演更多地体现在行为和交流媒介上。

按照谢克纳的定义，“有意识地展示自己的行动，那就是表演”，可以说作为表演的行为无论是演给神看也好，还是演给人看也好，一要有自我指涉的意识，二要力求很好地“展示”。这样看来，仪式中的许多行为都应当是表演，难怪许多人类学家都将仪式看作是表演。表演中的行为和生活常态中的行为是不一样的，生活中的行为一般在不违背大的文化风俗常规的条件下按照感情规则和自然逻辑行事，能够流露直接的态度和感情，并表现出很大的随意性和偶然性；而仪式中的行为更多地要按照仪规的规定来行动，随

①（美）理查德·谢克纳：《什么是人类表演学》，孙惠柱译，《戏剧艺术》，2004年第5期。

意性较少，规定性较多。比如，在《士昏礼》的六礼[1]中，男方到女方家里都要拿规定好的礼物，概莫能外，而且，六礼顺序不能打乱。如纳采、问名、纳吉要用雁，而象征着订婚礼节的纳征礼就不能用雁，而要用“玄纁束帛，俪皮”，这一习俗据说早在伏羲氏时就开始了，《世本》载：“伏羲制嫁娶，以俪皮为礼。”将新妇迎来以后，有一个夫妇“共牢合卺”的仪式，即在夫之寝，夫面向东，妇面向西，夫妇对席而筵，共食一牲牢，用一瓠剖分的两瓢相对而饮。《礼记·昏义》称之为“共牢而食，合卺而酳”。所谓“共牢”，就是要共食一牲，不能随便易牲；所谓“合卺”，一定要用一个葫芦剖分的两瓢对饮，而不能是随便的两瓢或其他饮酒器具。仪式上的一招一式都要循规蹈矩，很有点闻一多先生在形容新诗中的格律诗时所说的“戴着脚镣跳舞”的味道。另外，一旦进入仪式，所有的行为都不能按照自然的感情行事，要将感情纳入到仪规的范畴中，这一点，在丧葬仪式上表现最为明显。亲人去世，人在悲痛至极时免不了捶胸顿足，在反映吊丧和埋葬仪式的《士丧礼》和《既夕礼》中确实有类似的举动：“主人哭，拜稽颡，成踊。”死者之子因悲痛而哭，稽颡，是以头触地的动作，成踊，是一种双脚同时跳跃的顿足动作，这两种动作都表示极度悲哀。按照日常的习惯，人在悲哀之时，想哭就哭，想顿足就顿足，但是，在正式的仪式上，动作却不能随意地受感情支配，什么时候该哭，什么时候该踊跳，什么时候不该踊跳，一切都是程序规定好了的动作，哪怕需要踊跳的时候，并不一定是最悲伤的时候，或者正在悲伤之时，但按规定此时不能踊跳，都属常有之事。入殓完毕，是一定要踊跳的，而且不计其数：“卒敛，彻帷。主人西面冯（凭）尸，踊无算；主妇东面冯（凭），亦如之。”无算，即不计其数。朋友为死者送衣衾之时，朋友踊主人不踊：“朋友亲襚，如初仪，西阶东，北面哭，踊三，降，主人不踊。”国君来临，适逢仪节，“君要节而踊，主人从踊”。举行虞祭（死者葬后为死者举行的安神之祭）时，要立尸（从死者孙辈中选一个活人代死者受祭）祭祀，“尸入门，丈夫踊，妇人踊”，“尸升，宗人诏踊如初。尸入户，踊如初，哭止”。尸升堂时，宗人要提醒主人像刚才那样踊，但不能哭。如此看来，踊这种动作在很大程度上带有一种形式化展示的色彩，疏离了其中包含的感情因素。“仪式的形式化是和仪式的惯例化行动连

①指婚礼整个过程中包括的纳采、问名、纳吉、纳征、请期、亲迎六种仪节。

在一起的”，“仪式作为惯例化的行为并不以直接的方式自发地、自然地表达个人的意图、感情和心理状态”。[①]仪式中，行动非但不听感情的指挥，反而是行动在指挥感情，其实是行动背后的仪式规则在起作用。坦姆比亚说：“仪式并不是‘感情的自由表达’，而是‘正确态度’的有规矩的彩排（a disciplined rehearsal）。”[②]《礼记·玉藻》记载了君子见尊者时的礼容：“君子之容舒迟，见所尊者齐遬，足容重，手容恭，目容端，口容止，声容静，头容直，气容肃，立容德，色容庄，坐如尸。”仪式中的行为方式，非常类似于戏剧中的表演，都很有剧情需要的意味，只不过，戏剧中的行动自我意识更强、表演的成分更多而已。此外，仪式中的行为，是构成仪式情节过程的主要因素，虽然与真正的戏剧相比，这种情节要简单得多。

三、仪式交流媒介的表演性特征

仪式中的交流媒介主要是指控制和影响仪式进程、传达信息、烘托气氛的语言、歌唱、音乐、舞蹈、物质礼物等具有较强交流能力的形式。这些媒介经常“被运用到开始和离开一个神圣的时间，或者进入和离开一个超常的状态”。[③]语言和音乐均可以宣布一个仪式的开始或结束，可以控制仪式的进程，直接传达某种仪式上需要司仪或参与者知晓的信息。仪式中的语言不像日常生活中的口语和俚语那样琐碎、杂乱无章，而是非常注意礼貌风格和修辞风格的运用，尤其在隆重的、富有表现性的仪式中，更倾向于使用一些庄重而富有渲染力的词语。礼物可以成为表达意义、传达信息的重要手段。歌唱是一种特殊的语言，舞蹈是一种身体的姿态语言，这两种媒介形式也是比较纯粹的表演形式，它们经常结合在一起，能够起到刻意渲染一种气氛的作用，激起参与者情感和意志冲突的幻象，所以它们的交流能力甚至超过了语言。从这个角度讲，仪式更适合以表演的方式来实现其目的。

①S. J. Tambiah. *A Performative Approach to Ritual*.The British Academy and Oxford University Press,1979, pp.123—124.

②S. J. Tambiah. *A Performative Approach to Ritual*. ibid. p.126.

③S. J. Tambiah. *A Performative Approach to Ritual*. ibid. P.141.

我们还是回到《仪礼》中来，结合具体的仪式交流媒介来分析它们的表演性特点。《仪礼》中最具代表性的交流媒介主要有语言、音乐、礼物、礼器等。首先看语言。《士冠礼》中三次加冠，主持冠礼的宾每次都对冠者有祝词，始加，祝曰："令月吉日，始加元服。弃尔幼志，顺尔成德。寿考惟祺，介尔景福。"再加，曰："吉月令辰，乃申尔服。敬尔威仪，淑慎尔德。眉寿万年，永受胡福。"三加，曰："以岁之正，以月之令，咸加尔服。兄弟具在，以成厥德。黄耇无疆，受天之庆。"这些辞令非常优美顺口，语句经过修饰斟酌，每次都按"时间、事件＋励志勉德＋祝寿祝福"的模式进行，且对每个冠者都一样。但因为对每位冠者来说都是第一次，都是全新的体验，这些祝词易记动听，起到训诫鼓励的作用。每加一次，宾都要对冠者行醴礼或者醮礼[①]。醴辞曰："甘醴惟厚，嘉荐令芳。拜受祭之，以定尔祥。承天之休，寿考不忘。"醮辞也基本相近，风格和加冠祝词一致，作用也相当。这些辞令不光是对冠者说的，也具有演讲的性质，使在场的每一位都听见从而得到见证。"说即是做"，仪式中的言说本身也构成了仪式情节的一部分。《少牢馈食礼》与《特牲馈食礼》分别记载卿大夫和士的庙祭之礼，祭祀祖先，祭祀时都要立尸代替祖先接受馈食，祭祀中的语言也很有特色。以前者为例，当一切祭品都准备就绪即将开始祭祀时，祝（主持祭祀者）代主人向祖先（以尸代之）宣告，祝祝[②]曰："孝孙某，敢用柔毛、刚鬣、嘉荐、普淖，用荐岁事于皇祖伯某，以某妃配某氏。尚飨！"（孝孙某，谨用羊和猪，菹醢和黍稷，进献给皇祖伯某以行岁时祭礼，并以某妻配祭于皇祖某氏，皇祖之神或许乐于接受祭物吧。）尸享受完祭品、喝过敬酒后，拿着象征赐福的黍饭团向祝授祝福词并将黍饭团交给祝，祝北面于户西，向主人转达尸的祝福曰："皇尸命工祝，承致多福无疆于女（此段中'女'皆同'汝'），孝孙。来女孝孙，使女受禄于天，宜稼于田，眉寿万年，勿替引之。"（皇尸命祝官，向孝孙你传达祝福词，祝孝孙你多福无疆，赐孝孙你，使你受享天禄，使你的土地易于耕稼，祝你长寿万年，而所受福禄长存不费。[③]）这些话

①醴礼较醮礼隆重复杂，醴礼用较为古朴甘美的醴酒，醮礼用一般的酒。在礼中，讲究报本反始，越是古朴，越是尊贵。

②第一个"祝"为名词，第二个"祝"为动词。

③《少牢馈食礼》中的翻译依照杨天宇：《仪礼译注》，上海：上海古籍出版社，2004年版，第459页、第464页。

语，言辞庄重优美，有人向神表达敬意、神向人宣告祝福的意思，也是祭祀的目的和意义所在，颇类似演讲词。诸侯国君派使者到他国聘问的聘礼属于外交礼仪，使者与到访国国君、卿大夫的辞令也相当讲究，《聘礼》着重记载的是礼节的行动及相互赠送的礼品，言辞很少记录下来，但是，《左传》中记录有大量的外交活动，体现了当时流行赋诗言志、注重辞令的社会风气。射礼中的语言，大多是司射命令性的简短有力的言辞，具有指挥行动、控制仪式进程的作用，像是军事或体育活动中的口令，具有操演的特点。

其次是音乐。音乐最早不是用于乐教，也不是用于审美娱乐，而是用于宗教仪式中通神的目的。《诗经·周颂·有瞽》云："喤喤厥声，肃雍和鸣，先祖是听。"《周易·上经·豫〈象〉》曰："先王以作乐崇德，殷荐之上帝，以配祖考。"《乐记》中有"礼乐负天地之情，达神明之德，降兴上下之神"，乐和礼天生地结合在一起用来沟通天地神明。后来，由于"大乐与天地同和"，体现了自然和谐的节奏与旋律，才与礼一起被统治者用作教化的目的："乐者，天地之和也。礼者，天地之序也。和故百物皆化，序故群物皆别。"（《乐记》）所以，自然就有了"声音之道，与政通也"、"以乐观德"的社会风气，音乐成为许多重要仪礼当中的必要项目。《乡射礼》射箭比赛，第一番射是演示加练习；第二番射开始正式比赛，但没有音乐；第三番射，乐工演奏。《诗经·召南》中的《驺虞》，只有应着鼓的节拍而射中靶心者，才算筹计数；否则，即使射中也无效。评价一个选手射箭水平的高低有很多指标，比如能否射中并射穿侯（靶子），叫"主皮"；他的仪态是否合乎礼节，叫"容"；能按照音乐乐节发射，叫做"和容"；射姿与乐节完美地配合，叫"兴舞"。可见，射箭技术只是其中的一个方面，正确地践行礼仪并将音乐的和谐与身心的和谐恰到好处地体现在射箭礼仪的过程中，才算真正达到技术和修养结合的最佳境界。音乐如同一个平衡器，遏制急于求胜的急躁，把技能和心理都纳入到一个张弛有度、节奏有序的规范之中。彭林指出："在习射的过程中寻绎自己的志向，把箭靶作为修身的目标来瞄准。"[①]说的就是这个道理。在从单纯追求技能到追求道德完善的过程中，音乐

①彭林：《从〈仪礼·乡射礼〉看中国古代体育精神》，《光明日报》，2004年2月10日B3版。

起到了转换调节的作用，在仪式中，它是在演奏中通过人的心智在起作用。司马迁说："音乐者，所以动荡血脉、同流精神而和正心也。"（《史记·乐书》）在大型的祭祀活动中，往往伴有音乐、歌舞，《礼记·郊特牲》孔疏："天祭宗庙，舞《大舞》，则王亲在舞位，执朱干、玉斧，以象武王。"《礼记·祭统》记载："及入舞，君执干戚就舞位。君为东上，冕而总干，率其群臣以乐皇尸。"王亲自就舞位起舞，是为了更好地娱悦神灵（皇尸）。音乐歌舞从心理上制造了降神的浓烈气氛，使在场的每一位在感情上进入与神同在的想象中。李学勤说："关于商周的礼特别是祭礼，前人作了较多的研究，而对配合祭祀的乐舞，已有的探索便很少。事实上，商代甲骨卜辞有许多有关乐舞的记述。占卜祭祀，不仅卜问所用祭品种类多寡，也常卜问乐舞的设置。"①可以推知乐舞是祭祀中不可或缺的重要组成部分。

再看礼物与礼器。礼物在仪式中主要是指那些具有流动性的、用来馈赠的物品；礼器是礼仪活动中使用的、较为固定的、可以重复使用的物品。两者的界限并不是不能逾越，例如，明器当中就包括送给死者的礼器。在这里，之所以将礼物和礼器放在一起，就是基于二者在仪式表演中的作用是一致的。仪式中的礼物与礼器在更大程度上是作为象征符号出现的。从表演的角度看，这些器物及其表现出的象征意义成为仪式戏剧情境化当中的道具和文化背景，"在具体的礼典仪式中，礼器是构成践礼活动必不可少的要素。它以实物的形式，既构造了礼仪活动中的神圣氛围，也呈现出了行礼主体的身份地位，以及他们与之交往的对象（无论是人还是神）的特定感情"。②这些东西一出现，就构成一定的语境背景和意识空间③，使仪式得以在参与仪式的人当中、在达成文化意义默契的条件下顺理成章地进行。《士昏礼》六礼中，每一礼节男方到女家所拿的礼物是按照既定的规则大家共同认可的，礼物所代表的意义也在社会成员共有的常识范围内，也就是说，什么样的礼物，对应于什么程序，要办什么样的事都是一定的。古代人与人相见馈赠最常见的有六种礼物，叫六挚，《周礼·春官·大宗伯》中记载："以禽作

①李学勤：《缀古集·古乐与文化史》，上海：上海古籍出版社，1998年版，第40页。

②梅珍生：《论礼器的文化意义与哲学意义》，《湖南大学学报》，2005年第5期。

③意识空间的概念由法国学者列斐伏尔提出，指意识中逻辑的一致性、实践的连贯性、自我调节性，以及在整体中的局部之间的联系性。Henri Lefebvre, *The Production of Space*, trans. Donald Nicholson-Smith. Oxford: Basil Blackwell Ltd. 1991.p.3.

六挚，以等诸臣。孤执皮帛，卿执羔，大夫执雁，士执雉，庶人执鹜，工商执鸡。”《士相见礼》详细记录了其中士相见、下大夫相见、上大夫（卿）相见所带的礼物（与《周礼》所言相符）及相见的具体仪节过程。他们所执的礼物如同道具一样，看到了礼物，即知道了拿礼物的人的身份。礼器也同样如此，如饮酒器，就有爵、觚、觯、角、散等不同种类，《仪礼·特牲馈食礼》记载：“篚在洗西，南顺，实二爵、二觚、四觯、一角、一散。”这些在祭礼中使用的饮酒器，我们今天已经不能够确切地知道当时具体的使用情况，但是，可以肯定，它们的使用，是有严格区别的，在《乡射礼》的后记中，有“献用爵，其他用觯”的说法。《礼记·礼器》云：“宗庙之祭，贵者献以爵，贱者献以散，尊者举觯，卑者举角。”献酒时，尊贵者用爵，地位低者用散，饮酒时，尊者举觯，卑者举角。使用酒器如同贵族佩戴或执握的玉器一样，有标示身份地位的作用，出现在仪式中的人物，他的地位等级在很大程度上是靠他所使用的礼器的级别以及他所处的方位等因素来帮助确认的。“爵”的意义从酒器到官位的引申变化就很能说明这一点，《说文》：“爵，礼器也。象爵（雀）之形，中有鬯酒。”有学者考证研究认为青铜爵为殷周时期的调煮香酒（鬯）的酒器，其上的两个小柱子就是用来帮助过滤酒的，由于香酒弥足珍贵，具有通神作用，所以爵就具有了特殊的尊贵地位。[①]有资格使用爵的人必然拥有尊贵的地位，所以，爵也代表地位的尊显，于是就有了“爵位”、“加爵”的说法。官位之“爵”与礼器之“爵”就是在仪式的反复表演中一次又一次地得到形象化的诠释和演示，所以意义过渡得才那样顺理成章。又如，不同形制的玉圭和玉璧，代表着主人的不同身份，《周礼·春官·大宗伯》说：天子执镇圭，长一尺二寸；公执桓圭，长九寸；侯执信圭，长七寸；伯执躬圭，长七寸；子执谷璧，男执蒲璧。考古发掘实物也可以表明器物是拥有者地位象征的形象化说明。西周时期的列鼎制规定，祭祀中使用的鼎数为天子九、诸侯七、卿大夫五、士三，配以双数之簋。《士昏礼》中就有“期，初昏，陈三鼎于寝门外东方，北面，北上”。《士丧礼》、《士虞礼》也都用三鼎，“陈三鼎于门外，北上”。人死后，要把

①贾洪波：《爵用新考》，《中原文物》，1998年第3期。

他在人间享受的待遇带到阴间去，随葬品也要与之相应。但是西周末期以后，就出现越礼的现象，有些诸侯墓中陪葬的鼎就超越了规定。如河南三门峡上村岭虢国太子墓出土的青铜圆鼎七，舆簋六，太子应该享受五鼎、四簋，这种越礼的现象是当时礼崩乐坏的表现。

四、仪式过程的戏剧化

一个仪式整体是由许多具体的仪节构成的，这些仪节又是在时间的序列中依次展开，仪式过程就是这个时间序列中依次展开的仪节的程序。每一个仪节又包括一些具体的角色、行为、媒介等，但这些统统被纳入到整个仪式的程序中。坦姆比亚认为作为表演行为的仪式受制于两种不同种类的规则：规范性的规则和构成性的规则，虽然这种区分并不是无懈可击，但是它确实能给我们提供一些分析的方法。规范性的规则规定了既存活动在逻辑上是如何依赖于规则的，举例说就像晚餐桌上的行为规则规定了食物的吃法，而构成性的规则，规定了具体哪些活动的存在。[①]规范性的规则主要体现在行为规则和媒介规则中；构成性的规则主要就是程序规则，一个仪式包括哪些仪节，这些仪节的先后顺序怎样。以聘礼为例，古代诸侯国之间为了联络感情，要派卿大夫相互聘问，此即聘礼。国君和卿大夫商议，一旦决定对别国进行聘问，就开始一系列繁杂的仪节，包括组团、备礼、告庙、祭路神、饯行、演习、入境、郊劳、设馆、致飧，然后进入正式的聘享礼节，即卿大夫（正使，也叫宾）代表本国国君聘享出使国国君及夫人，这一礼节特别重要，是聘礼的核心，在入境前要进行反复演练，不能出差错，具体包括聘国君、享国君、聘国君夫人、享国君夫人等四个仪节。聘国君，使者代表自己的国君致词聘问出使国国君，并以玉器圭呈给国君以示重视，国君向使者行再拜礼，亲手接过圭；然后再行享礼，（使者）奉束帛加璧进献国君，国君向使者行再拜礼，亲手接过币帛；向国君夫人行聘礼时，玉器用璋；行享礼时则在币帛上加放琮，仪节与聘享国君时一样，但夫人不亲自接受，而由国君代为接受。之后，又经过一系列的繁琐的仪节，聘礼结束，使者回国，向国君汇报出使经过并呈上从出使国带回

①S. J. Tambiah. *A Performative Approach to Ritual*. London and offard: The British and oxfond University Press, 1979, pp.127—128.

来的礼物，国君嘉赏使者及随行人员。按照构成性的规则，聘礼包括哪些程序，以及这些程序的顺序不能乱；按照规范性的规则，每一个程序中的仪节具体怎样做也是一定的。立尸祭祖也有严格的程序，尸入庙登堂就座以后，祭祀开始。先要进行事前习惯性的祭祀祖先，尸也不例外，接着开始飨尸，主要包括九饭和三献。九饭分作三次，每次三饭。每一次中间都穿插有不同的肉，尸振祭后尝一下，尸吃完后，佐食者将尸吃剩的肺、脊放入篚中（以待祭祀结束后参加祭祀的人分享，象征分享到祖先的福分）。然后是三献，主人、主妇和来宾之长依次向尸献酒，尸祭酒并饮酒，尸代表祖先向主人及参加祭祀的人祝福。这些程序及细节在《士虞礼》、《特牲馈食礼》、《少牢馈食礼》三种仪式上是基本相同的，相当于表演中事先设计好的剧情以及细节动作一样，一切都按既定程序进行，不能节外生枝。正是这些固定的程序，才使仪式和戏剧一样，可以一遍一遍地重复，保证仪式和戏剧持久不断地进行（演出）。

彭兆荣教授认为在许多方面，仪式和戏剧二者是无法截然分辨清楚的，比如仪式的五个重要构成要件，他称之为“五定要件”：确定的时间、固定的场所、规定的程序、稳定的人群、特定的氛围，与戏剧在这些方面表现出无法泾渭分明的一致性。[1]

①彭兆荣：《人类学仪式的理论与实践》，北京：民族出版社，2007年版，第164页。

第三节

仪式表演的功能和意义

以上在分析仪式情境戏剧化时，是从仪式情境的构成方面来谈的，其中涉及到各个构成要素的表演功能，但是，仪式的功能意义并不是一个个要素之功能意义的简单相加，而是作为一个整体而存在，是许多因素整合的结果，整体意义远远超出了个别的意义组合。这一节，是将仪式作为一个整体，结合仪式的社会背景和文化意义，来看它的表演性的功能和意义。

首先，通过仪式的展演，可以起到交流的作用，仪式是沟通人与超自然力量、人与人之间关系的渠道。在处理人与神的关系时，人总是按照自己的现实存在，设想一个神灵世界，并通过神话和仪式，赋予那个神圣的神灵世界以原型的意义。这样，仪式和神话反而成了现实世界的样板模式，人们只有通过定期地重述神话或举行仪式，在虚构与想象中重返原初的神圣，才可以获得生存的依据和动力。在仪式中，人们可以采取种种措施来沟通神灵，包括用牺牲、血、食物来祭神、飨神，用音乐、歌舞来取悦神，用酒和巫术手段来降神等，这些都是人们获得神灵福佑的必要手段。这样，现实世界中所存在的一切，仿佛是神灵的赐予，或者是神灵世界在现实世界的一个投射，人们也从中获得了崇高的神性，这就是人们不遗余力花费大量财力精力举办仪式并想方设法表演来表现自己的原因所在。通过仪式，人们可以随时体验存在于自身的神性，随时出入于神圣世界和世俗世界之间，人们从现实世界所得到的真实的一切，仿佛是与神灵世界沟通联系的结果，也仿佛存在着一个更真实、更丰富的神的世界，这一切都在假设和表演的基础上得以完成。仪式还是处理人与人之间关系的重要手段。人与人之间的关系更多地表现为社会关系，在仪式中，社会关系得到象征性的表现和浓缩，涂尔干认为仪式是社会关系的扮演（enactment）或者说戏剧性的表演（acting

out）。如果想了解一个社会中什么是重要的，它的结构如何，那么最好的办法之一就是去了解它的仪式。[①]《仪礼》中《丧服》和《馈食礼》将宗族内部的关系表现得淋漓尽致，《乡饮酒礼》、《乡射礼》、《燕礼》等使宗族之外一般的社会关系得到充分的展现。

其次，仪式的表演有告知宣传的作用。在前文中已经分析了仪式的表演按照一定的规则和程序进行，这些规则和程序其实融合了社会背景中的前文化因素，是一种被社会认可的公约，代表了社会价值。仪式的进行和表演按此规范行事，即意味着遵守社会公约和社会规范，可以获得社会正面评价和社会成员的认可。比如成年礼、婚礼，通过相应的仪式，起到告知社会的作用，表明在人生重要的转折关头能够按仪式规则行事，从而取得社会承认和合法性的地位。《乡射礼》和《大射》是为乡间向上选拔推举人才以及天子选拔祭祀人才做准备的，通过公开表演，使选拔优秀人才这一事件具有广而告之和公示的作用，整个过程按照规程在众人的监督下，其有效性和合法性就变得不容置疑了，结果自然具有被人们认可的权威性。

最后，仪式的表演能升华（heightened）和强化（intensified）人的情感。它是怎样强化并使人的内在情感得到升华和加强的？美国学者鲍曼（Richard Bauman）认为其中的一个方式就是用符合审美观念的符号，比如说赏心悦目的食物、漂亮的衣服、优雅的行为举止、动听的歌曲等。所有这些不同的象征符号都在文化表演的场合中被大量采用，并集中地得以展示。所有的这些符号被聚集到一起并被组织到一个表演中。[②]涂尔干有一个很著名的观点，他认为仪式不仅追忆了过去，而且还借助名副其实的戏剧表现方式将过去呈现出来。“仪式必须保证信仰不能从记忆中抹去，必须使集体意识最本质的要素得到复苏。通过举行仪式，群体可以周期性地更新其自身的和统一体的感情；与此同时，个体的社会本性也得到了增强。”他还认为仪典通过作用于心灵，起着教导的作用，社会群体

---

①（美）理查德·鲍曼：《美国民俗学和人类学领域中的“表演”观》，本文是鲍曼教授2005年1月19日在北师大的讲演，由杨利慧现场翻译、周全明根据录音整理。全文见http://makefish.blogbus.com/logs/8338622.html。

②（美）理查德·鲍曼：《美国民俗学和人类学领域中的“表演”观》，http://makefish.blogbus.com/logs/8338622.html。

借助于这种感情重新巩固了自身。[①]《仪礼》中这种借助仪式所唤起的感情巩固社会群体力量的作用最典型地反映在祭祀祖先的仪式以及朝觐天子的仪式中。前者如《士虞礼》、《特牲馈食礼》、《少牢馈食礼》，在缅怀、祭祀已逝的共同祖先或先人的血缘亲情中，宗族的感情得以凝聚，共同体的力量得到加强。后者主要为《觐礼》、《燕礼》等。《觐礼》为诸侯觐见天子、天子接见诸侯之礼，天子顾名思义是上天之子，代表天意行使权力，他要定期地接待所辖四方诸侯国君，以示君恩和权力；《燕礼》是诸侯宴飨臣下之礼，也可以看作是利用这样的仪式加强感情联系和凝聚力的一种方式。

谈仪式表演的意义应该和仪式的社会文化背景联系起来考虑。仪式是一定的社会当中的文化现象，从这个角度来说，仪式的表演其实是一种文化表演。“文化表演”的概念，是由辛格（Milton Singer）1972年提出的。[②]辛格认为文化表演是处于文化的中心位置并且反复发生的，它们“封装”（encapsulate）着值得关注的文化信息，而且通过表演人们也可以认识其中蕴涵的观念内容。文化表演实际上是通往理解更广阔的社会生活的一条途径。在这个意义上，理查德·鲍曼（Richard Bauman）将表演概括为一种特殊的、显著的事件，可以说文化表演是非常具有反观性和内省性（highly reflexive）的，就是说它们可以被理解为是“关于文化的文化形式”（cultural forms about culture）或者“关于社会的社会形式”（social forms about society），是集中的或者浓缩的（concentrated）的事件，在其中人们象征了或者说展演了那些对他们至关重要的东西。因此，正像涂尔干所建议的那样，文化表演自身不仅是研究的对象和研究的目的，而且它们也提供了更深刻地洞察更广阔的社会生活的资料来源。[③]“文化表演”形成和发展的理论依据和学术背景来源于涂尔干《宗教生活的基本形式》的影响。[④]他认为仪式是社会关系的扮演（enactment）或者说

①（法）爱米尔·涂尔干：《宗教生活的基本形式》，渠东、汲喆译，上海：上海人民出版社，2006年版，第355—367页。

②Milton Singer.*When a Great Tradition Modernizes*.Paul Mall, 1972.

③（美）理查德·鲍曼（Richard Bauman）《美国民俗学和人类学领域中的“表演”观》，本文是鲍曼教授2005年1月19日在北师大的讲演，由杨利慧现场翻译、周全明根据录音整理。全文见http://makefish.blogbus.com/logs/8338622.html。

④（法）爱米尔·涂尔干：《宗教生活的基本形式》，金泽等译，《西方宗教人类学文选》（上），上海：上海三联书店，1995年，第61—63页。

戏剧性的出演（acting out）。他的理论，简单地说，是认为社会关系是无形的（intangible）、抽象的，但是当人们通过仪式聚合在一起，他们采用一系列象征符号（symbol）和一系列象征性行动，那么通过仪式这一戏剧化的形式，人们就可能达到对社会关系的理解。所以这些事件（尤其是仪式）就变成了社会力量的象征性威力的象征性表现。在涂尔干之后，很多社会科学领域里的学者都采纳并发展了他的这些看法，认为表演是各种各样的，它们为了解社会提供了重要的切入点。比如说密尔顿·辛格、克利福德·格尔兹，还有维克多·特纳，他们都发展了涂尔干的这一看法，关注特殊的事件，把这些事件的上演作为向公众符号化地、戏剧性地展现社会最重要的象征和价值观的时刻。

格尔兹也把仪式称作“文化表演”，他从仪式的表演中解释了表演的实质在于对宗教观点的展示、具体化和现实化，就是说，它不仅是信仰内容的模型，而且是为对宗教观点的信仰建立的模型。在这些具有可塑性模型的剧目中，人们在塑造他们的信仰时，也就获得了他们的信仰。[①]简单地说，就是在展演表现信仰时，更加坚定了信仰。《尼加拉：十九世纪巴厘剧场国家》中，格尔兹认为，奢侈、豪华的一场场仪式和庆典、一个个表象设置，就是要通过仪式的剧场实现一个国家的构想。尼加拉共同体从根本上而言并不是一个社会的、政治的或经济的单位，而是一个宗教意义上的单位，它的存在就是一种仪式上的表演，在这样的表演中，国家才得以存在和彰显。尼加拉的全部方面就是王室生活，王室的仪式生活成为社会秩序的范例，而且不仅仅是社会秩序的简单反映，它还反映了超自然的秩序，被视为“神圣空间的中心”。君主们不遗余力地通过举行宏大的庆典戏剧场面来建立一个典范中心，一个“看起来”真实的尼加拉。与其他的人类学家相较而言，格尔兹倡导文本本身就是一个文化描写的系统（system），它既可以是文字的，亦可以是行为学意义上的——“文化即文本”，并试图从相关的背景（语境）（context）意义上去研究、阐释文化，所以他更加注重结合社会话语对仪式文化表演的意义进行阐释。

相对于格尔兹注重仪式的文化展演通过在人们心理和想象层面发

①（美）克利福德·格尔兹：《文化的解释》，韩莉译，南京：译林出版社，1999年版，第139—140页。

挥作用的特点，维克多·特纳（Victor Turner）更加注重仪式文化展演的社会作用。在他的有关恩登布人的田野民族志《非洲社会的分裂和延续》著作中，他在研究仪式时提出了“社会剧”（social drama）的概念，以说明社会的变化和延续。在特纳看来，社会戏剧是作为社会中所固有的冲突的一种结果而存在的，是充满张力的公共事件（public episodes），是在社会过程和日常体验的冲突场景中自然产生的和谐或不和谐的单元。[①]在仪式的阈限期的模糊状态，完成象征性的角色、身份、价值转换，并构筑起想象的“公共空间”。社会剧是将群体作为主角，以群体、组织或社会制度等系统的共同问题作为主题，进行行动表达演出的过程。他认为社会生活的进程如同一出社会剧，仪式活动为人们社会身份的转换提出了一个演出的场域，使各种冲突、不和谐因素得以解决。

特纳的社会剧理论其实是对仪式的文化表演功能的一个深入形象的阐释，它与格尔兹用文化表演理论对尼加拉皇家庆典仪式、巴厘岛的斗鸡仪式的分析一起，都属于经典的人类学仪式研究与文化表演理论相结合的新拓展，将仪式从狭义的表演范畴中解脱出来，使其具有一种社会—文化批评的理论向度，这样一来，将仪式作为文化表演与当今非常活跃的文化批评联系在了一起，为仪式理论的研究开辟了新的领域和路径。他们的研究也为我们从文化表演角度研究中国上古时代的仪式提供了宝贵的启示。仪式不仅仅是戏剧产生的源头，涵盖生活各个方面的仪式除了其自身所包括的戏剧因素或者表演行为之外，仪式还是一个社会文化展演的大舞台，在这个舞台上，各种既有的社会惯例、等级规范、文化因素纷纷亮相，各种象征符号在仪式中展示自己的特殊意义，各个阶层要表明自己的身份、利用仪式实现现实的目的，特别是特权阶层通过控制仪式进行权力话语的操演，实现对社会生活的掌控。仪式就是一个从时间和空间上高度浓缩的社会生活的缩影，也为在重要的社会和人生关头实现社会关系和身份转换提供了一个必要的文化场域。仪式舞台的一瞬间，代表和浓缩着其背后隐藏的大量的、丰富复杂的社会文化信息，在这个意义上，仪式的文化表演其实就是仪式的文化背景研究，表演在这里也变成了一个大的文化隐喻。“《仪礼》的权力话语叙事”一章就是在这方面所作的探讨。

①王建民：《维克多·特纳与象征符号和仪式过程研究》，《中南民族大学学报》（人文社会科学版），2007年第2期。

结论

安身立命的礼仪文化

《仪礼》的篇章结构组成大体反映了贵族阶层大型的、重要的礼仪活动，主要包括宗教信仰礼仪、人生转折礼仪、社会活动礼仪，这些礼仪为人们营造了生存的文化空间，在提供精神理念、转换社会身份建立新的社会认同、协调社会关系等方面具有重要的价值，对当今乃至后世的社会的和谐与发展理应有所启示和借鉴。另外，礼仪及礼文化本身作为文化的载体和符号，在当今的符号经济时代具有广阔的前景和消费价值。

如果说后现代主义打破中心、解构权威的精神在学术领域带来了学术范式的转型，那么，用跨学科、跨文化的文化人类学的理论和方法去阐释中国古代文化中的礼文化也应该算是一次新的学术尝试。除了学术范式的更新意义之外，文化人类学的解读还带来了对礼文化全新的透视和理解，更为重要的是，文化人类学的文化相对主义原则能够在多元文化对话的背景中将中国古代礼文化作为重要的本土文化资源，融入到人类共同的文化资源宝库当中，为建设人类共同的美好未来提供精神资源。曾几何时，西方文化的优越感和西方中心主义已经在现代理性走向极端的工具理性、物质至上给人类和资源环境所带来的灾难面前开始瓦解，当以研究"落后"民族（西方人眼里的落后）文化为特长的人类学将他者的文明和地方性的知识贡献出来以后，处于文化危机中的西方人才意识到所谓进步、所谓文明的虚假性的一面，他们才开始用文化相对主义的眼光重新审视自身文明的弊端和他者文化的智慧，古老的东方文明就是在这样的语境中被重新发现。但是其中最具生命力的礼文化在20世纪初期以来由于受西学理性、进步的价值观的影响，一直以禁锢思想、阻碍进步、摧残人性的名义而遭受批判，庐山的真面目等待着人们重新去发现。中国古代社会之所以长期呈现为一种"超稳定结构系统"，一个很重要的原因就是因为中国古代社会以及与其相适应的传统文化长期处于"礼"的范式之中。①中国礼文化作为人类共享的文化财富，作为缓解人类文化危机、丰富人类精神家园的文化资源，它的真正价值理应得到重新挖掘和认识，向世人展现它的文化魅力。

借助于文化人类学的视野，笔者对于汇聚礼文化核心内容的经书《仪礼》进行了反复的多方位的解读，从原型、神话、巫术、象征、仪式等层面追溯和探讨了礼文化的渊源、内涵、实质、功能等问题，可以说打破了以往的思维定势，从文化源头对中国古礼中潜藏的智慧有了一个全新的理解。但是，前面的认识分别只是从某一方面出发作出的认识，在这里，基于前面各章的研究，笔者想从全局意识出发，从整体上对古礼的价值进行归纳和总结，并展望礼文化在符号经济到来时代的发展前景。

①丁鼎：《"礼"与中国传统文化模式》，《齐鲁学刊》，2007年第4期。

第一节
《仪礼》的结构与人生：礼仪的现在完成时

人自从降临到人世的那个时刻起，就是作为一定社会的和文化的人出现的，人类不光创造了文化，而且必然也要由其所处的特定的社会文化来塑造。英国文化人类学家马林诺夫斯基从功能主义的立场出发曾经说过："文化根本是一种'手段性的现实'，为满足人类需要而存在。"[①]此话是从最现实、最基本的层面论述文化的作用的。实际上，无论是形而下的技术层面，还是形而上的意识和精神层面，文化之于人的功能都是巨大的。礼文化作为中国古代文明的重要组成部分，对于古人的安身立命意义重大。这里所谓人生，包括人的存在和立足社会的各个方面，既指个体，也指群体，是社会活动的落实者的生命过程，此《孟子·离娄下》所谓"天下之本在国，国之本在家，家之本在身"。《礼记·哀公问》有一段话，几乎概括了礼对人生各方面的价值："民之所由生，礼为大。非礼，无以节事天地之神也。非礼，无以辨君臣、上下、长幼之位也。非礼，无以别男女、父子、兄弟之亲，昏姻、疏数之交也。……为政先礼，礼其政之本与！"其实，从《仪礼》的结构篇章构成，即可以看出礼所涉及的大致的人生范围。邹昌林在《中国礼文化》中也指出了礼的功能和《仪礼》的结构的关系："《仪礼》这种结构的功能，基本是围绕男子，主要是贵族男子，特别是宗子一生的活动来展开的。"[②]《仪礼》的结构大体反映了贵族阶层人生中大型的、主要的礼仪活动，主要包括宗教信仰礼仪、人生转折礼仪、社会礼仪。下面，主要根据《仪礼》中的三种礼仪构成从精神信仰、人生转折、社会活动三个层面来看礼仪为人们所营造的文化空间的价值。

---

①（英）马林诺夫斯基，《文化论》，费孝通等译，北京：中国民间文艺出版社，1987年版，第90页。
②邹昌林：《中国礼文化》，北京：社会科学文献出版社，2000年版，第172页。

一、精神信仰的建构

人生存于世，不自觉地被礼教和各种各样的礼仪所包围。社会群体的礼仪观念以及仪式中的器物、语言、行为、态度等或直接告知或象征性地隐含着传统的等级观念和道德伦理观念，礼规范和潜移默化着人们的思想和言行，儒家学者从来不避讳谈及礼的重要作用和教化功能。《礼记·冠义》云："凡人之所以为人者，礼义也。"《中庸》言："修身以道，修道以仁。仁者人也，亲亲为大；义者宜也，尊贤为大。亲亲之杀，尊贤之等，礼所生也。"对于这些以往学者多有论及，人们更多地看到的是礼文化之于人的具体可感知的作用和功能，至多言及"修其身、养其性"就止步了。[①]在此，除道德层面的修养和等级观念外，笔者主要想挖掘礼对于建构宇宙观、生死观、神灵信仰等深层世界观的价值。这些礼仪我们可以称为信仰礼仪。

《士丧礼》、《既夕礼》、《士虞礼》、《特牲馈食礼》、《少牢馈食礼》等几种礼仪集中体现了古人的生死观、神灵信仰观。招魂、饭唅[②]、哭踊[③]、死后世界棺椁墓穴的设置等仪节均表明古人相信灵魂的存在。他们认为，一个活着的人身上同时存在着代表精神之灵的"魂"和代表躯体的"魄"，人死后，灵魂还会在另一个世界继续存在。《礼记·郊特牲》"魂气归于天，形魄归于地"典型地反映了这种思想，"事死如事生，事亡如事存"的态度以及为死者举行的繁琐隆重的仪式都是基于灵魂存在、死者有知的观念。当然，也不排除教化宣扬的孝道观以及与死后灵知相关的避灾祈福的心理，希望死者灵魂能够保佑生者平安健康、生有保障。既葬之后举行虞祭，即安魂礼，然后是祔祭，将死者之灵位归附在祖庙中，意味着灵魂的升格，它将和祖先之灵一起，作为神灵，定期地享受子孙后代的供奉。为了直观地礼遇祖先神灵，还

①徐远和：《礼乐文化与现代文明》，《哲学动态》，1994年第6期；王晓峰：《礼的起源、发展与功能》，《唐都学刊》，2000年第3期；张自慧：《礼文化的人文精神与价值研究》，郑州大学博士论文，2006年版。

②丧礼中以珠、玉、贝、米等物纳于死者之口，贝珠玉象征再生，米意谓死后不会挨饿。刘昭注《后汉书·礼仪志下》引《礼稽命徵》："天子饭以珠，唅以玉；诸侯饭以珠，唅以璧；卿大夫、士饭以珠，唅以贝。"

③生者在悼念死者时双脚同时离地向上跳的动作，笔者参照民俗材料解释为远古丧葬舞蹈动作的遗留，旨在引导死者亡灵回到祖先所在的地方。

在生人中为神灵寻找昭穆同序的孙辈作为“尸”，以供祖先神灵凭附，生人则把对亡灵的希望和感情倾注在尸的身上，通过尸享用祭品、尸的祝福，生人的愿望得到了落实和满足。可以看出，古人的神灵观是非常现实层面中的宗教信仰，因此，马克斯·韦伯称之为“俗世宗教”[①]。尽管有俗世的意味，但作为仪式，依然是神圣的。正如美国神话学家坎贝尔所言，古代每一次社会时机的仪式性创建和深刻感觉的赋予都伴随着宗教情怀的保持。[②]

与祖先崇拜现实目的一致的神灵信仰，还包括对天地山川等自然神的崇拜，特别是天地神灵在古人心目中的位置富有创生的本体意义。在仪式中，这样的宇宙观往往是通过社会共同体心照不宣的、作为信仰共享的、在仪式中隐匿的神话信仰培养和塑造的。[③]今天，之所以能够看出仪式中隐含有神话，是从语言和意象的蛛丝马迹以及仪式中残留的习惯或细节中推论出神话原型。在《士昏礼》中，婚娶的时间“昏”，夫妇二人的合卺礼中运用的瓢，以及作为旁证的《周易》的天地感生化育万物、天父地母说[④]，比较宗教学的跨文化材料都证明了天地神婚乃人间男女婚配的原型，中间环节是普遍流行在世界各地的旨在促进植物生长的圣婚仪式和中国周代之前的以求子为主的官方的郊禖仪式、流传后世的藉田礼、民间的奔婚习俗，所有这一切都是由天地宇宙观衍生的。由此可见，人间的婚礼最初的原意是在模仿天地，纯粹以繁衍生命作为目的，至于后人所说的婚礼的目的是为加强宗族联盟的政治联姻以及为族姓传宗接代“甚至履行孝道的说法都是次生的”随着社会变化而增加的社会内容。天地阴阳的宇宙观是一个最基本的世界构成模式，在此基础上，衍化出的部族祖先感生神话以及阴阳五行学说，这些往往被用来强调最高权力的天然合法性，统治者在此基础上对于礼仪的建构以及礼仪中的等级分层于是就变为理所当然，其实质正如涂尔干强调的那样，神话是人的社会生活的形象表达。[⑤]不过，还有一点非常

①（德）马克斯·韦伯：《儒教与道教》，洪天富译，南京：江苏人民出版社，2005年版，第119页。

②Joseph Campbell. *Myths to Live by*; Now York: The Viking Press, Inc. 1972, p.44.

③在《仪礼》记载的仪式中，并未发现仪式进行中伴随着神话直接讲述的现象，而是将神话作为共同默认的信仰。

④《易经·泰卦·彖传》曰：“天地交而万物通也。”《易经·咸卦·彖传》曰：“天地感而万物化生。”《周易·说卦》：“乾，天也，故称乎父。坤，地也，故称乎母。”

⑤（法）爱米尔·涂尔干：《宗教生活的基本形式》，渠东、汲喆译，上海：上海人民出版社，2006年版，第215页。

重要，就是按照伊利亚德的神话原型理论，神话的回顾、仪式的举行，从个人和群体有意义地生存的角度讲，当是为了定期重返宇宙创生或者部族开创的神圣时刻，使人们可以暂时脱离世俗，回归神圣，寻找新的生存动力的一种方式。这样看来，一切节日庆典、迎新送往仪式也与人类的重返神圣的精神需要密切相关。在这样的观念和仪式里，存在着一种与今天所谓的“科学的”时空观截然不同的时空理念，就是循环的时间观和可以人为划定的神圣空间观。《仪礼》中虽然没有关于时间节庆的专门仪式，但是，循环时间观很普遍，如祖庙中神主排位的昭穆次序（祖孙同昭或同穆），昏时婚娶能够模仿天地结合的神圣时刻（必然能够如同天地般化育出生命来）。神圣空间可以通过祖先神灵凭附的神主的设定、天子或君主席位方向的设置、器物的象征（最典型的是出现在《觐礼》中的镶嵌六种玉器的“方明”）等方式达到。

坎贝尔认为，神话是仪式的精神支持，仪式是神话的物质（身体）规定。通过吸收本社会群体的神话、参加本社会群体的仪式，根据社会和自然环境的要求，年轻人被塑造，从一个不定形的自然产品转化为具体、有效社会秩序的确定的、有能力的成员。[①]神话（仪式中的神话往往是以潜在的方式出现的）在初民的心中就是信仰，再加上仪式中包含的宇宙观、宗教情怀、禁忌等，共同塑造了一个人的世界观。

二、人生关口的转折

在《仪礼》记载的礼仪中，有一些是专门反映人生在重要转折关头的仪式的，这些人生礼仪包括：《士冠礼》、《士昏礼》、《乡射礼》、《士丧礼》。法国人类学家、民俗学家范·根纳普（Arnold van Gennep）称这样的仪式为“通过仪式”。许多最重要和最常见的通过仪式，都和生命的诞生、成熟、繁殖、死亡的生物性的危机有关。它们之所以重要，是因为它们均处在人生自然进程的重要转折的关口。从社会意义上，在美国人类学教授爱德华·诺贝克（Edward Norbeck）看来，所有这一切转折，带来了社会地位的变化，因而也带来与此相关的人们社会关系的变化。[②]根纳普对通过仪式的内部结构的分析，能够很好

①Joseph Campbell, *Myths to Live by*, ibid, pp.45—46.

②参考休斯敦莱斯大学人类学教授Edward Norbeck的文章*Rite of Passage*，见http://search.eb.com/eb/article-66347.

地帮助我们认识人生转折仪式的功能。这些仪式都能够被分成三个阶段，即分离、过渡和重组阶段。在第一个阶段，个体在象征意义上与他的旧身份切断，分离出来；然后，在过渡阶段，对他的新的身份进行调整；最后，再将他的新的身份重组到社会中去。[①]这种分析，将人的生理和生命阶段的物理性质社会化，人的生命过程与社会化过程在仪式理论中被有机地整合到了一起。[②]仪式在个人身份和地位转换的过程中，发挥了重要的作用：对于个体自身而言，在心理上帮助他完成了告别旧我适应新角色的过程，通常还伴随着神圣的使命感。对于社会而言，能够接纳并承认他的转变，这种平稳过渡和合法地位均是仪式赋予的。只不过，在不同的仪式中，需要仪式赋予的具体内容是不同的。

《士冠礼》为贵族男子的成年礼，仪式的重点为三次加冠和加冠后的展示亮相以示成人。三次加冠分别加的是缁布冠、皮弁和爵弁。杨宽先生主要根据每种冠的象征意义，认为每次加冠都赋予他一种主要的职责。[③]但是，第一次的缁布冠乃为太古时代的帽子，有反本修古、追忆过去的意味；皮弁为鹿皮做的帽子，田猎时戴；而爵弁是官帽，人类学家认为入会式或成年礼往往伴随着神话的讲述或神圣物的出现。所以笔者认为，三次加冠的意义在于以戏剧化的表演形式回顾部族的神圣历史，展望自己的美好前景，三次加冠实乃形象化的教育，赋予冠者一种责任感。“三加弥尊，谕其志也”。《冠义》指明了三加的教育谕志作用。加冠完毕，戴着玄冠（出入正式场合的帽子）。穿上第一次的玄端服，见君、见乡大夫，向社会展示并让社会承认自己已经由少年转为成人，并具有相应的职责，即《礼记·冠义》所解释的意义：“责成人礼焉者，将责为人子、为人弟、为人臣、为人少者之礼行焉。”“故孝弟忠顺之行立，而后可以为人，可以为人，而后可以治人也。故圣王重礼。”《士冠礼》可以说是中国式的成年礼，与国外一些部族的成年礼相比，没有实际的或象征性的磨难考验或象征性的死亡；受儒

①Van Gennep, *The Rites of Passage*, Chicago: The University of Chicago Press, 1960, p.39.

②彭兆荣：《人类学仪式的理论与实践》，北京：民族出版社，2007年版，第185—186页。

③杨宽：《古史新探》，北京：中华书局，1965年版，第252页。他指出：“初次加冠，无非表示授予贵族‘治人’的特权；再次加皮弁，无非表示从此要参加兵役，有参与保护贵族权利的责任；三次加爵弁，无非表示从此在宗庙中参与祭祀的权利。因为当时‘国之大事，惟祀与戎’。”

家思想的影响，仪式在性成熟方面的标志已经看不出来，在教育方面的作用被强化，经过教育直接进入人生的一个新的阶段。现今，在我国的绝大部分地区，已经取消了成年礼，各种各样的入学典礼也能够部分地起到成年礼的作用，但是成年礼在人生转折关头所起到的过渡作用是无法取代的，这一点，对于进入社会的年轻人不能不说是一种缺憾。

《士昏礼》为士之婚娶之礼。女方由女子转变为另一个家族的新妇，社会身份发生了较大的改变，通过服装、发式、佩饰来帮助确认新的身份，临行前父母、庶母都分别有叮咛嘱咐进行教育，强调为人之妇的职责，如料理家务、侍奉姑舅（公婆）、辅助丈夫、传宗接代；男方虽然身份的转变不如新妇明显，但是，他所穿的服装为爵弁纁裳的官服，乘坐的车为“摄盛”的墨车[①]。新郎的地位在婚礼中明显地被拔高，在民间有“新郎官”的称呼，古戏中，妇也常以“官人”称呼丈夫，说明为人夫的男子在家庭结构中地位将要因其统领妻妾（贵族女子出嫁，往往其妹或侄女也随嫁）、生子为父而提升，在婚礼中带有对其新地位嘉奖和强化预演新角色的意味，加上临行前父亲对他的教育，强调他帅导家事、继承宗室的职责，使他产生终生难忘的责任意识。另外，由于家庭是社会的细胞，“国之本在家”，男子成婚成家是社会和人生的头等大事，所以婚礼被称为“礼之本”，婚礼上非常重要的共牢合卺之礼（共食一牲，用从中间剖分的瓠之两瓢对饮），富有象征意义，意在提示新婚夫妇明确自己的职责，要以对方为另一半，如同天地合一，繁衍后代。婚姻强化双方背后的社会关系及群体的纽带，以及婚姻的政治联姻功能则是随着社会的变化后起的内容。此《昏义》所谓“昏礼者，将合二姓之好，上以事宗庙，而下以继后世也，故君子重之”，婚礼的身份转换、职责教育、延续后代的功能则是最基本的。

如果按照死后灵魂依然存在的观点，死只是一个人肉体没有了知觉，而灵魂则到另一个世界去了，在那里有一个新的位置，在这个意义上，丧礼仍然可以看作是人生的另一种转折，所以士丧礼也属于人生礼仪或者叫通过礼仪。也许，丧礼对于到另一个世界的死者的意义并不是那么重大，重要的是它对生者的意义。对于死者的家人、亲属以及周围的朋友而言，他们之间相互的关系以及其中某些人在社会上的地位、身份，将会因死者的逝去，在一定范围、一定程度上发生改变。再者，生

①墨车为大夫车，士车应为栈车，超出相应应受的礼遇，但仍属特殊情况下社会允许的，乃为“摄盛”。

者对待死者的态度、做法，死者受到的礼遇，也将会成为生者对自己将来死后的一种预设。乡射礼是在乡学举办的射箭比赛仪式，在乡的范围内依其品学推选的基础上，通过射箭演练比赛仪式，根据射中的多少、行为是否符合揖让礼仪以及射箭的容体是否符合音乐的节拍（志体和）来评判并进一步向上推举人才，所以，可以看作是一个人才选举的入会通过仪式。射礼不仅仅是强调技术的高低，更重要的在于对礼仪的得心应手的把握以及通过音乐体现的心志与仪容、技术的和谐，这是对于一个人才的全面的考验，也是他所达到境界的一次公开演练。在这样的气氛中，社会怎能不形成重礼之风呢？

总之，人生转折的通过仪式，提供了缓解压力、转换角色、接受教育、明确职责的作用，并且在仪式中也提供了所扮演新角色的预演机会。

三、社会活动的开展

人在社会上经历的活动和事件及其在社会上的位置，与他人的关系，整个社会系统所保持的平衡等，在很大程度上都是通过社会礼仪达成的。《仪礼》中就有许多关于社会活动开展的仪式，比如涉及政治、外交、社会活动的觐礼、聘礼、燕礼、公食大夫礼、射礼、士相见礼、乡饮酒礼等公开的大范围的仪式。这些礼仪的共同特点是营造了一个社会大舞台，各种力量、各种关系都在这个舞台上表演，保证了社会从整体上的运作和平衡，也为社会关系的平衡和人的社会活动提供了大的社会文化语境和空间。这些仪式是社会成员了解社会情况、体认自身身份的最佳途径，也正是这些仪式，让社会成员接纳和认可了许多重要的社会规则、社会变化。另一类仪式是范围相对集中于家族，或者说是家族成员参加的仪式，如祭祀祖先的特牲馈食礼、少牢馈食礼，为死者服丧的丧服礼仪等。在家族内部，这些仪式规定了亲属之间的关系和地位，明确了个人在家族中的位置，更重要的是，通过家族的关系、等级的体认，这种关系被成功地放大运用到更大的国的范围。这两类社会礼仪以规范的方式，为国家政治管理体制和社会伦理价值体系所吸纳，并成为其中的重要组成部分，也是社会成员展开社会活动的重要方式。

以上从《仪礼》的篇章结构组成出发，总结了礼仪对于人生乃至社会的重要价值。《仪礼》的结构大体反映了贵族阶层大型的重要的礼仪活动，主要包括宗教信仰礼仪、人生转折礼仪、社会礼仪，它们分别从精神信仰、人生转折、社会活动三个层面为人们营造了文化空间，在提供精神理念、缓解紧张不适、协调社会关系等方面具有重要价值，对当今乃至后世的社会人生理应有所启示和借鉴。汲取其中合理的人生态度、精神理念，运用礼仪或者改造礼仪完善人生、渡过关口，协调好人与自然、人与人、人与社会的关系，推行有利的社会规则、规范、道德理念等都可以借重于礼文化并从中找到资源。礼仪过去曾经发生过，并在社会生活中起到过重要作用，而且以后还会起到很重要的作用，从这个意义上，可以说它是一种现在完成时。

第二节
《仪礼》的符号与经济：礼仪的将来进行时

一、《仪礼》的符号表达

英文中的symbol，可译为“符号”，也可译为“象征”，一个是从形式而言，一个是从意义而言。这一事实现象恰好道出了符号具有的象征功能，或者说意义的象征总是通过可感知的符号表达出来的。符号的一端连着直观的、可感知的和以声音、形象、动作等表现的能指（意符），另一端连着它所指涉的意义、概念，即所指（意指）。意符和意指两者之间的关系是武断性的，没有必然的关联，需要靠民族习惯的约定俗成和特定文化的建构将两者连在一起，离开了特定的文化，符号的意义也就变得抽象模糊，因此，由符号入手可以引出其背后隐藏的巨大的意义空间和文化背景。正因为符号有着如此的潜能，仪式往往借助于符号来表达意义，符号成为仪式的重要表达手段。特纳指出，仪式就是一个符号和象征的聚合体。研究仪式的符号表达，也就是研究仪式在特定族群特定社会语境中的文化意义和文化价值。

前面章节已分析了仪式中符号象征的问题，认为仪式是一种复杂的社会活动和文化现象，仪式中的符号表述系统也较为复杂，甚至还可以被权力有意识地创造、利用。符号象征在礼仪中具体地表现为：

（一）形象符号象征

符号为形象符号，与象征意义之间的关系主要是通过相似类比或类比联想，事物的大小、形制、质料、部位以及获得的难易程度等都可以用来象征使用者或拥有者的地位等级高低或者身份贵贱程度，挚见礼物、器物牺牲、服饰佩戴等都属于这样的形象符号，最典型的如使用鼎制的大小规格、数量标志着使用者的地位身份，玉器与权位高低、道德品格的对应，丧服的形制、质料、服期的长短说明服丧者与死者的亲疏远近关系等。

（二）抽象符号象征

符号本身不是特别直观，甚至有些抽象，如空间方位、时间先后顺序、行为语言等，与所要表达的意义之间的关系主要靠文化建构和约定俗成，人为的符号创见因素明显，权力叙事经常利用这个建构的过程并施展着权利操控的力量。如空间方位本来是表示方向的，但是在方位之上额外地附加了尊卑等级的意义，就变成权力的象征了，行为的先后次序与行为者的身份等级地位的关系象征等均属于抽象符号象征。

（三）综合符号象征

较为复杂的、一系列或多种象征组合在一起或者从多方面共同来象征一个目标意义。综合符号经常是行为、语言、音乐、物件等组合在一起，共同完成象征意义。表演是综合象征中的一种特殊表现形式，是一系列的象征符号的连续组合，是一个大的象征体系。由于综合符号象征比较复杂，可操作的空间非常大，所以往往成为权力操控的场域。春秋战国时期名实关系的辩论，周代礼制中社会礼仪的设置，都是权力话语对符号进行有目的利用的集中表现。社会礼仪是一场又一场的社会剧的上演，特纳在研究非洲恩登布人基础上提出的社会剧，侧重于社会仪式的缓解矛盾、转化危机方面的功能，而中国古代的社会仪式有些偏重于社会仪规的表演、展示、体认，具有示范性和社会认同的作用，如射礼、乡饮酒礼等；有些侧重于政治外交联络，具有较强的联系交流作用，如觐礼、聘礼、士相见礼等；而更加典型的是各种规模的祖祢祭祀仪式，以家族为单位，通过对神的礼敬，演绎人间的等级关系，如特牲、少牢馈食礼，仪式中家族的神人等级体系和伦理规范被潜移默化地转移到现实中的君臣、上下关系中，社会政治秩序就是礼仪秩序的推广和扩大。政治权力又利用礼教在民间推广祭祖仪式，进一步将等级秩序和伦理观念扩散到整个社会。

由此可见，仪式的展开处处离不开对符号的运用和经营。仪式符号的核心问题乃是意义的问题，“文化行为，即对符号形式的建构、理解和运用”[①]。对仪式符号意义的探求不仅可以正确地理解和分析文化，

①（美）克利福德·格尔兹：《文化的解释》，韩莉译，南京：译林出版社，1999年版，第112页。

而且对于信息时代的符号经济也意义重大。

二、《仪礼》的符号消费

（一）文化产业和符号经济

人类社会曾经历了采集渔猎社会、农业社会、工业社会，目前经济发达国家和相当一部分的发展中国家正在经历着信息社会到来的洗礼。20世纪六七十年代，世界主要资本主义国家的经济格局和经济构成发生了重要的变化，生产的中心从过去工业时代的物质生产转移到了后工业时代的信息、文化生产，经济的中心也从生产转为消费。信息、文化生产主要表现为两种形式：要么挖掘物质背后的文化信息意义或为产品注入文化内容并将其变为主宰人们消费的卖点；要么直接将文化与产业挂钩，将文化资源转化为经济效益。文化产业的兴起主要是由消费领域的变革引起的，当物质商品的生产大大超出人们的需求时，人们的消费不再满足于纯粹的物质消费，有学者认为对审美和对文化品位的追求成为人们消费的热点，消费点的转移以及不断爆发的资本主义商品过剩的经济危机，迫使资本重新寻求新的投资领域，文化成为资本追逐的对象①，文化因此也就变成了产业。文化信息产业的特点是文化信息本身可以不需要投入劳动就具有价值，不需要耗费能源，不带来污染就可以创造价值。因此，资本的投入可以获得最大的收益，甚至文化信息本身就是资本。大力发展文化信息产业已成为各大资本主义国家的首选经济增长点，好莱坞电影、迪斯尼娱乐、日本动画片等就是其成功的范例，相应地，高耗能、高污染、劳动密集的传统产业被转移到第三世界国家（而第三世界国家还将其当作发展本国经济的外资大力引进）。②我国进入市场经济以来，提出经济与世界接轨的口号，一方面，传统的劳动密集型的物质产业依然是主导；另一方面，在世界经济潮流的影响下，生产和经济都在发生着转型，我们应该意识到不发展文化信息产业就意味着落后，意味着被资本主义后工业殖民的危险。因此，我们国家也要大力发展文化产业。旅游业的兴起是

①冯宪光：《现代性与文化产业文化消费》，《廊坊师范学院学报》，2007年第1期。

②叶舒宪：《符号经济与作为非物质文化遗产的“七夕节”》，《江西社会科学》，2005年第10期；叶舒宪访谈录：《符号经济·文化资本·文化情怀》，《博览群书》，2007年第4期。

一个明显的标志，但和发达国家相比还远远不够。文化产业要以文化消费作为动力，文化消费的实质是符号消费，把商品的文化价值变成可以产生认同的符号标志，人们在商品的使用价值之外格外注重商品的符号价值，符号成为买点和卖点，这样就出现了商品符号化和符号商品化，从消费成为当今经济中心的角度，我们也可以根据符号消费的特点把当今的经济称为符号经济。为一种产品赋予一个符号，并阐明其背后的文化附加意义就等于为这个产品注入新的活力[①]，比如，为产品寻找形象代言人，为企业添加经营理念均属符号经济行为。相较而言，我国的文化产业起步较晚，但是，在这个世界经济一体化的时代，我国的文化产业具有势不可当的发展趋势和广阔的发展前景，因为它的背后有五千年的中国历史文化资源和非物质文化遗产。

（二）礼仪与礼文化的符号消费

波德里亚指出，消费的真相在于它并非一种享受功能，而是一种生产功能；并且因此，它和物质生产一样并非一种个体功能，而是即时且全面的集体功能。消费是一个系统，它维护着符号秩序和组织完整：因此它既是一种道德（一种理想的价值体系），也是一种沟通体系，一种交换结构。[②]消费系统和由文化建构的符号系统之间，保持着一种交流的关系。后者不仅参与到消费系统中，且在当今变得越来越重要，而且，也正因为符号消费的需求，使文化在生产中的地位越来越突出。礼仪及其符号表现只是中国博大精深的礼文化的一种集中体现，它作为经济资源的发展空间巨大，研究礼文化的符号意义及符号消费也很有潜力可挖。

一方面，礼仪可以作为消费的媒介，促进符号消费的发展。在当今传媒参与消费，不断创造奇迹的时代，礼仪的仪式功能并没有消失，相反，古老的礼仪正在根据时代的需要被改造成各种具有传媒特点的庆典、发布会，交流会、展览会等，仪式越来越具有传媒的特点，它不仅能够塑造人们的消费观念，还直接以符号的形式把各种产品符号成功地推销出去。

另一方面，礼仪及礼文化本身作为符号的消费价值具有广阔的前景，符号消费实质上是符号背后的文化在起作用。作为经济行为的消费

①黄悦：《消费经济与消费神话》，《江西社会科学》，2005年第11期。

②（法）波德里亚：《消费社会》，刘成富译，南京：南京大学出版社，2000年版，第69页。

●奥运玉玺中国印（新华社王春　摄）

●北京奥运会金镶玉奖牌

（符号消费）和作为文化行为的交流（人与符号的交流）越来越多地重叠交织在一起，以至于符号消费成为人自身的文化表达和身份认同的重要方式。文化在符号信息时代交流和发挥作用的方式产生了革命性的变化，作为人文知识分子，我们要主动地转变观念，了解文化生产和符号消费的规律，促进文化产业的健康发展，使古老的文化散发出新的魅力。

中国古老礼文化的符号消费最典型的事例莫过于北京奥运会“奥运徽宝”——舞动的北京中国印和“奥运奖牌”的成功推出。奥运会徽中国印的主体是一枚用和田玉雕刻的印章，其设计灵感来源于中国古代的玉玺，象征着中国传统的“玉召尊贵”、“印示诚信”的精神，用玉玺的形式同时也象征着对奥林匹克运动在体育竞技运动中权威性的尊重，人字形篆刻的“京”彰显着在北京举办的奥运传承中国源远流长的民族文化和“人文奥运”的举办理念。[①]北京奥运会奖牌在传统奥运奖牌的基础上加以改造，用金镶嵌玉的形式精制而成。其正面使用国际奥委会统一规定的图案，背面设计和制作则突破传统的材质、工艺，金银铜的金属边镶嵌着环形玉璧，正中的金属图形上镌刻着北京奥运会的会徽，饰以传统的玉双龙蒲纹璜挂钩[②]和象征吉祥的红色精纺丝绸吊带。从奖牌中，可以看到中国古礼中“君子佩玉”、“以玉比德”的传统，体现了北京奥运会在注重奥运竞技精神的同时，对于“道德”价值的重视。玉器、印章的

①邢金善：《玉与奥运：北京奥运会用玉考论》，《南方文物》，2008年第2期。

②北京奥运会官方网站http://www.beijing2008.cn。

徽宝和金镶玉的玉璧奖牌是多种符号的集合体，在符号的背后，传递着中国礼文化的精神，凸显了富有民族特色的价值理念。这些都可以作为消费的内容——精神和心理上的消费，带来的是全世界人民对中国传统文化精髓及重德精神价值的了解、接受，无形的文化效应将是巨大的。

以上所述只是符号消费的一个成功范例，礼文化的符号消费有着无穷的潜力。本论文对于《仪礼》体现的礼文化和礼仪的文化人类学的深入挖掘和分析，将会丰富和加深对中国礼仪文化的理解，也将会为正在到来的符号经济提供可资借鉴的文化资源，礼作为符号，具有广阔的前景。

参考文献

【史料文献】

●（清）陈立：《白虎通疏证》，北京：中华书局，1994年版。

●（汉）董仲舒：《春秋繁露》，上海：上海古籍出版社，1989年版。

●（唐）杜佑：《通典》，北京：中华书局，1984年版。

●（清）段玉裁：《说文解字注》，杭州：浙江古籍出版社，1998年版。

●（清）顾炎武：《日知录》，《四库全书》文渊阁本。

●（清）胡培翚：《仪礼正义》，段熙仲点校，南京：江苏古籍出版社，1993年版。

●（清）黄以周：《礼书通故》，北京：中华书局，2007年版。

●（明）李东阳：《李东阳集》第三卷《篁墩文集序》，长沙：岳麓书社，1985年版。

●（清）李迺宣、张承鋆合辑，《玉说汇编·玉说》，北京：书目文献出版社，1993年版。

●（南朝·梁）刘勰：《文心雕龙》，范文澜注，北京：人民文学出版社，1958年版。

●（清）刘子芬：《玉说汇编·古玉考》，北京：书目文献出版社，1993年版。

●（汉）司马迁：《史记》，北京：中华书局，1959年版。

●（清）孙希旦：《礼记集解》，北京：中华书局，1989年版。

●（明）王世贞：《艺苑卮言》，丁福保辑《历代诗话续编》，排印本，上海：上海医学书局，民国五年（1916）。

●（汉）许慎：《说文解字》，北京：中华书局，1984年版。

●（清）段玉裁：《说文解字》，杭州：浙江古籍出版社，1998年版。

●（清）姚际恒：《仪礼通论》，陈祖武点校，北京：中国社会科学出版社，1998年版。

●（清）阮元：《十三经注疏》校刻本，北京：中华书局，1980年版。

●（宋）朱熹：《朱子语类》，北京：中华书局，1994年版。

●薛安勤、王连生：《国语译注》，长春：吉林文史出版社，1991年版。

●杨天宇：《仪礼译注》，上海：上海古籍出版社，2004年版。

●杨天宇：《礼记译注》，上海：上海古籍出版社，2004年版。

●杨天宇：《周礼译注》，上海：上海古籍出版社，2004年版。

●张双棣：《淮南子校释》，北京：北京大学出版社，1997年版。

【现代论著】

●鲍宗豪：《婚俗与中国传统文化》，桂林：广西师范大学出版社，2006年版。

●蔡家麒：《论原始宗教》，昆明：云南民族出版社，1988年版。

●曹本治、刘红：《道乐论——道教仪式的“信仰、行为、音声”三元理论结构研究》，北京：宗教文化出版社，2003年版。

●曹顺庆：《中外比较文论史·上古时期》，济南：山东教育出版社，1998年版。

●曹顺庆：《比较文学论》，成都：四川教育出版社，2002年版。

●常金仓：《周代礼俗研究》，台北：文津出版社，1993年版。

●陈东原：《中国妇女生活史》，上海：商务印书馆，1928年版，上海文艺出版社1990年影印。

●陈顾远：《中国婚姻史》，上海：上海书店，1936年版。

●陈来生：《中国禁忌》，香港：中华书局香港分局，1991年版。

●陈梦家：《殷虚卜辞综述》，北京：中华书局，1988年版。

●陈鹏：《中国婚姻史稿》，北京：中华书局，2005年版。

●陈其泰、郭伟川等编：《二十世纪中国礼学研究论文集》，北京：学苑出版社，1998年版。

●陈逸民：《红山玉器收藏与鉴赏》，上海：上海大学出版社，2004年版。

●丁山：《中国古代宗教与神话考》，台北：龙门联合书局，1961年第1版，1988年上海文艺出版社影印出版。

●费孝通：《乡土中国》，北京：北京出版社，2005年版。

●高国藩：《中国巫术史》，上海：上海三联书店，1999年版。

●顾颉刚：《顾颉刚古史论文集》，北京：中华书局，1983年版。

●郭沫若：《十批判书·孔墨的批判》，《郭沫若全集》，北京：人民出版社，1982年版。

●郭沫若：《中国古代社会研究》，刘梦溪主编：《中国现代学术经典·郭沫若卷》，石家庄：河北教育出版社，1996年版。

●韩高年：《礼俗仪式与先秦诗歌演变》，北京：中华书局，2006年版。

●胡新生：《中国古代巫术》，济南：山东人民出版社，1998年版。

●姜广辉：《中国经学思想史》，北京：中国社会科学出版社，2003年版。

●李安宅：《巫术与语言》，上海：商务印书馆，1936年版。

●李零：《中国方术续考》，北京：中华书局，2006年版。

●李学勤：《缀古集·古乐与文化史》，上海：上海古籍出版社，1998年版。

●李衡眉：《中国古代婚姻史论集》，长春：吉林文史出版社，1992年版。

●李幼蒸：《理论符号学导论》，北京：中国社会科学出版社，1993年版。

●李振澜主编：《外国风俗事典》，成都：四川辞书出版社，1989年版。

●刘师培：《古政原始论·礼俗原始论》，《刘师培全集》第二册，北京：中共中央党校出版社，1997年版。

●刘尧汉：《彝族社会历史调查研究文集》，北京：民族出版社，1980年版。

●梁启超：《清代学术概论》，北京：东方出版社，1996年版。

●梁钊韬：《中国古代巫术——宗教的起源和发展》，广州：中山大学出版社，1999年版。

●吕思勉：《先秦史》，上海：上海古籍出版社，2005年版。

●莫福山主编：《中国民间节日文化辞典》，北京：职工教育出版社，1990年版。

●彭林：《中国古代礼仪文明》，北京：中华书局，2004年版。

●彭兆荣：《文学与仪式：文学人类学的一个文化视野》，北京：北京大学出版社，2004年版。

●彭兆荣：《旅游人类学》，北京：民族出版社，2004年版。

●彭兆荣：《人类学仪式的理论与实践》，北京：民族出版社，2007年版。

●钱茀：《傩俗史》，南宁：广西民族出版社，2000年版。

●钱穆：《中国文化史导论》（修订本），北京：商务印书馆，2001年版。

●钱钟书：《管锥编》第一册，北京：中华书局，1986年版。

●饶宗颐、曾宪通：《楚帛书》，香港：中华书局香港分局，1985年版。

●史凤仪：《中国古代婚姻与家庭》，武汉：湖北人民出版社，1987年版。

●宋兆麟：《巫与巫术》，成都：四川民族出版社，1989年版。

●孙晓：《中国婚姻小史》，北京：光明日报出版社，1988年版。

●孙作云：《诗经与周代社会研究》，北京：中华书局，1966年版。

●王贵民：《中国礼俗史》，台北：文津出版社，1993年版。

●王国维：《观堂集林》，北京：中华书局，1959年版。

●王国维：《宋元戏曲史》，上海：东方出版社，1996年根据商务印书馆1934年版编校再版。

●王力等：《中国古代文化史讲座》，北京：中国广播电视大学出版社，1984年版。

●王治心：《中国宗教思想史大纲》，上海：上海三联书店，1988年据1933年中华书局版影印。

●闻一多：《神话与诗》，上海：上海世纪出版集团-上海人民出版社，2006年版。

●徐旭生：《中国古史的传说时代》（增订本），北京：文物出版社，1985年版。

●薛艺兵：《神圣的娱乐：中国民间祭祀仪式及其音乐的人类学研究》，北京：宗教文化出版社，2003年版。

●杨宽：《先秦史十讲》，上海：复旦大学出版社，2006年版。

●杨宽：《古史新探》，北京：中华书局，1965年版。

●杨向奎：《宗周社会与礼乐文明》（修订本），北京：人民出版社，1997年版。

●姚士奇：《中国玉文化》，南京：江苏古籍出版社，2004年版。

●叶舒宪：《中国神话哲学》，北京：中国社会科学出版社，1992年版。

●叶舒宪：《诗经的文化阐释——中国诗歌的发生研究》，武汉：湖北人民出版社，1994年版。

●叶舒宪：《阉割与狂狷》，上海：上海文艺出版社，1999年版。

●叶舒宪：《文学与人类学》，北京：中国社会科学文献出版社，2003年版。

●叶舒宪：《老子与神话》，西安：陕西人民出版社，2005年版。

●叶舒宪：《高唐神女与维纳斯》，西安：陕西人民出版社，2005年版。

●叶舒宪：《庄子的文化解析》，西安：陕西人民出版社，2005年版。

●俞建章、叶舒宪：《符号：语言与艺术》，上海：上海人民出版社，1988年版。

●袁珂编著：《中国神话传说词典》，上海：上海辞书出版社，1985年版。

●袁珂：《中国神话史》，重庆：重庆出版社，2007年版。

●臧克和：《说文解字的文化说解》，武汉：湖北人民出版社，1995年版。

●詹鄞鑫：《心智的误区——巫术与中国巫术文化》，上海：上海教育出版社，2001年版。

●詹鄞鑫：《神灵与祭祀》，南京：江苏古籍出版社，1992年版。

●张光直：《中国青铜时代》，上海：上海三联书店，1999年版。

●张涛：《中国古代婚姻》，济南：山东教育出版社，1990年版。

●张紫晨：《中国巫术》，上海：上海三联书店，1990年版。

●周文柏编：《中国礼仪大辞典》，北京：中国人民大学出版社，1992年版。

●邹昌林：《中国礼文化》，北京：社会科学文献出版社，2005年版。

【英文资料】

●Catherine. Bell, *Ritual Theory, Ritual Practice.* New York and Oxford: Oxford University Press, 1992.

●Catherine.Bell, *Ritual Perspective and Dimensions.* Oxford and New York: Oxford University Press, 1997.

●Maurice. Bloch, *History and Ideology in the Circumcision Ritual of the Merina,* Cambridge and New York: Cambridge University Press, 1986.

●Joseph. Campbell, *Myths to Live By.* Nwe York: The Viking Press, Inc. 1972.

●Kwang-chih. Chang，*Art, Myth, and Ritual: The Path to Political Authority in Ancient China.* Havard University Press, 1983.

●Mircea. Eliade，*Patterns in Comparative Religion.* University of Nebraska Press，1996.

●Van. Gennep, *The Rites of Passage.* The University of Chicago Press, 1960.

●Hooke, *S. H. Myth and Ritual* . London，1935.

●Devid I. Kertzer, *Ritual, Politics and Power,* New Haven; Yale University Press, 1988.

●Henri. Lefebvre, *The Production of Space, trans. Donald Nicholson Smith.* Oxford: Basil Blackwell Ltd, 1991.

●Lukes, *S. Power: A Radical View.* New York: Macmillan. 1974.

●Emily. Martin, *Chinese Ritual and Politics,* Cambridge University Press, 1981.

●Charles, Peirce, *S. Collected Papers. C. Harsthorne, P. Weiss and A. W. Burks, eds.* Cambridge: Macmillan Press, 1931.

●A. R. Radcliffe-Brown, *Structure and Function in Primitive Society.*

Routledge & Kegan Paul Ltd. 1979.

●Milton. Singer, *When a Great Tradition Modernizes*. London: Paul Mall, 1972.

●Richard. Schechner, *Performance Theory*. New York and London: Routledge, 1994.

●Richard. Schechner, *"From Ritual to Theatre and Back",Ritual, play and performance: Reading in the Social Sciences/ Theatre, ed. Richard Schechner and Mady Schuman*, New York: Seabury Press, 1976.

●Richard. Schechner, *Theatre and Anthropology*. Philadelphia: University of Pennsylvania Press, 1985.

●Richard. Schechner, *The Future of Ritual: Writing on Culture and Performanve*. New York: Routledge, 1995.

●Tambiah, *S. J. A Performative Approach to Ritual*. London: The British Academy and Oxford University Press. 1979.

●Victor. Turner, *The Forest of Symbols: Aspects of Ndemu Ritual*. Ithaca: Cornell university Press, 1967.

●Victor. Turner, *The Drums of Affliction: A Study of Religious Processes among the Ndembu of Zambia*. Oxford: Clarendon for the International African Institute, 1968.

【汉译著作】

●（苏）A．Ю．格里弋连科：《形形色色的巫术》，吴兴勇译，上海：上海人民出版社，1992年版。

●（英）爱德华·泰勒：《原始文化》，连树生译，桂林：广西师范大学出版社，2005年版。

●（法）爱米尔·涂尔干：《宗教生活的基本形式》，渠东、汲喆译，上海：上海人民出版社，2006年版。

●（英）保罗·康纳顿：《社会如何记忆》，纳日碧力戈译，上海：上海人民出版社，2001年版。

●（美）本杰明·史华兹：《古代中国的思想世界》，程钢译，南京：江苏人民出版社，2004年版。

●（日）宾田耕作：《古玉概说》，胡肇椿译，上海：中华书局，1940年版。

●（法）波德里亚：《消费社会》，刘成富译，南京：南京大学出版社，2000

年版。

●（芬兰）E. A. 韦斯特马克：《人类婚姻史》，北京：商务印书馆，2002年版。

●（英）E. E. 埃文斯·普里查德：《原始宗教理论》，孙尚扬译，北京：商务印书馆，2001年版。

●（英）E. E. 埃文斯·普里查德：《阿赞德人的巫术、神谕和魔法》，覃俐俐译，北京：商务印书馆，2006年版。

●（德）恩斯特·卡西尔：《人论》，甘阳译，上海：上海译文出版社，1985年版。

●（德）恩斯特·卡西尔：《神话思维》，黄龙保、周振选译，北京:中国社会科学出版社,1992年版。

●（英）菲奥纳·鲍伊：《宗教人类学导论》，金泽、何其敏译，北京：中国人民大学出版社，2003年版。

●（奥）弗洛伊德：《图腾与禁忌》，车文博主编：《弗洛伊德文集》（第8卷），长春：长春出版社，2004年版。

●（法）葛兰言：《古代中国的节庆与歌谣》，赵丙祥、张宏明译，桂林：广西师范大学出版社，2005年版。

●（德）卡尔·雅斯贝斯：《历史的起源与目标》，北京：华夏出版社，1989年版。

●（英）凯伦·阿姆斯特朗：《神话简史》，胡亚豳译，重庆：重庆出版社，2005年版。

●（美）克利福德·格尔茨：《文化的解释》，韩莉译，南京：译林出版社，1999年版。

●（美）克利福德·吉尔兹：《地方性知识》，王海龙、张家瑄译，北京：中央编译出版社，2004年版。

●（英）雷蒙德·弗斯：《人文类型》，费孝通译，北京：华夏出版社，2002年版。

●（法）列维-布留尔：《原始思维》，北京：商务印书馆，1981年版。

●（英）李约瑟：《中国古代科学思想史》，陈立夫等译，南昌：江西人民出版社，1999年版。

●（美）路易斯·亨利·摩尔根：《古代社会》，北京：商务印书馆，1977年版。

●（德）马克斯·韦伯：《儒教与道教》，洪天富译，南京：江苏人民出版社，2005年版。

●（英）马林诺夫斯基：《巫术科学宗教与神话》，李安宅译，北京：中国民间文艺出版社，1986年版。

●（英）马林诺夫斯基：《文化论》，费孝通等译，北京：中国民间文艺出版社，1987年版。

●（法）马塞尔·莫斯、昂利·于贝尔：《巫术的一般理论——献祭的性质与功能》，杨渝东、梁永佳等译，桂林：广西师范大学出版社，2007年版。

●（法）米歇尔·福柯：《知识考古学》，谢强、马月译，北京：生活·读书·新知三联书店，2003年版。

●（美）M.耶律亚德：《宇宙与历史：永恒回归的神话》，杨儒宾译，台北：联经出版事业公司，2000年版。

●（美）米尔恰·伊利亚德：《宗教思想史》，晏可佳、吴晓群等译，上海：上海社会科学院出版社，2004年版。

●（罗马尼亚）米尔恰·伊利亚德：《神圣与世俗》，王建光译，北京：华夏出版社，2002年版。

●（美）乔纳森·卡勒：《当代学术入门：文学理论》，李平译，沈阳：辽宁教育出版社、牛津大学出版社，1998年版。

●（日）田仲一成：《明清的戏曲——江南宗族社会的表象》，北京：北京广播学院出版社，2004年版。

●（英）维克多·特纳：《仪式过程》，黄剑波等译，北京：中国人民大学出版社，2006年版。

●（英）维克多·特纳：《象征之林》，赵玉燕等译，北京：商务印书馆，2006年版。

●（美）威廉·A．哈维兰：《文化人类学》，瞿铁鹏、张钰译，上海：上海社会科学院出版社，2006年版。

●（美）巫鸿：《礼仪中的美术》，郑岩等译，北京：生活·读书·新知三联书店，2005年版。

●（希腊）亚里士多德：《诗学》，陈中梅译注，北京：商务印书馆，1996年版。

●（英）詹·乔·弗雷泽：《金枝》，徐育新等译，北京：大众文艺出版社，1998年版。

附录一

仪式叙事与历史书写[①]

仪式研究的文化阐释意义

20世纪杰出的女性人类学家玛丽·道格拉斯在1975年出版她的《潜含的意义——人类学文集》时，在序言中用下述的话来开篇：

> 通过将勒里人在其日常生活中和动物相处的各种琐碎方面拼接起来，我对他们以穿山甲为主的丰产仪式有了一些了解。如果我的田野工作能更彻底，我本能够更好的理解这种有鳞的、吃蚂蚁的动物对他们意味着什么。他们的知识基于潜藏在言语中的共同的猜想，对外人而言是难以弄清楚的。如这些论文表现的，我从那时到现在一直在考虑这个问题，即在一般民众阶层的日常行为中，信仰和观念是体现在他们的仪式之中的，这里包含着一种隐藏的交流传播方式问题。[②]

道格拉斯所说的勒里人（Lele）是她早年去调查过的、居住在非洲东部的部落原住民族。他们繁复的礼仪活动围绕着一种神秘动物——穿山甲而展开，其潜藏的意蕴对于外来者而言是根本不得其门而入的。因为勒里人对穿山甲的祭拜只由部落中几个被传授知识的人来表演，只有他们能吃穿山甲的肉并发誓不说出它的秘密。这样，该社会的公共知识成为某种秘传的深奥知识。除了贵族首领，该部落的女性更是被禁止了解关于仪式的知识。这样的现实，等于给这位以解读象征意蕴而著称的人类学女专家出了一道难题。限于

①叶舒宪：《百色学院学报》，2009年第2期。

②Mary Douglas. *Implicit meanings: Essays in Anthropology.* Routledge & kangan Paul, 1975,p. 2.

在当地逗留的时间，道格拉斯虽然如饥似渴地向当地人学习，在当时还是无法洞悉她所研究的穿山甲仪式的奥秘。那时的结构分析方法还没有成熟，不能从民俗现象中把握神话和仪式的关联体。只是到了20世纪70年代，通过多方阅读其他人类学家的报告和分析，道格拉斯才认识到穿山甲能量的可能来源。原来，这种穴居动物被勒里人确认为是天和地联合的潜在标志，该地区的不同部落用不同方式庆祝天和地的联合。在某些部落，穿山甲被当做一位首领。神圣王权的建立，也要以天上和地上的力量结合为开端。如此看，关于穿山甲的神话和仪式在勒里人的社会中成为文化及政治认同的核心。道格拉斯惊叹，直到她真正发现穿山甲的全部意义，她才终于理解该社会的神圣王权和宇宙论观念，从而认识到那种被编织在神圣帷幕背后的公共语言。“为什么穿山甲对人类命运有如此大的影响力呢？”这一问题本可以在它的文化本身中得到令人满意的解答。

通过对仪式的洞察，人类学家不仅要解答其所研究的对象社会的奥秘，而且还从此探索过程得到启迪，并反过来进一步洞察自己社会的奥秘。

> 在勒里人中间，我发现了卫生和礼节规则，性和可食性的规则，这些都适应于或者起源于关于宇宙如何运行的无尽的猜想。很显然，当地人考虑这问题时，有一个思维的前提即他们的思想是根植于群落的生活，在思维结构和自然结构之间，有一种非常令人满意的调合。而且，后者以这种智力的令人印象深刻的调合得到强化的支持。如果我们能够理解勒里人不善表达的隐含的意识领域是如何构成的，我们就能够将这个教训应用于我们自己。如果他们用向一种自然中的超能量祈祷来作为对付威压的武器或者作为保护共同财产的屏障，那么我们很有可能也是这样的。
>
> 人类学家倾向于尊重他所研究的部落的智能。这是一种内在的职业的基础，相信我们自己的隐含的知识是可能和他们的有相同的秩序。结果是，意识到他们关于自然的看法是他们彼此之间关系的产物的人类学家，也发现了另一问题的门径：为什么我们自己的世界观没有得到社会性的分析，而这是至关重

要的。①

作为社会动物的人，其言论和行为的奥秘，只有通过特定社会的世界观才能得到所以然层面的理解。这是20世纪初以来，法国人类学和社会学大师涂尔干（Durkheim）所揭示的社会因素决定论之基本观点。这样的认识在某种意义上强化了马克思关于人的本质是社会关系总和的判断。社会性作为人性的一部分，将部落中的成员紧密地联合为一个整体。然而，让玛丽·道格拉斯感到不解的是，涂尔干的批评模式并没有及时推广、应用到现代工业社会中的人类。对此，她不免要发问：为什么他的原始社会视角从未在哲学领域内得到完全的拓展，只是到了现在（即20世纪70年代），它才被现象学家高兴地再度发现。据推测，阻滞涂尔干迈出这一步的原因，是他确实相信原始人的社会组织原理与西方社会不同。缺乏实际的田野观察经验，是早期人类学家的通常局限。在今日的人类学家看来，只要一个星期的田野调查，就可以纠正这种错误判断。对涂尔干来说，"原始人群以相似性组织在一起，他们的成员认同一种共同的象征的生命。我们却相反的是多样化的个体，以不同的服务的交换联系在一起。然而，相信这种完全的不同促使他得出西方文明社会与原始社会不同的概念"。由于涂尔干的巨大影响力，在他之后的毛斯、列维-布留尔等法国学者，也都坚持着这样的文、野之分，于是我们看到有《原始分类》和《原始思维》一类名目的著作。对这些早期人类学著述的批判反思与"解殖民"工作，是由20世纪后期的人类学者所展开的，很遗憾在当代中国的人类学知识传播中，恰恰缺少了这个重要的环节。如哈里斯所指出的：人类学者对研究对象的深入认识是产生文化尊重的根源；反过来则引发对自己文化的重新认识。"人类学者首要强调的是，从研究某一人群或某一文明得出的结论，要与来自其他人群或文明的证据相验证。这样，人类学的发现就超出了任何单一的部落、种族、国家或文化。在人类学的视野中，所有的人群和所有的文化都同样值得研究。因此，人类学反对某些人的观点，他们认为只有他们自己可以代表人

①Mary Douglas. *Implicit meanings: Essays in Anthropology*,Ibid.pp. 3—4.

类，只有他们处在进步的前列，他们是上帝或历史特选出来依照他们自己的形象来塑造世界的。对人类的经验整体采取这种宽广的视野，我们人类也许可以摆脱我们自己的生活方式所造成的束缚，从而看清自己的真实面目。”①

然而，在《原始思维》的作者列维-布留尔看来，世界上唯有包括法兰西在内的地中海文明才是理性思维的代表，其余大部分地区的人类都处在所谓“原始思维”中。对“原始”对象的研究不会对“文明”自我的认识有什么帮助，只能够强化文明人的自我优越感，加深文化误解和文化歧视的程度。列维-布留尔之所以会写作《原始思维》，直接的刺激就是读到司马迁《史记》译本，惊叹古代中国人的思维何以在“天与人”之间纠缠不清，滞留于所谓原始阶段。《原始思维》也引用了不少中国仪式方面的材料，都是作为中国原始思维的例子来看的。这位根本没有来过中国，也没有到过任何一个原始社会的法国学者，在晚年对自己的地中海文明优越论多少有所警觉。但是为时已晚，他的《原始思维》早已流行于世，甚至在西方人类学对此观点做出清算之后，依然被当作科学理论，传播到非西方世界。非常令人遗憾的是，《原始思维》在我国改革开放之初就有了从俄文转译过来的汉译本，在当今的中国学界被引用率相当惊人，却没有多少人知道玛丽·道格拉斯的尖锐批评：“只要一个星期的田野调查，就可以纠正这种错误判断。”按照后殖民批判的观点，所谓的“原始”，完全是自以为高人一等的“文明”者建构出来的。人类的仪式活动，不论古今中外，统统离不开基本的神话类比和象征编码。从非洲勒里人部落的穿山甲仪式，到法国巴黎圣母院、德国科隆大教堂的基督教圣餐仪式，都是围绕着某种神话观念而展演的象征性叙事，并没有实质上的文野之别。所区别的是，不同社会群体的神话观念不同，其仪式叙事所表达的文化记忆内容不同，会牵涉到截然相异的具体历史事件及人物。

在地中海文明以外的广大非西方社会中所观察到的仪式行为既有丰富多彩的一面，也有异常深奥难解的一面。如道格拉斯所探究的勒里人穿山甲仪式，美国人类学家吉尔兹所调研的印度尼西亚巴厘岛民的斗鸡仪式，如今均已成为人文社会科学中的经典案例。对于此类仪式的研究，非但不能简单化地套用“原始思维”标签，反而需要研究者经久不

①Marvin Harris. *Cultural Anthropology*. Haper and Row,1983, p.4.

息的长期深入调研，才能最终获得升堂入室的机会。在这方面，经由仪式和神话观念来从内部解读、阐释某一文化文本的秘密，标志着人类学和比较宗教学、比较神话学在20世纪后期所取得的最重要的成就，其方法论意义早已经超越出学科的界限，成为产生巨大的跨学科影响作用的思考动力。从这一角度看，在19世纪尚不能登大雅之堂的神话-仪式结合体的研究，如今正在成为和语言学一样的领先学科，在启发跨文化认识的方式和文化文本细读技术等方面，发挥着引导本土反思和学术创新的积极功效。

从“仪式叙事”看中国礼经的文化内涵

从事文学人类学研究，自然会首先注意到“文学与仪式”的内在关联。这从20世纪文学批评中的神话-原型批评派的实践与英国的仪式学派（又称“剑桥学派”）的渊源关系上，就可以得知大概。就国内情况而言，早自新文学史家郑振铎根据人类学家弗雷泽的著作《金枝》揭示的巫师王祭祀原理写出《汤祷篇》，文学研究的仪式思路就已经彰显出独特魅力了。新时期以来，从萧兵根据图腾仪式考验原理，重新解说《诗经·大雅·生民》的三弃三收，到彭兆荣写出数十万言的《文学与仪式》大著，此一视角的探讨正在形成规模效应。以文艺学理论为知识背景的荆云波博士，在四川大学攻读学位期间，不畏专业转型的艰难，毅然决然采纳《仪礼》这部中国上古仪式礼俗文献为自己的研究对象。经过几年的刻苦努力，所完成的《仪礼的文化记忆与仪式叙事》，应该说是采用人类学视角和文学细读方式切入礼经的古老传统的大胆尝试。

本学位论文以六章的结构，对《仪礼》文本的文化蕴涵做了整体的发掘和局部的深入探讨。如强调古礼行为的根本原则为“报本反始”，包括贵古尚朴的思想和对天地祖先报恩的宗教情怀。文学上的复古主义也从礼的“报本反始”语境找到依据，透视文学与礼的潜在关系。从神话原型的角度，解析婚礼的发生实乃源于对天地神婚原型的模仿，其原初的目的在于繁衍创生。《士昏礼》中存在的神话思维也表明，天地神婚的范型确实存在，并直接型塑了人间的婚姻模式。对《仪礼》的巫术现象及其发生根源的探讨，如形象巫术、驱邪巫术、招魂巫术、语言巫术、占卜等，也具有重新发现与创新意义。参照考古材料和图像论述作为礼之重器的玉器与中国礼文化的起源，与礼的等级秩序、道德礼教、丧葬观之间的关系，分析《仪礼》中用玉情况。从仪式控制角度，分析礼仪的等级分层特征，结合祖先祭仪探寻古代政治权威、主流话语是如何利用仪式的符号象征系统来控制社会群体和个人的。运用仪式表演理论，考察戏剧起源，在仪式情境戏剧化的基础上，论述了仪式的表演功能和意义：通过展演，仪式可以沟通人与超自然、人与社会的关系；仪式可以起到告知公示的作用，赋予仪式事件合法的地位，维系本社群的文化认同和历史记忆。在这些探讨中，既能总结前人研究的经验，又能开辟新的研究角度和提出自己的独到见解，体现出锐意进取的研究态度，难能可贵。

综观荆云波的博士论文，通过对《仪礼》的人类学研究，多方面地诠释了“仪式叙事”这一潜力巨大的新概念工具。借助于对“仪式叙事”的深入开掘，从无声的礼经文本中找到保留下来的远古文化信息、挖掘诸多礼文化现象的神话原型和巫术思维传统，再结合考古发现的实物见证，对此作出形式和功能的整合性认知，阐发其所体现的华夏远古礼文化精神根脉。可以说本论文的研究是对“十三经”中号称古奥难解的《仪礼》所做的新探索。尽管文中有些观点的论述还不是十分圆熟融通，在材料的取舍上也有不够周全之处，但是就其整体上突破解经学的范式、探索礼书的人文阐释新方向而言，本论文在中华古礼文化的现代研究中实乃具有承前启后的学术开拓意义。

以下就荆云波博士论文所突出的“仪式叙事”主题，再转向史学方面，结合笔者在台湾教学中的经历，提示一些学术链接式的拓展意见。

仪式叙事、文化认同与历史书写

人类学的仪式研究不仅涉及神话、文学、戏剧等领域，还和历史学方面产生出重要的互动关系，值得我们给予充分的重视。如后现代史学变革对“历史事实”和“历史叙事”的区分，罗兰·巴特等对“历史”和“历史文本”的区分，都使得传统史学的还原和认识历史真实的目标，受到根本性的质疑。“制造的历史”和“发明的传统”之类命题，也在晚近的史学出版物中日渐流行起来。在这样的语境中，人类学

家对“仪式的固定性”（ritual fixity）的认识，则给历史书写带来新的落脚点。如新史学代表人物布洛赫（Maurice Bloch）研究过去二百年来梅里纳人的割礼变迁时，发现该仪式的象征叙事呈现出超乎想象的稳定性。虽然该地的政治和经济情况都发生了翻天覆地的变化，但是仪式结构却始终没有改变，对于不同时代的新老梅里纳人同样有效。①还有一个例子来自葡萄牙奥帕多城附近一座黑人奴隶的墓葬崇拜：据当地传说，18世纪这位黑奴的主人诬陷他犯下罪行，结果他被绑在马尾上活活拖死。后人就在他断气的地点盖起一座坟墓，并且有了一座圣龛，供人们祭拜。尽管当地的教会竭力阻止人们对黑奴墓葬的祭拜行为，但是一年一度的仪式典礼依然顽强地保留下来，似乎要人们永远记住那个被主人诬陷而屈死的黑人奴隶。

从文学研究中的原型批评经验可知，如果要探讨诸如文学起源或艺术起源一类问题，借助于仪式所展开的文化记忆之还原，应该是迄今为止便捷而有效的重要途径。从神话与仪式的相互关系，可以将仪式看做和语言文字一样的文化符号载体；可以通过仪式叙事来展开文化文本及其解读。在维克多·特纳、玛丽·道格拉斯和吉尔兹等人类学的仪式分析专家之后，德国人类学家瓦尔特·伯克特将探索的目标转回到西方文明的源头，撰写出大著《希腊神话与仪式中的结构和历史》，倡导从神话仪式中发现失落的或被遮蔽的历史信息。他在该书序言中写道：

> 在希腊文明中，我们看到神话以一种特殊的方式支配着艺术与诗歌，那是一种神话复合体，后来变成了文化发展的主要建构力量，并且在许多世纪中成为标准。我们看到理性的语言与思想在没有完全和神话相分离的状态下如何寻求独立解脱的。在许多其他文明中都有更大规模的、更加丰富多彩的神话复合体；在希腊以外也有更加奇异、更加精致的仪式活动。但是，希腊人无疑代表着古典时期最为先进的（文化），先进（文化）中最古典的。

①Maurice Bloch.*From Blassing to Voilence.* Cambridge: Cambridge University Pree,1986,pp.190～191.

被假定构成人类本性的那些东西，其实就是在迄今为止的一种独一无二的历史过程中发展起来的人类的传统。从这一视角看，人文主义就会最终与人类学相融合。

神话和仪式作为一种历代传承不息的多媒体的叙事媒介，成为传播着特定文化精神与观念的最佳传承媒介。《大雅·生民》中叙述的西周始祖神后稷三弃三收的故事，作为一种历史性族群文化追忆，当然可以从人类学视角加以解读，如萧兵所理解的图腾考验仪式。不过对仪式的分析也可以不仅停留在情节程式的对应上，而是还原到世界性的弃儿型神话谱系中，进一步挖掘仪式磨难背后所潜含的情感和感觉的因素，以及神话的二次生命孕育的观念，乃至仪式磨难的哲理因素。笔者多年前曾就此类型的英雄诞生神话做过精神分析式解读，写有《水：生命的象征》[①]，希望从象征叙事的解读层面，透视心理分析学所诠释的弃儿复归母体子宫之象征，展示此类“二次诞生”神话母题在西亚、欧洲、印度和中国文学中的呈现方式。后来又将这种“二次诞生”的神话同老子和庄子的复归主题及各种象征意象的分析相结合。不过以上这些尝试还都是在知识论的意义上展开的，并未涉及仪式叙事所必然涵盖的情感和感觉的方面。为了弥补此一认识上的缺憾，可以提出如下发问：当代的诗人和作家，又是如何体会、理解、承继和再造西周先祖的这种新生儿被弃神话呢？

这样的提问法，就引向了古老仪式体验在现代的传承与神话重述、再造问题。试以当代台湾作家骆以军（1967～）的诗作《弃的故事》为例：

如果
遗弃不再是我
向生命漠谷愤怒掷去的回音
而是姓氏
是母胎以室温热吻上的烙记
则我们又何须竭力争辩
那年冬天
究竟是你的遗弃将我放逐

---

①叶舒宪：《水：生命的象征》，《批评家》，1988年第5期。

在诗和颓废的边陲
或仅为了印证诗和颓废
我，遗弃你。
……
“我是处女和脚印媾合的私生子
出生三日
母亲将我弃于隘巷
马牛过道皆避而不践；
母亲将我弃于冰渠
飞鸟以翼遮覆。
如果遗弃是一种姿势，
是我自闭目蜷坐于母胎便决定的
姿势
是一种将己身遗落于途
以证明自己曾经走过或正在走过的姿势
则不断遗弃的
其实是最贪婪的
妄图以回忆蹑足
扩张诗的领地。”
……
“如果你至今犹被我置于遗弃的雪芜荒野
那么请记住
遗弃是我最浓郁灼烈的吻
是我
啮咬你一生阴魂不散的
爱的手势。”
“你究竟是谁？”
“我是弃。”

诗人写作的题材无疑直接取自《大雅·生民》一篇。但是他不是在歌唱三千年前的那一幕神话场景，而是完全以感同身受的方式认同着被弃者的内在经历、感觉和幻想。谁又能说，这不是在延续弃儿仪式的主体性真实体验呢？如果注意到诗人多次运用“母胎”这样的罕见意象，就不难体会类似老子“复归于婴儿”和弗洛伊德“复归母体——子宫”说的那种深切的渴望。诗人的父亲作为外省老兵随国民党军队在1949年的大溃退中被母国遗弃在这座海外孤岛上，他对母国古代“弃儿”神话的体悟和解读能力，完全不同于在母国怀抱之中的大陆学者萧兵，对他来说，没有什么图腾与考验，甚至没有感觉到什么“三收”，只有“三弃”，乃至无尽的“弃”之宿命！

也许正是骆以军这样独特的遗弃情结最能凸显台湾人这段心灵史特色，哈佛大学的王德威才专门将《弃的故事》收入他主编的图书《台湾：从文学看历史》，并附上深有感触的评语：“比起他的小说，骆以军的诗歌虽然为数不多，但在解释这一‘弃’的美学上，却颇能击中要害。在《遗弃美学的雏形》中，场景转换到后现代的时空。浮世的男女，逝去的情爱，遗弃的梦魇，而‘子宫中的胎儿，已瘪缩成诗’。世纪末的欲望书写，本此而生。”①

笔者2009年3月11日在台湾中兴大学听骆以军的演讲《六个抬棺人》，专门描述另一场真实发生的仪式：即他的父亲——那位外省老兵在台北家中的丧礼场景。那种被遗弃的疏离感和“热带的忧郁”组合而成的仪式叙事风格，依然呼应着早年的“遗弃美学”理念。甚至在父亲葬礼上服务的人——信仰佛教的阿婆社团，也能够在他迷幻想象的叙述中，幻化为商周时代围绕着饮酒礼仪和鼓乐声而翩翩起舞的众女巫，其歌声则同样成为引领亡魂升入天国的旅程伴奏。骆以军在现实的仪式中，通过神游式的入幻而联想到远古仪式的能力，以及他对玄幻景致的栩栩如生的描述能力，可以从旁说明其长篇小说《西夏旅馆》被评为2008年台湾十大好书的主要原因。一次到内蒙古的实地旅行，就足以引发他对被母国历史书写所遗弃的古王朝——西夏国的认同与想象。“遗弃美学”功莫大焉。

被弃的感觉具有隔代遗传性吗？因为台湾不是外省人的本土家园，那种由疏离和隔绝所造成的两代人的弃儿情结，不知需要多少心理医师小心翼翼地加以呵护和治疗。外省人的后代虽然可以成为“从文学看台湾历史”的作者，却不具有书写台湾历史的原初合法性。那么，台

①刘益昌：《台湾原民史——史前篇》，王德威编：《台湾：从文学看历史》，台北：麦田出版公司，2005年版，第466页。

湾史的第一篇章该由谁来书写呢？如果像1986年问世的《哥伦比亚版美国文学史》的做法，让哥伦布“发现”新大陆以前就世世代代居住在美洲的原住民族印第安人执笔，书写“美国文学史”的第一章，那么无疑台湾史和台湾文学史的第一篇章也应归属台湾的原住民族，由这些操南岛语系的赛夏、布农、泰雅、阿美、邹族等九族或十二族人来书写吧？

不论是人类学界，还是台湾社会各界，如今都承认原住民是台湾岛上的早期居民，他们在汉人、荷兰人、满清人和日本人之前，就祖祖辈辈生存在这座美丽岛屿上。虽然原住民没有文字系统记述他们何时从何地来到岛上，但是他们每一族都有自己的神话和仪式，在讲述着自开天辟地以来的本族群文化传承历史。台湾考古学家刘益昌撰写的《台湾原住民史——史前篇》[①]，已经初步描绘出原住民文化和史前考古学文化的对应系谱。

然而，若从知识考古的意义上探本求源，在目前现存的原住民族到来以前，还应有更早的移民来到台湾，他们就是所谓的“矮黑人”或“小黑人”——一个分布在整个印度洋和太平洋海域岛屿上的特殊人种。虽然今日台湾岛上已经没有了矮黑人的踪影，但从各原住民的口碑、神话、传说中，都讲到这样一种身材矮小（约一米至一米五零之间）的黑肤色人种。更重要的证据还不是原住民不约而同的口碑叙事，而是目前原住民中人数最少的赛夏族的一种仪式叙事——矮灵祭。

在19世纪末期第一批踏上台湾岛的人类学家伊能嘉矩的日记中，在明治三十三年（1900年）八月二十八日就记下了他在凤山县调查乌鬼番的经过：在旧凤山县东北方有地名叫“乌鬼”、“埔山”，清代的文献和地方志中有大量有关“乌鬼”、“乌鬼蕃”的记录，当地人还能讲述乌鬼的事迹。除此之外还有大量物证：“相传乌鬼蕃所留下的东西，是玛瑙珠、奇石、各种宝石及白螺盘。”还有，“乌鬼蕃曾经被荷兰人当奴隶役使过”[②]。至于被蔑称为“乌鬼蕃”的矮黑人究竟是何时、怎样在台湾岛全境彻底消失的？不同版本的

①刘益昌：《台湾原住民史——史前篇》，国史馆台湾文献馆，2002年初版。

②伊能嘉矩：《台湾踏查日记》下册，杨南郡译注，台北：远流出版公司，1996年版，第462—463页。

说法五花八门[①]。唯有赛夏族的矮灵祭，最具有仪式叙事的可信性。据赛夏族口传叙事：矮黑人是最早生活在这个岛上的“先住民”。赛夏人不但从矮黑人那里学习种植小米和稻谷的技术，还在祭祀和歌舞等方面得到他们的教诲。后来，由于作为赛夏族恩人的矮黑人不断向赛夏人索取贡赋，并强暴赛夏族的女性，赛夏人才用计谋杀害了全体矮黑人，让他们遭到灭族之灾。仅存的两位矮黑人族长对赛夏人发出诅咒，让其农作物歉收，并要遭到横死的矮黑人冤魂之攻击。赛夏人为了表示他们的畏惧和忏悔，用每两年一小祭、十年一大祭的方式追念被他们灭族的矮黑人（矮灵祭原初为每年一度，后因日本统治时遭到限制，改为两年一度）。对矮灵祭的具体描述，较早有日本人类学家古野清人、移川子之藏、宫本延人等的调研报告，[②]晚近的台湾人类学者也作了不少跟踪式的后续调查。就连矮灵祭的歌词，现也已翻译成了现代汉语。还利用影视人类学的方式拍摄出仪式现场纪录片。[③]

根据和台湾一水之隔的菲律宾岛屿上至今还生活着几万矮黑人的事实，再参照在东南亚、印度洋和海南岛上都曾流传的矮黑人神话，目前可以从赛夏族仪式记忆中推定：台湾历史的早期篇章离不开这一失落的族群——矮黑人。至今每两年举行一次的矮灵祭仪式本身，也和本节开始引述的葡萄牙地方的黑奴墓葬崇拜仪式一样，述说着仪式叙事的往古历史，同时也异常生动地展演着老子《道德经》第三十一章所启示的亘古哲理：

胜而不美，
而美之者，
是乐杀人。
夫乐杀人者，
不可得志于天下。
……

①李壬癸：《台湾南岛民族关于矮人的传说》，《中国神话与传说学术研讨会论文集》，汉学研究中心，1996年版，第576—604页。洪英圣：《台湾先住民脚印》，台北：时报文化，1993年版，第54—56页。

②古野清人：《台湾原住民的祭仪生活》，叶婉奇译，原民文化，2000年版，第288—294页。

③分别参看：李壬癸《赛夏族矮人祭歌词重探》，《中央研究院历史语言研究所集刊》第六十四本，1993年。胡台丽《民族志电影之投影：兼述台湾人类学影像实验》，《中央研究院民族学研究所集刊》，1991年，第71期，第183—208页。

杀人众多，
以悲哀泣之。
战胜以丧礼处之！

老子此话的大意是要告诫人：凭借暴力手段取胜者，根本不需要赞美之。如果赞美，就是以杀人为乐。以杀人为乐者，可以赢得战事，却不可能赢得天下人心。杀人太多，必须以悲哀的泪水为逝者送终；虽然打了胜仗，也要用丧礼来追念逝者。

究竟是老子的慈悲心与大智慧来自于远古仪式的启示呢？还是赛夏族矮灵祭表述着和老子同样明智的“胜而不美”、“战胜以丧礼处之”的哲理呢？

附录二

“熊”与“能”的认同与变异①

内容摘要：本文主要以实地考察得到的资料，追寻印证熊图腾的在远古时代的产生和变异的可能情况。通过“熊”与“能”的认同与变异的考察，可以看出熊图腾背后隐藏的生命崇拜、祖先崇拜、精神信仰等信息，也可以看出随着社会文明发生转型，人们的价值观念所发生的微妙变化，这也是熊图腾为龙图腾所代替的一个潜在原因。

关键词：熊图腾　熊与能　认同　变异

引言：随着小说《狼图腾》于2004年的出版和热销，图腾问题不仅又一次在学术界，而且在民间也骤然升温，并引发了海内外包括小学生在内的各界人士的强烈反响和回应，焦点集中在对中华民族身份认同问题的争论上：我们是“龙的传人”还是“狼的传人”？一些学者也在重新思考龙的形象究竟缘何而来，缘于猪、鹿、熊的说法都有。2006年8月中旬在河南召开的中国神话学国际学术研讨会上，中国神话学会会长叶舒宪先生在向大会提交的论文中和接受媒体采访时，再一次阐明了自己的最新研究结果②：熊图腾早于龙图腾，“龙的传人”当中有很重要的一部分为“熊的传人”。2006年8月15日，《大河报》以整版篇幅刊登了叶舒宪教授接受记者采访的专访内容，“熊的传人”说以“中国学者提出惊人理论”、“我们是龙的传人还是熊的传人”等说法在互联网

①《世界宗教文化》，2007年第3期。

②此前，叶舒宪教授已撰文发表过有关龙图腾的原型的看法。参见《“猪龙”与“熊龙”——“中国维纳斯”玉龙之原型的艺术人类学通观》，《文艺研究》，2006年第4期；《狼图腾还是熊图腾？——关于中华祖先图腾的辨析与反思》，《长江大学学报》（社科版），2006年第4期。他在中国神话会议上的交流论文《熊与龙——熊图腾神话源流考》后来发表于《博览群书》，2006年第10期。

上被热炒。[①]笔者有幸参加了此次中国神话学国际学术研讨会。会议期间，在河南新郑参观黄帝故里时，导游介绍了在有熊氏轩辕黄帝故里的附近，有一个村庄，原来叫熊庄，后改名为能庄。这一事实引起了笔者的极大兴趣，会议结束后，专门赶到能庄就熊图腾的传说和有关问题作了深入调查。按照人类学家克利福德·格尔兹的说法，文化作为符号构成的系统，是一种风俗情景的深的描述，也是一种探求意义的解释科学。[②]从这个意义上说，本文力争突破一般调查的写法，从一个小的方面做一次“深描”的有益尝试。文中的记述分析和结论可以作为上述图腾论争的一个旁证和补充。

新郑市黄帝故里门前蹲着的两座石熊（而不是石狮）格外引人注目。恰巧，距新郑市东北方向4余公里的地方有一个美丽的小村庄名叫“能庄”，用当地村民的话应该念“nài(耐)庄”。据说，这个村庄最早不叫“能庄”而是叫“熊庄”。为什么由“熊庄”改为“能庄”？什么时候改的名字？这个村庄与黄帝有熊氏有无关系？为什么当地人把“能”读为“耐”？带着一连串的问题与好奇，笔者于2006年8月29日到新郑市市志办和新郑市和庄镇能庄村进行了走访，就有关问题作了调查。

一、熊与有熊国

新郑，因其为黄帝故里故都以及春秋战国时代的国都而闻名。据史书记载和专家考证，这里就是远古历史上著名的有熊国。关于有熊国的历史记载，最早可追溯到战国的《竹书纪年》卷上：“黄帝轩辕氏，元年帝即位，居有熊……”《国语·晋语四》记载：“昔少典娶有蟜氏，生黄帝、炎帝。黄帝以姬水成，炎帝以姜水成，成而异德，故黄帝为姬，炎帝为姜。”司马迁《史记·五帝本纪》中有：“黄帝者，少典之子，姓公孙，名轩辕。”又：“自黄帝至

---

①人民网·理论：我们是龙的传人还是熊的传人？http://theory.people.com.cn/GB/49157/49165/4521412。html，MSN中国—奇虎：“［新说］中国人不是龙是熊的传人”http://msn.qihoo.com/f59528,6c0ccf,198_697.html。芒果网易旅游：华夏民族是龙的传人还是熊的传人？http://travel.163.com/06/1205/13/31J73JS40006lQ2P.html。大经网：学者称中华龙图腾源于熊部分人为熊的传人http://www.dokg.com/cult/chuantong/20060815672.html。

②（美）克利福德·格尔兹：《文化的解释》，韩莉译，南京：译林出版社，2002年版，第18页，第5页。

舜、禹，皆同姓而异其国号，以章明德。故黄帝为有熊，帝颛顼为高阳，帝喾为高辛，帝尧为陶唐，帝舜为有虞。”《史记集解》卷一：“谯周曰：‘有熊国君，少典之子也。’皇甫谧曰：‘有熊，今河南新郑是也。’”晋代皇甫谧《帝王世纪》云：“黄帝有熊氏，少典之子，姬姓也……受国于有熊，居轩辕之丘，故因以为名，又以为号。”唐代李吉甫的《元和郡县志》和李泰的《括地志》都记载有新郑县是有熊氏之墟。从以上典籍中可以知道，黄帝称帝于有熊之国，黄帝为有熊国国君少典之子，有熊国在少典时期就已经存在。之所以后来叫新郑，清康熙三十四年（1695年）管竭忠《开封府志·建制沿革》中说：“新郑县，古有熊国，周封黄帝后于此为郐国。春秋，郑武公从平王东迁国焉，名曰新郑。”①

有熊国何以得名，历史文献没有记载，但是，从新郑一带今天还在流传的丰富的民间传说故事中，我们可以找到答案。其中，最有代表性的是《有熊氏的来历》。故事讲的是，很早很早以前，少典部落周围有很多熊。一次，善射的部落首领少典外出打猎，遇到一只大熊——熊的头领，大熊求少典帮忙灭了它们的天敌怪兽，为了报答少典的救命之恩，如有需要，熊随时可供少典役使。在一次与狼部落的冲突中，少典部落损失惨重，失去了不少土地，于是少典求助于熊，在群熊的帮助下，少典部落赶走了狼部落的人，夺回土地，重建家园。从此，少典就把自己的部落改名为熊部落，熊部落的人也因为自己有熊的帮助很自豪，经常对外部落人夸耀说：“我们有熊。”这样，久而久之，人们都称少典部落为“有熊氏”或“有熊部落”。后来，这个部落逐渐强大，发展为有熊国，少典就成了有熊国的国君。②根据图腾理论，结合故事传说，我们可以推知，有熊部落或有熊国当以熊为自己的部落图腾。在新郑市国家重点文物保护单位黄帝故里的门前，立着两尊雄伟的石熊雕像，而不是石狮子；传说中的黄帝宝鼎，也是由三只健硕的熊扛着，而非其他动物，熊在有熊国之被视为尊崇的地位直到今天还有所遗存。叶舒宪老师在《熊与龙——熊图腾神话源流续考》一文中认为冬眠春出的熊在先民心中是生命死而复生的象征，规律性地体现着大地母神的自然节律，熊崇拜作为史前女神宗教崇拜的一部分，普遍存在于史前的欧亚

①上述文献均引自刘文学主编：《黄帝故里故都历代文献汇典》，北京：中国文联出版社，2005年版，第7—17页。

②参阅刘文学主编：《黄帝传说故事》，郑州：中州古籍出版社，1997年版，第1—4页。

●新郑黄帝故里石熊雕像

●皇帝宝鼎（新郑黄帝故里）

大陆及北美的宗教信仰中。[①]这些至少从一个方面说明了有熊国对熊推崇的原因。

二、熊庄与能庄

在新郑城关东北约4公里的地方，有一个能庄村。据当地人说，这个村庄很久很久以前叫熊庄，后来由于熊庄这个名字不好听，才改为能庄。到底是不是这个原因才改的名字？能庄以前叫不叫熊庄？笔者到村中走访了解到，村里500多口人，白姓居大多数，几乎没有什么人姓熊。看来，以前曾叫熊庄的说法会让人产生疑惑。

但是，穿过一方方的荷塘，在村庄的东部有一处遗址，叫少典坟，坟冢被青草覆盖着，高约2米，面积约10多平方米。据村里老人、原村党支部书记白留根讲，抗战时期日军修路、人民公社时期平整土地都使坟冢受损，面积缩小了不少，但即使是四清与“文革”也没有人敢彻底平了少典坟，可见千年流传下来的君王威力与敬祖拜祖的习俗在百姓心中影响力之强大。有熊国首领的坟墓就在此村庄，看来叫熊庄也名正言顺。

白留根老人听上一辈人讲，黄帝身边有一位大臣姓熊，另一位大臣姓苟。黄帝命令姓熊的大臣驻守父亲少典的陵墓，后来，这个村庄就叫熊庄，姓苟的大臣驻守在离熊庄不远的另一个村庄，叫苟

①叶舒宪：《熊与龙——熊图腾神话源流续考》，中国神话学国际学术研讨会提交论文。

庄，这两位大臣也被人们称为“熊大人”、“苟大人”（与“狗大人”谐音）。他们觉得这样叫实在不好听，就告诉了黄帝，黄帝很开明，就说将“熊”下面的四点省掉，叫“能大人”，将“苟”加上反文，叫“敬大人”，这样，熊庄自然也改成了能庄，而现今离能庄正北两公里的蔡庄（蔡庄得名原因不详）还有许多敬姓人家。为什么能庄的人不姓熊或能？白留根老人说是因为后来能大人搬走了，留下了他手下的侍臣在这里看守坟墓，他的侍臣姓白，所以，如今村子里大部分人还姓白。

翻遍新郑市市志办的各种与黄帝有关的传说故事，并没有发现这个民间版本的传说，这说明这个传说还活在口头，还没有被书面死的文字所采编、所限定。所以它才显得那样的灵动有趣，不仅村名在其中得到了圆满的解释，村民的姓氏也得到了很好的解释，还隐含着村庄和有熊氏的关联。

当然，作为传说，故事中自然也含有农业文明社会的意识形态和价值观念。“熊”不好听的说法，在书面版本的其他有关黄帝的传说中也偶有出现，这种观念肯定不是黄帝时期新石器时代的人们所能想出的，那时候，熊是他们崇敬祭拜的图腾，甚至享有比人还高的礼遇，以“有熊”而自豪的人们，怎可能嫌“熊”不好听呢？随着生产力的发展，以裴李岗文化和仰韶文化为代表的新石器时代渐渐被农业文明社会所取代，随着人的力量的增强，人类自我意识的觉醒以及对农业生产规律与知识的掌握，对大地的母神宗教崇拜与图腾信仰在社会生活中的地位渐渐减弱，熊所代表的部落保护神以及生命再生崇拜的象征意义，在崇尚劳动力的农业文明社会中失去了昔日的辉煌，甚至逐渐被人们遗忘，与此象征意义相反的另一面——熊行动的笨拙，在冬眠时期的无能为力，在农业文明中自然会被视为负面价值。骂人“熊样”、“瞎熊”（陕西话hǎ sǒng）等都是这种农业文明价值观的不自觉流露。这恐怕才是熊庄改名为能庄的真正原因所在，其中的价值变异与置换是否也透露出熊图腾何以被后来的龙图腾所代替的原因之一呢？

熊庄何时更改为能庄已经无法考证了。笔者在查阅新郑县志时，在乾隆四十一年（1777年）《新郑县志·风土志》（标注本）中发现了“能家庄”[①]，据新郑市市志办主任、中华炎黄文化研究会理事刘文学介绍，“能家庄”就是现在新郑市和庄镇的能庄。

①新郑市地方史志编纂委员会整理《新郑县志》（乾隆四十一年标注本），第55页。

三、"熊"与"能"、"能"与"耐"

在能庄的调查访问中，一个非常有趣的现象耐人寻味，那就是能庄人在说到"能庄"时，一律发音为"nài（耐）庄"，导游和市政府机关的工作人员则发音为"néng（能）庄"。为什么会这样？难道是个方言现象？笔者发现，在说到"才能"、"能力"的"能"时，能庄人又一律读为"néng（能）"，看来并不是一个简单的方言现象所能解释的。

查阅《汉语大词典》，"能"在读"nài"时，有两个义项，一是姓，二是通"耐"，当"受得住"讲。通俗地讲，也就是"能"与"耐"是相通的，查阅"耐"字，也有一个义项读"能（néng）"，解释为"能的古字"。我们平时总说"能耐"，只不过不知道这两个字互训相通罢了。能庄人在代代相传的口音中，保留了语言文字原初本真的语音面貌和意义，从某种意义上可以说他们的口音就是一部活着的字典，保存着丰富的文化信息，我们在课堂上或书本上很少有机会能够学到这样的知识。

"能"当姓氏时发音为"耐"，这个姓是由"熊"演变而来的，关于这一点，不仅传说中如此，《中华人名大辞典·姓氏考略》[①]和《辞海》中查阅"熊"均有说明，黄帝的后代楚国国君熊执在商代为避难而将"熊"姓改为"能"（nài）。为什么不改他姓，偏偏改为能？叶舒宪老师在《熊与龙——熊图腾神话源流续考》一文中对熊和能作了详细考证：能，本义训熊，在金文中被写作一只熊的形状。这个象形字的造字表象说明，古人按照神话信仰，以能够死而复生的熊来代表生命能量、生命力、生命的自我复苏能力。能（nái）也是一种叫三足鳖的兽，是可以与熊、蛇等动物之间保持相互变形与认同的动物，它们的共同特点就是都具有生命的循环或复苏能力，所以，能又被引申为能量、能力、才能等。[②]这些都是人们所说的能耐。萧绮的《拾遗记录》中记载："《尚书》云：'尧殛鲧（鲧，即鲧）于羽山。'《春秋传》曰：'其神化为黄能，以入

①臧励合等编：《中华人名大辞典》，北京：商务印书馆，1921年版，1958年重印。

②叶舒宪：《熊与龙——熊图腾神话源流续考》，中国神话学国际学术研讨会提交论文。

羽渊。’（见《左传·昭公七年》）是在山变为能，入水化为鱼也。兽之依山，鱼之附水，各因其性而变化焉。”篇后注释有：“黄能，即黄熊。”[①]如果表示姓氏的汉字除了代表姓氏本身以外还有意义的话，有的因地名成为姓氏，有的因官职成为姓氏，那么，能则是因为熊、能（nài）等类动物的生命复苏能力（能耐）而相互认同成为姓氏的。这个姓氏也因为与熊的特殊关系而成为黄帝有熊氏生活在新郑一带的有力证据。

结论：能庄的实地考察让人明白，与黄帝有关的熊图腾的神话传说不仅仅存在于历史文献中，也不仅仅是以有形实物的形式存在，活态的民间传说依然是不可忽视的宝贵资源。少典坟能够穿越漫长的历史保存下来，更重要的是一种祖先崇拜的精神信仰和民族习俗在民间的代代传承。目前还以鲜活的口传形式生长在民间的传说故事是最为宝贵的活教材，它不仅生动地体现着一个部落、民族生活的习惯和地理位置，也隐含着他们的图腾信息、信仰崇拜和价值观念。独特的乡音与活在民间的传说都流露出了“熊”与“能”的认同，从中我们看到的不只是一个姓氏的根脉——与黄帝的渊源关系，也看到了远古时代的图腾崇拜与女神信仰和生命再生崇拜的关系；从“熊”到“能”也存在着变异的因素，说明随着社会文明由新石器时代进入农耕农业的转型过程中，人们价值观念所发生的变化，这也是熊图腾被龙图腾代替的一个潜在原因。民间是一座大课堂，也是一座无尽的宝藏。

①黄霖、韩同文选：《中国历代小说论著选》上（修订本），南昌：江西人民出版社，2000年，第33—34页。引文中括号里内容均引自本篇注释内容。

后　记

《仪礼》在“三礼”中是最早被奉为经典的。虽为“礼学”重镇，但《仪礼》因其仪式繁缛，程序复杂，头绪纠葛，读者往往茫然不得其门而入，历来学者也有“治礼不易，不轻言礼”的感慨，加之礼文化曾因背负“封建礼教”之名以至于礼之不传久矣，对礼仪文化本质的深入研究也大大滞后于当今社会对丰厚传统文化遗产借鉴的需要。中国是一个有着礼治传统的国家，礼规定了每个人在家庭、社会必须遵守的行为规范及应尽的义务，是今天建构新型社会关系的重要内容，礼仪文化作为中华民族贡献给全人类丰厚的精神财富和文化资源，理应得到弘扬与传承。本书突破了传统经学研究的模式，从文化人类学的角度对《仪礼》进行重新审视并将古代礼仪当作仪式进行研究，从源头和观念层面挖掘礼仪文化的发生发展、功能价值、象征意义，可看作是为进一步弘扬礼文化精神进行的大胆的探索。

本书是在我的博士学位论文《仪礼的文化记忆与仪式叙事》的基础上稍加修改而成的。我之所以选择《仪礼》作为博士论文的选题进行研究，是受到导师叶舒宪先生运用文化人类学理论与方法阐释国学文化元典的启发和教导，并得益于四川大学曹顺庆先生开设的博士生必修课程“中国文化元典研究”。面对极具挑战性的课题，我当时下了很大的决心，克服了诸多困难。在论文写作的过程中，常常得到导师叶舒先生耐心细致、富有远见卓识的指导，在遭遇思路阻塞的时候，他的只言片语往往能够令我茅塞顿开、豁然开朗。先生勤于治学、不断创新的精神激励着我不断奋力前行。文化人类学的全新视野和跨文化的、突破文字材料证据的新方法的运用，使我的研究充满了乐趣和创新，于是，读书和思考也可以成为一种境界，学问也不总是枯燥艰涩。

在我的博士论文顺利通过外审即将进入答辩时，四川遭遇了突如其来的“5•12”地震，我们经历一次又一次余震阴影的笼罩，惊闻灾区房毁人亡的沉痛，心里有说不出的滋味，生命是如此脆弱，一瞬间就可以化为乌有！历经艰辛、苦苦追寻、倾心写作的经历在灾难面前是多么微不足道！我所经历的，高兴也好，痛苦也好，都是鲜活宝贵的生命历程，相比之下，只有好好珍惜的份儿，怎容自怜自艾？我的博士论文和2008年四川的5月一起都将作为特殊沉重的符号，记录着我的歌哭、我的思索，记录着那些最难忘的时刻！在此，衷心感谢叶师舒宪先生、彭兆荣先生，他们不远千里，冒着余震危险前来参加我的博士论文答辩，也衷心感谢四川大学的徐新建教授、赵毅衡教授、段玉明教授、李祥林教授，在余震中参加我的论文答辩，令人终生难忘。在探索学问的道路上，还有许许多多的美好令人心向往之：博学多才、引人入胜的良师传道；亲如兄妹、同甘共苦的学友切磋；从不索求，只讲付出的亲友支持。这些都是我前进的动力和人生最宝贵的财富。

在这本书即将出版之际，特别感谢对这套丛书的出版工作给予大力支持的南方日报出版社总编辑周洪威先生，感谢不辞辛苦进行内容和文字把关审稿的李人凡先生，感谢本书的责任编辑张高的努力。

恳请学界专家师友的批评指正。

2008年3月完成于四川大学东园八舍

2009年8月修改于绿城郑州